사용자를 읽는 법

────

UX 리서치 플레이북

사용자를 읽는 법 UX 리서치 플레이북

발견에서 실행까지, 비즈니스 액션을 불러오는 UX 리서치 A to Z

초판 1쇄 발행 2024년 1월 2일 **지은이** 백원희 **펴낸이** 한기성 **펴낸곳** (주)도서출판인사이트 **편집** 김지희 **영업마케팅** 김진불 **제작·관리** 이유현 **용지** 월드페이퍼 **출력·인쇄** 예림인쇄 **제본** 예림바인딩 **등록번호** 제2002-000049호 **등록일자** 2002년 2월 19일 **주소** 서울특별시 마포구 연남로5길 19-5 **전화** 02-322-5143 **팩스** 02-3143-5579 **이메일** insight@insightbook.co.kr **ISBN** 978-89-6626-429-2 책값은 뒤표지에 있습니다. 잘못 만들어진 책은 바꾸어 드립니다. 이 책의 정오표는 https://blog.insightbook.co.kr에서 확인하실 수 있습니다.

UX
insight

사용자를 읽는 법

UX 리서치
플레이북

발견에서 실행까지,
비즈니스 액션을 불러오는
UX 리서치 A to Z

백원희 지음

인사이트

차례

서문: UX 리서치로 리스크 줄이기

리서치는 본질적으로 '불확실성'에 맞서는 일이다. 새로운 프로젝트를 앞두고는 매번 유용한 인사이트를 도출할 수 있을지 의구심이 든다. 리서치 방식이 맞는지, 충분한 해당 분야 지식이 있는지 확신이 서지 않기도 한다. 리서치는 불확실성을 딛고 근거를 찾아 리스크를 줄이는 과정이다.

외국계 대기업 재무팀에서 일하던 사회 초년생 시절, 당시만 해도 생소하고 하는 사람도 많지 않던 디자인 리서치를 해보겠다고 사직서를 냈을 때 많은 이가 말렸다. 안정적인 커리어를 그만두고 미래가 불투명한 길을 간다고 다들 걱정이었다. 스스로도 정확하게 어떤 분야에서, 어떤 리서치를 하고 싶은지 알지 못했기에 철없이 일을 저지르는 게 아닌지 내심 불안했다. 리서치 일을 하다가 문화인류학을 공부하기 위해 미국에 가기로 결정했을 때에도 가족과 지인들은 취직도 어려운 생소한 학과에 비싼 학비를 들인다고 한마디씩 했다. 실제로 대학원 과정 내내 학자금과 취업 걱정에 마음을 졸여야 했다.

그러나 불확실한 미래는 동전의 양면과도 같아서 미지의 세계를 향한 설렘을 선사하기도 한다. 새로운 주제로 프로젝트를 시작할 때 들뜬 마음은 눈앞에 놓인 문제를 탐구할 원동력이 되고, 창의적으로 문제를 해결하는 초석이 되어 준다. 기업의 일도 마찬가지다. 새로운 성장은 잘 알지 못하는 분야를 파고드는 데서 시작된다. 예측 가능한 일로는 사람들의 이목을 끌 수 없다. 남들이 가지 않은 길에서 창의적인 답을 찾을 수 있다.

훌륭하게 디자인된 프로덕트를 제공하는 기업들은 문제의 힌트를 사용자에게서 찾는다. 의문을 해결하기 위해서는 현 상황을 정확하게 진단하고 사용자의 마음을 파악해야 한다. 리서치는 이 과정에서 미래를 예측하는 근거를 마련해 준다. 많은 기업이 '소비자에게 최고 품질의 제품과 서비스를 전달'하는 것을 목표로 하지만 현실에서는 아직도 UXUser Experience, 사용자 경험 리서처가 일하고 있는 기업이 드물다. 대부분의 기업이 애플리케이션과 웹사이트를 운영하고 사용자 경험은 기업의 성패와 직결되지만, 정작 사용자를 대변하는 인력이 사내에 없다. 사용자 경험을 디자인하면서 사용자 연구를 제대로 하지 않고 있는 것이다.

이 책으로 이루고 싶은 목표는 세 가지다. 첫째, UX 리서치를 왜 해야 하는지 설득력 있게 전달하는 것이다. 많은 조직이 직감에 의존해 의사결정을 내리고 사용자들이 별 문제없이 프로덕트를 잘 써주기를 바란다. 리서치를 토대로 의사결정을 내리는 시스템이 자리 잡으려면 독립된 UX 리서처가 인사이트를 도출하는 프로세스가 정립되어야 한다. 둘째, UX 리서치 경험이 없는 팀이나 조직에서 리서치를 처음 시도할 때 참고할 수 있는 가이드가 되는 것이다. UX 리서치에 경험이 없더라도 프로젝트를 수행하며 프로세스에 익숙해지고 그 가치를 깨달으며 점차 리서치 예산을 늘리고 궁극적으로 인사이트에 근거한 의사결정 시스템을 구축하기를 바란다. 셋째, UX 리서처라는 직업을 제대로 소개하는 일이다. 리서처로의 진로를 고민하는 학생들이나 리서처로 커리어를 바꾸려는 사람들에게 이 책이 길잡이가 되었으면 한다.

리서치에 정답은 없다

UX 리서치를 시작한 초창기에는 직업을 묻는 질문에 UX가 무엇인지 먼저 설명하고, 리서처는 어떤 일을 하는지 덧붙이는 일이 많았다. 그러면 "아, 시장조사 같은 일이군요"라는 반응이 심심찮게 돌아왔다. UX 리서치가 여전히 많은 이들에게 생소한 까닭인지, 실리콘밸리에서 일하는 UX 리서처로 국내에 소개된 이후에는 일과 관련된 질문을 수차례 받았다. 그중에는 UX 리서치로 업무를 변경하거나, 아예 처음부터 UX 리서치를 배우고 싶은데 어디서부터 시작하는 것이 좋을지 조언을 구하는 경우도 있었다. 그럴 때마다 한 권으로 정리된 추천할 만한 입문서가 없어 아쉬웠다.

새내기 리서처였던 십여 년 전, 몇 권 되지 않는 관련 서적을 뒤적이며 혼신의 힘을 다한 구글링으로 어설프게 프로젝트를 진행하곤 했다. 그때마다 내가 생각하는 방향이 맞는지 자신이 없었고, 필드워크Field Work가 끝난 뒤 남은 방대한 양의 데이터를 어떻게 정리하고 해석해야 할지 몰라 막막하기도 했다. 다행히 지금은 예전보다 훨씬 많은 참고자료가 있지만, 이제 막 리서치 커리어를 시작하는 사람에게는 이 역시 부담스럽게 느껴질 것이다. 우선 이 책을 바탕으로 자신이 아는 것과 모르는 것을 구분해 보고, 무엇을 추가로 공부하고 어떤 경험을 더 쌓아야 할지 스스로 진단하는 데 도움이 되기를 바란다.

스마트폰과 애플리케이션의 눈부신 발전으로 UX 분야에서 일하는 사람들이 늘고 있다. 그럼에도 UX 리서치가 구체적으로 어떤 일인지, 왜 UX 리서처가 필요한지 명확하게 아는 사람은 많지 않다. 테크 회사에서 UX 리서처의 입지 역시 엔지니어나 디자이너와 같은 직군에 비해 아직 탄탄하지 못하다. 직군 자체가 성장하면서 자리를 잡아 가는 단계이기 때문에 업무와 관련해 잘못 알려진 사실도 많다. UX 리서치를 시작하기 어렵게 만드는 편견 또한 상당하다. 책을 통해 이러한 오해를 바로잡고 싶었다.

이 책은 전체 4부로 구성되어 있다. 1부에서는 UX 리서치의 기본 개념과 UX 리서처의 역할, 실리콘밸리 테크 회사들의 리서치 현황과 성숙도등 전반적인 개요를 소개한다. 2부와 3부는 실무자를 위한 프로젝트 가이드로 리서치 준비에서부터 자료 수집, 분석, 공유, 전략 수립까지 모두담아 UX 리서치에 익숙하지 않은 사람들도 따라 할 수 있도록 단계별로정리했다. 마지막으로 4부는 리서치 스킬 향상을 위한 노하우를 설명한파트로 프로젝트 도중 발생하는 여러 가지 어려움과 의문점을 해결하기위한 방안을 제시했다. 꼭 처음부터 순서대로 보기보다는 필요한 부분을선택적으로 읽기를 권한다.

리서치를 수행하는 데 반드시 옳거나 그른 방식은 존재하지 않는다. 기업의 조직 구성에 따라 리서처에게 기대되는 역할이 다르기도 하고, 리서처마다 선호하는 기법과 진행하는 스타일도 각양각색이다. 따라서 여기서 소개하는 내용은 실무에서 도움이 되는 지식을 다룬 것이지 무조건 따라야 하는 규정이 아니라는 점을 강조하고 싶다.

이 책에서는 UX 리서치에 포커스를 두고 다른 유형의 리서치는 다루지않는다. 실제 기업에서 쓰는 리서치의 종류는 다양하다. 마켓 리서치Market Research, 경쟁사 분석 리서치Competitive Research, 조직 리서치Organizational Research, 데이터 리서치Data Research 등 여러 조사를 실행하는데 대부분 각각 다른 팀에서 진행한다. 여기서는 프로덕트 개발 과정에서 쓰이는 사용자 경험 관련 리서치만을 다룬다. 또한 모든 리서치 기법과 분석툴을 담지 않았다. 실제 업무에서는 리서치 목적과 환경에 따라 여러 조사기법을합치거나 창의적으로 기존 방식을 변형하기도 하는데 이를 다 열거하면수백 가지가 넘는다. 따라서 UX 리서치 프로젝트에서 기본이 되고 많이사용하는 기법을 중점적으로 소개한다. 또한 처음 리서치를 시작하는 사람들을 위해 프로젝트 시작부터 끝까지 해야 하는 일과 의사결정에 도움이 되는 내용 위주로 정리했다. 각 리서치 기법을 실제로 수행할 때는 이 책 마지막에 추천한 관련 서적을 참고하기 바란다.

'플레이북'은 미식축구와 농구에서 주로 사용하는 전술서를 말한다. 코치진이 경기에 앞서 다수의 전략을 자세하게 계획해 두고 시합 중 필요할 때 재빠르게 적용하도록 도와주는 역할을 한다. 말하자면 이 책은 UX 리서치를 위한 플레이북이다. 새롭게 UX 리서치에 도전하는 입문자에게는 프로젝트 가이드북이, 현재 UX 리서치를 하고 있는 실무자에게는 전략적인 리서치 인사이트를 얻는 책이 되었으면 한다. 무엇보다 사용자를 더욱 깊이 이해하고 진정으로 사용자를 위하는 프로덕트를 만드는 데 쓰인다면 더할 나위 없겠다.

용어 정리

이 책에서 '디자인'은 대부분 시각적 측면이 아니라 프로덕트를 개발, 구현하는 데 필요한 기획이나 설계와 관련된 행위를 통칭하는 개념으로 쓰인다. 더불어 반복적으로 쓰는 용어는 다음과 같다. 조직마다 사용하는 UX 용어에 차이가 있지만 그 의미는 크게 다르지 않다.

UXUser Experience: 사용자 경험을 줄여서 UX로 표기한다. 사용자 경험에 대한 정의는 1장에 자세히 담았다.

UX 리서치UX Research: 사용자 리서치User Research, 프로덕트 리서치Product Research, 디자인 리서치Design Research로 부른다. 조직과 문화에 따라 이름이 다를 뿐 하는 일과 의미는 비슷하다.

프로덕트Product: 사전적 의미의 물리적 '제품'보다는 디지털 제품과 서비스를 포괄적으로 아우르는 말이다. 테크 기업은 디지털 하드웨어, 소프트웨어, 애플리케이션, 웹사이트, 솔루션, 시스템 등 다양한 결과물을 만든다. 여기서는 이를 '프로덕트'로 통일한다. 테크 회사의 프로덕트는 보통 여러 기능Feature의 집합인데 각각의 기능을 프로덕트라고 부르기도 한다.

사용자User: 프로덕트를 사용하는 사람이다. 흔히 생각하는 소비자End User와 잠재고객 모두 포괄해서 사용자로 부른다. B2BBusiness to Business에서는 엔터프라이즈 프로덕트를 사용하는 비즈니스 사용자, 사내 업무용 프로덕트를 사용하는 내부 사용자Internal User가 이 범주에 속한다.

1부

UX 리서치를 위한 기초:
워밍업

UX 리서치는 팀 스포츠이다. 프로젝트는 UX 리서처가 이끌지만 온 조직이 UX 리서치의 목적과 효용을 이해하지 못하면 경기에서 이길 수 없다. 고강도 경기를 치르려면 준비 운동이 필수이듯 1부는 본 경기에 앞선 워밍업이다.

1부에서는 UX 리서치의 개념과 과업을 기초부터 명확하게 안내하고자 한다. UX 리서치가 무엇이며, 왜 프로덕트 개발 과정에서 반드시 필요한지 설명하고, UX 리서치를 둘러싼 편견과 잘못된 상식을 바로잡는다. 이어서 UX 리서처라는 직업의 세계를 펼쳐 보이며 기업의 UX 성숙도를 다룬다.

1장

당신은 사용자가 아니다

3천억 원짜리 버튼

UX 전략가이자 UIE 컨설팅 대표인 재러드 스풀Jared Spool은 2009년 미국의 한 거대 이커머스 회사와 일했다. 그때 그가 버튼 하나로 엄청난 수익을 올린 이야기[1]는 UX 리서치가 얼마나 중요한지 보여 주는 상징적인 사례다. 당시에는 사용자가 웹사이트에서 장바구니에 물건을 담고 결제 버튼을 누르면 늘 로그인 페이지가 가로막곤 했다. 흔히 보이는 이메일과 패스워드 입력칸, 그 아래 '로그인'과 신규 고객을 위한 '회원가입' 그리고 비밀번호를 잊었을 경우를 대비한 '비밀번호 재설정', 이렇게 세 가지 선택 버튼이 제공되는 화면 말이다.

로그인 페이지 자체는 매우 간단했다. 디자이너는 신규 고객이 가입등록 단계를 크게 마다하지 않을 것이라 생각했다. 기존 고객 역시 로그인을 하면 더 빠르고 편리하게 결제할 수 있었다. 그런데 사용성 테스트를 해보니 결과는 예상과 크게 달랐다. 먼저 신규 고객들은 회원가입을 너무나 꺼렸다. "물건 사러 왔지 이 사이트에 가입하러 온 게 아니에요.", "이렇게 개인정보를 가져간 후에 광고를 계속 보낼 거잖아요."

기존 고객들도 불편을 겪었다. 이메일과 패스워드가 기억나지 않아 로그인을 여러 번 시도하거나 비밀번호 재설정에 필요한 이메일을 기억하지 못했기 때문이다(실제 UIE 팀의 추후 데이터 분석 결과에 따르면 비밀번호 재설정을 신청한 고객의 75%가 다시 물건을 결제하러 돌아오지 않는다고 한다). 고객과 장기적 관계를 맺기 위해 만든 로그인 페이지가 수많은 결제를 차단한 셈이다.

재러드 스풀 팀이 리서치 결과를 바탕으로 도출한 디자인 아이디어는 매우 간단했다. '회원가입' 버튼을 없애고 그 자리에 '계속하기Continue' 버

---

1 Jared Spool, "The $300 Million Button", *UIE, https://articles.uie.com/three_hund_million_button*

튼을 만들었다. 그 아래 다음 문구도 넣었다. "회원가입 없이도 물건을 구매할 수 있습니다. '계속하기' 버튼을 누르고 바로 결제하세요. 단, 더 빠른 구매를 원하신다면 결제 중간에 회원가입 하실 수 있습니다."

결과는 어땠을까? 구매를 완료한 고객이 45% 증가했다. '계속하기' 버튼으로 첫 달에만 매출이 150억 원 늘었고 연간으로 3천억 원이 증가했다. 엄청난 결과였다. 재러드 스풀이 직접 밝히지는 않았지만 많은 사람이 이 회사를 아마존Amazon으로 추정한다.

프로덕트 개발에서 이루어지는 의사결정의 근거라는 게 대부분 이렇다. 경쟁사가 하니까, 비용이 절감되어서, 윗선에서 추진해서, 혹은 잘 될거라는 강한 직감이 들어서. 정작 프로덕트 사용자를 관찰하고 연구한 데이터는 활용하지 않는다.

'계속하기' 버튼 사례에서 우리는 고객들이 실제로 어떻게 행동하는지 직접 관찰하는 리서치가 디자이너나 기획자의 직감에 의존하는 것보다 훨씬 더 큰 결과를 가져온다는 점을 배울 수 있다. 사람들의 생각과 행동을 별다른 노력 없이 쉽게 '가정'하고 '예측'할수록 사용자들이 진짜로 원하는 경험에서 점차 멀어진다. 많은 기업이 회사의 비전으로 '고객 가치'와 '고객 만족'을 제일 앞에 내세우는 것은 참으로 아이러니한 일이다. 실제로 고객에 귀를 기울이는 리서치는 하고 있지 않는 경우가 많기 때문이다.

사람들은 이러한 기업의 자세를 어떻게 받아들일까? 사용자와 기업의 인식 차이는 극명하다. 미국 컨설팅 회사 베인앤드컴퍼니Bain & Company가 실시한 설문조사[2]에 의하면 기업의 80%는 자신들이 우수한 가치Superior

---

2 James Allen, Frederick F. Reichheld, Barney Hamilton and Rob Markey, "How to achieve true customer-led growth", *Bain & Company, https://www.bain.com/contentassets/41326e091883 4cd1a0102fdd0810535d/bb_closing_delivery_gap.pdf*

Value를 제공한다고 믿고 있지만 직접 사용하는 사람들의 생각은 완전히 달랐다. 소비자들은 오직 8%의 기업만이 우수한 가치를 제공한다고 인정했다. 이러한 인식의 차이는 어디에서 오는 것이며 어떻게 하면 이 간극을 줄일 수 있을까? 가장 먼저 해야 하는 일은 자사가 사용자를 완전히 파악하고 있다는 위험한 착각에서 빠져나오는 것이다. 더불어 사용자가 프로덕트에서 경험하는 모든 접점Touch Point을 사용자 관점에서 다시, 제대로 보기 시작해야 한다.

넓은 의미에서의 UX와 UX 리서치

우리는 매 순간 경험한다. 어떤 서비스를 이용하거나 물건을 구입해 사용할 때도 개인적이고 독자적인 경험을 한다. 한 사람의 사용자 경험은 일회적이고 사적이지만 이를 관찰하고 해석하면 유의미한 데이터가 만들어진다.

보통 'UX'라고 하면 사용자들이 '디지털 프로덕트나 모바일 애플리케이션을 이용하는 경험'이라고 생각한다. 실제로 업계에서 이렇게 좁은 의미로 쓰는 때가 많기 때문에 이러한 해석이 반드시 틀린 것은 아니다. 하지만 본래 의미에서 UX란 '사용자가 프로덕트를 이용하기 전후 만나는 모든 접점과 경험'을 의미한다.

1993년 애플Apple에서 '사용자 경험User Experience'이라는 개념을 처음 만든 도널드 노먼Donald A. Norman은 UX를 이렇게 정의한다. "사용자 경험은 최종 사용자End User가 회사의 제품이나 서비스와 상호작용을 하는 모든 경험을 의미합니다."

다가오는 여름휴가 때 제주도에 가려고 여행 사이트에서 비행기 티켓을 알아보기 시작했다고 하자. 좁은 의미에서의 UX란 항공사의 웹사이트나 모바일 앱에서 이루어지는 사용자의 '디지털 인터랙션Digital Interaction'을 말한다. 소비자가 항공사 웹사이트에 접속하고, 로그인하고, 예매 페이지에 들어가 일정을 입력한 후 만나게 되는 결제 시스템까지의 과정이다. 그런데 항공사가 자사 고객들이 겪는 다양한 상황을 이해하고 보다 깊은 맥락에서 사용자 경험을 들여다보기로 결정했다면? 항공사는 고객을 총체적으로 이해하기 위해 사용자가 자사 웹사이트에 접속한 경로(최저가 항공권 검색)에서부터, 공항 라운지 이용, 체크인 편리성, 이상 기후로 인한 항공권 변경, 상담원과의 통화 등 고객이 겪을 수 있는 모든 경우의 수를 포괄적으로 파악하고자 할 것이다. 이것이 바로 넓은 의미에서의 UX이다.

UX 리서치의 최종 목적은 한마디로 더 나은 사용자 경험을 설계하는 것이다. 이때 만약 UX를 좁은 의미로 정의하면 UX 리서치의 목적은 사람들이 어떻게 디지털 프로덕트를 사용하는지 파악하여 개선 사항을 제안하는 것이 된다. 그래서 흔히 UX 리서치라고 하면 가장 먼저 '사용성 테스트'를 떠올린다. 하지만 원래의 의미, 즉 넓은 의미에서의 UX를 전제하면 UX 리서치의 영역도 넓어진다. 이 때문에 프로덕트 사용 경험뿐만 아니라 전후에 일어나는 일련의 과정, 사용자 배경과 주변 환경 등 사용자에게 영향을 미칠 수 있는 다양한 영역을 조사해야 한다.

그렇다면 UX 리서치는 사용자 경험을 어떻게 개선할까? 하나의 프로덕트를 개발하기 위해서는 끊임없이 의사결정을 내려야 하고, 합리적인 의사결정을 하려면 근거가 되는 정보가 필요하다. 이때 UX 리서치는 프로덕트와 사용자에게 계속해서 질문을 던지면서 여러 방면에서 인사이트를 제공한다. 우리 프로덕트의 사용자가 어떤 사람인지, 추구하는 가치와 니즈는 무엇인지, 무슨 문제를 안고 있는지, 현재 프로덕트를 어떻게 평가하는지 등을 다각도로 질문하는 것이다.

UX 리서치의 정의는 조직과 연구자마다 조금씩 다르지만 보편적으로 다음과 같이 정리할 수 있다.

> UX 리서치는 사용자의 행동과 니즈, 동기를 이해하기 위해 여러 가지 리서치 기법으로 얻은 인사이트를 제공한다. UX 리서치는 프로덕트 전략, 디자인, 개발, 품질 향상 전체에 걸쳐 이루어지며 리서치 결과에 근거한 문제 정의와 의사결정이 진행되도록 돕는다. 궁극적으로 프로덕트 사용자 경험을 향상시키는 데 그 목적이 있다.

UX 리서치가 반드시 필요한 6가지 이유

사용자 경험은 프로덕트 생존과 직결된다. 프로덕트가 살아남으려면 소비자에게 가치를 전달해서 계속 쓰여야 한다. 문제는 소비자를 둘러싼 디지털 프로덕트가 한둘이 아니라는 점이다. 이러한 혼란의 무한경쟁 속에서 어떻게 지속적으로 가치를 전달하고 사용자를 만족시킬 수 있을까? 어떻게 하면 경쟁사를 이기는 획기적인 아이디어를 낼 수 있을까? 실리콘밸리 창업 1세대인 스티브 블랭크Steve Blank는 비즈니스 모델 캔버스Business Model Canvas를 소개하면서 "기업들은 경험적이고 고객 중심적인 방법으로 비즈니스 모델에 들어가는 모든 요소를 검증해야 한다"고 조언한다.[3] 지금부터 UX 리서치가 기업에 어떤 가치를 가져다 주는지 구체적으로 살펴보자.

---

3 Steve Black and Bob Dorf, *The Startup Owner's Manual*, K&S Ranch, 2012; 《기업 창업가의 매뉴얼》, 에이콘출판사

1. 당신은 프로덕트 사용자가 아니다

프로덕트를 만드는 기업의 기획자, 디자이너, 개발자, 리서처는 '사용자가 자신과 비슷하다'는 착각에 빠지기 쉽다. 또한 '동일한 프로덕트를 쓰고 있으니, 자신이 사용자를 대변한다'고 믿기도 한다. 이러한 생각이 아주 틀린 것은 아니다. 그들 역시 사용자로서 뉴스를 검색하고 온라인 콘텐츠를 소비하고 쇼핑 앱에서 물건을 구매하기 때문이다.

하지만 테크 회사에서 일하는 기획자, 디자이너, 개발자 그 누구도 일반 사용자를 대표할 수 없다. 프로덕트 개발에 깊숙이 참여하고 있는 데다 매일 서비스를 들여다보기에 일반 사용자와 비교했을 때 사전 지식의 깊이가 다르고 객관적으로 판단하기도 어렵다. 또 특정 분야의 프로덕트를 일주일에 한 번 쓸까 말까 한 사람, 여러 프로덕트를 동시에 사용하는 사람 등 다양한 사용자 유형이 있는데 직원들이 이를 모두 반영할 수 없다. 그러므로 우리는 다음 문장을 기억해야 한다. "당신은 사용자가 아니다You Are Not the User." UX 리서치에서 가장 유명하고 중요한 말이다.

구글Google을 비롯한 실리콘밸리의 테크 회사에는 프로덕트 출시에 앞서 직원들이 이를 써보고 테스트하는 '도그푸딩Dogfooding' 문화가 있다. 개 사료를 만드는 회사 대표가 신제품을 내놓기 전 자신의 반려견에게 먼저 먹여 본 데서 유래한 것으로 사전에 문제점을 찾아 개선할 수 있어 현업에서 자주 활용된다. 그런데 문제는 이러한 도그푸딩이 사용자 리서치를 대체하는 경우에 발생한다.

실제로 도그푸딩에서 긍정적인 평가를 받은 프로덕트라 하더라도 시장 반응은 예상과 다를 때가 많다. 개발에 직접 참여하지 않았어도 사내 직원들은 프로덕트 이해도가 높기 때문에 그들의 경험은 일반적인 사용자 경험과 차이가 크다. 따라서 직원들이 일반 사용자를 대변할 수 있다는

오판에서 벗어나 실제 사용자를 대상으로 하는 리서치를 반드시 거쳐야
한다.

2. 사용자와 프로덕트 팀을 연결하는 다리 역할을 한다

기업들이 외치는 것만큼 실제로 소비자를 최우선에 두는 게 쉬운 일은 아
니다. 기업은 무엇보다 잘 팔릴 제품, 영업이익이 높은 부분에 집중하기
마련인 데다, 탑다운 방식으로 CEO 혹은 임원에게서 나온 아이디어가 우
선순위에 오르고 사용자는 뒷전이 된다.

　　UX 리서치는 이런 접근을 방지하고 프로덕트 팀이 오롯이 사용자의 관
점에서 문제를 바라보도록 한다. 모든 디자인과 프로덕트 기획은 질문을
던지는 것에서 시작하고 해답을 찾으면서 근거 있는 결정을 내리려고 노
력한다. 사용자는 누구인지, 현재 프로덕트를 어떻게 사용하고 있는지,
무슨 불편을 겪는지, 원하는 게 무엇인지, UX 리서치는 이러한 질문에 대
답하면서 개발의 모든 단계마다 사용자의 관점에서 프로덕트를 만들게
돕는다. 사용자에 대한 공감능력Empathy을 높임으로써 실제로 프로덕트
를 사용하는 사람들과 프로덕트 팀을 연결하는 다리 역할을 한다.

3. 직관에 의존한 개발 과정에서 발생할 수 있는 막대한 시간과 예산 손실을 절감한다

직관을 믿는 것이 항상 잘못은 아니다. 한 분야에서 오랫동안 일한 실무
자의 직관력만큼 귀중한 것도 없다. 다만 직관에만 의존하거나 이를 검증
없이 확신하면 위험하다. UX 리서치로 얻은 인사이트, 사용자 행동분석,
트렌드 조사, 경쟁사 분석 등의 자료는 직관에 힘을 실어 준다. 신중한 데
이터 기반 의사결정으로 조직을 이끄는 것이다.

기업 입장에서 리서치로 얻은 인사이트가 무엇보다 중요한 이유는 처음부터 사용자를 제대로 이해하여 프로덕트를 디자인하고 개발하면 사용자가 원하지 않는 콘셉트를 개발했을 때 발생하는 엄청난 시간과 비용 낭비를 줄일 수 있기 때문이다. 또한 중간 단계에서 일어나는 다양한 실수를 조기에 발견하고 수정할 수 있다. 프로젝트 초반부터 리서치를 적시에 실시하면 큰 비즈니스 임팩트를 만들 수 있다.

4. 불만족스러운 경험에서 발생하는 '불편 비용Frustration Cost'[4]을 줄여 준다

사용자 경험을 중시하지 않는 프로덕트는 필연적으로 사용자에게 불편함을 야기한다. 그런데 이는 한 번으로 끝나지 않는다. 예를 들어 영업사원이 잠재고객에게 자사 프로덕트를 시연하면서 헤맬 정도라면 수월한 사용자 경험을 제공하는 경쟁사 인터페이스에 경쟁우위를 갖기 힘들다. 당연히 세일즈 기회 또한 놓칠 수 있다. 고객센터 직원들은 고객 불만사항을 처리하기 바쁠 것이다. 한 건의 고객 불만을 해결할 때 드는 비용을 고려하면 무시 못할 금액이다. 불편을 겪은 사용자들이 화가 나 홈페이지나 SNS에 부정적인 리뷰를 남겼다면? 그렇게 손상된 브랜드 이미지를 복구하는 데는 또 얼마나 많은 비용이 들어갈 것인가. 사용자가 겪는 불편이 프로덕트 일부에 불과하더라도 결과적으로 프로덕트에 끼치는 손해는 생각보다 막심하다. 이러한 '불편 비용'을 줄이기 위한 쉽고 간편한 방법이 바로 사용자가 프로덕트를 어떻게 사용하는지 관찰하는 UX 리서치이다.

---

4 Jaime Levy, *UX Strategy: How to Devise Innovative Digital Products that People Want*, O'Reilly, 2015; 《UX 디자인 전략》, 유엑스리뷰

5. 리서치로 혁신적인 돌파구를 찾는다

흔히 UX 리서치는 세부적인 프로덕트 문제점을 발견하여 개선하는 것이라 생각한다. 물론 치열한 경쟁에서 앞서려면 당장 프로덕트를 업그레이드하는 데 필요한 리서치도 중요하다. 그러나 동시에 멀리 내다보고 미래 사업을 준비할 수 있도록 도와주는 리서치 역시 장기적으로 큰 이익을 얻기 위해 꼭 필요하다. 탐색적 리서치Exploratory Research에서 나온 인사이트는 프로덕트 방향과 전략을 수립하는 데 필수 요소이니 말이다. 리서치에서 도출된 인사이트는 UX 전략 수립에 핵심적이며 이는 새로운 사업 기회로 연결되기도 한다.[5] UX 리서치로 도출할 수 있는 최고의 아웃풋이라 할 수 있다.

에어비앤비Airbnb 창업자인 브라이언 체스키Brian Chesky는 리서치를 통해 비즈니스를 살렸다. 에어비앤비 사업 초기, 이용자도 많지 않고 신규 가입자도 늘지 않아 회사는 계속해서 투자금을 잃고 있었다. 고민 끝에 체스키는 투자자를 만났고 '사용자를 찾아가라'는 조언을 들었다. 창업자 둘은 당시 에어비앤비 고객이 가장 많았던 뉴욕으로 날아가 호스트들의 집을 방문하기 시작했다. 디자인 스쿨에서 사진 수업을 들었던 체스키는 집 사진을 멋지게 찍어 주면서 자연스럽게 호스트와 오랜 시간 대화를 나누었고 에어비앤비 웹사이트를 어떻게 사용하는지 관찰했다. 그 과정에서 호스트가 웹사이트에 숙소 정보를 업로드하며 겪는 불편을 확인하고, 이를 바탕으로 웹사이트를 전면적으로 개편하면서 에어비앤비 매출은 단기간에 두 배로 올라갔다.

---

5   Jaime Levy, *UX Strategy: How to Devise Innovative Digital Products that People Want*, O'Reilly, 2015; 《UX 디자인 전략》, 유엑스리뷰

6. 이해관계자들과 공동의 목표를 세우고 연합할 수 있게 돕는다

만족스러운 사용자 경험은 한두 명의 노력으로 되는 일이 아니다. 여러 프로덕트 관련 부서의 세심한 협업과 리더십의 충분한 지원이 필요하다. UX 리서치로 찾아낸 인사이트는 프로덕트 팀으로 하여금 일의 당위와 목표의식을 갖게 한다. 프로덕트를 만들며 당면한 과제를 처리하다 보면 왜 이 일을 하고 있는지, 왜 이 프로젝트를 우선해야 하는지 목표를 잊는 다. 그럴 때마다 UX 리서치는 사용자의 문제나 니즈가 무엇이었는지 상기시켜 준다.

넷플릭스Netflix는 프로젝트 개발팀에 속한 여러 사람이 함께 모여 열띤 토론을 벌이는 전략회의에서 서비스 전략을 공유하고 결정한다. 매주 진 행하는 이 회의에서 단골로 나오는 질문 중 하나가 바로 '사용자 리서치 에서 배운 점이 무엇인가'이다. 회의를 주도하는 각 프로덕트 팀은 처음 부터 사용자를 가장 중심에 두고 리서치에서 발견된 문제점과 사용자 니 즈에 근거해 전략을 수립한다. 이러한 정보는 프로덕트 팀이 앞으로 나아 갈 방향을 잡는 힌트가 되고 모두가 공감하고 이해할 수 있는 공동의 목 표를 세우는 데 크게 기여한다.

리서치 프로젝트는 리서처 혼자 하는 것이 아니라 리서처의 리드 아래 이해관계자들과 팀을 이루어 함께하는 협업의 과정이어야 한다. 프로젝 트를 진행하면서 사용자가 느끼는 불편에 공감하고 어떤 문제에 포커스 를 둘지, 해결 방안은 무엇인지 더불어 고민하며 문제를 해결해 나간다.

UX 리서치에 대해 잘못 알고 있는 5가지

테크 기업에서 오래 일했더라도 UX 리서처가 아니라면 UX 리서치를 제대로 알고 있는 경우가 드물다. UX 리서치를 만병통치약처럼 쓰려 하거나 반대로 사용 범위를 좁게 제한하는 사례가 흔하다. 리서치를 의사결정에 제대로 활용하기 위해서는 처음부터 잘못된 상식을 바로잡고 이해관계자와 기대치를 맞추는 게 중요하다.

1. UX 리서치는 보통 프로덕트 개발 후반부에 이루어지는 사용성 테스트를 말한다?

전혀 아니다. 먼저 사용성 테스트Usability Testing는 UX 리서치의 한 기법이다. 비교적 빠른 시간에 테스트 결과를 바로 디자인에 적용할 수 있다는 장점이 있어 자주 사용되지만 실제 UX 리서치에는 매우 다양한 기법이 있다. 만약 UX 리서치 팀을 꾸려 놓고 사용성 테스트만 계속 한다면 UX 리서치로 얻을 수 있는 다른 가능성을 놓치고 있는 것이다(참고: 5장 프로젝트 유형과 리서치 질문, 6장 리서치 기법 선택하기).

UX 리서치를 프로덕트 개발이 거의 다 끝난 뒤 후반부에 서비스 기능을 검증하는 단계로 알고 있다면 이는 잘못된 생각이다. 리서치 프로섹트는 개발 프로세스 전반에 걸쳐서 진행되며 단계별로 사용자 인사이트를 제공한다. 따라서 UX 리서처는 프로덕트 개발팀과 긴밀하게 협업하거나 아예 개발팀 소속으로 일하기도 한다(참고: 4장 프로덕트에 필요한 UX 리서치는 그때그때 다르다).

2. UX 리서치로 사용자 행동을 일반화하거나 예측할 수 있다?

그렇지 않다. UX 리서치에서는 리서치 결과를 전체 사용자에 적용하는 실

수가 자주 일어난다. 예를 들어 사용성 테스트에서 7명 중 5명이 태스크Task를 성공적으로 수행하면 실제로 70%의 사용자가 문제없이 제품을 쓸 것이라 예측하는 식이다.

일부 양적 리서치에서는 신뢰구간Confidence Interval을 계산하여 예측이 가능하기도 하다. 하지만 일반적인 UX 리서치의 목적은 사용자 행동을 미리 짐작하거나 일반화하는 것이 아니라 상황을 제대로 진단하고 사용자가 왜 그러한 행동을 하는지 해석하는 것이다.

초보 리서처는 사용자에게 미래 행동을 직접 묻는 오류를 저지르기도 한다. "지금 앱에서 새로운 기능을 보여드렸는데요, 앞으로 유용하게 쓸 것 같나요?" 더 나아가 얼마나 자주 쓸 것 같은지 질문하는 때도 있다! 이렇게 글로 쓰인 내용을 보면 황당한 질문이라는 걸 알 수 있지만 실제 리서치 현장에서 흔하게 발견되는 실수다. 사람들은 자신이 미래에 어떻게 행동할지 예측하지 못한다(참고: 19장 데이터 수집하기).

3. UX 리서치는 사용자에게 원하는 것을 묻는 것이다?

아니다. UX 리서처로 일하다 보면 자주 듣게 되는 인용구가 있다. "만약 사람들에게 무엇을 원하는지 물었다면 아마 더 빠른 말이라고 답했을 것이다." 자동차를 발명한 헨리 포드Henry Ford의 말이다. 사람들에게 의견을 구했다면 새로운 아이디어를 발명하는 대신 기존의 것을 개선하는 데 그쳤을 것이라는 이야기다.

이 말은 사용자 리서치는 중요하지 않다는 의미로 잘못 해석되거나 오용된다. 여기에는 여러 가지 함정이 있다. 첫째, 리서처는 사용자에게 무엇을 원하는지 직접 묻지 않는다. 사람은 자신이 뭘 바라는지 잘 모르기 때문이다. 리서처가 프로젝트를 시작할 때 정의하는 리서치 질문과 실제 인터뷰에서 던지는 질문은 다르다. 사람들이 원하는 결제 기능이 무엇인지 알아내는 게 전체 프로젝트의 리서치 질문이라고 하자. 이에 답하기 위해서는 현재 결제 시스템 경험을 조사하고 관찰하고 분석하는 과정을 토대로 사람들에게 필요한 기능을 합리적으로 추론해야 한다.

둘째, 리서처는 응답자의 대답을 해석 없이 그대로 받아들이지 않는다. 만약 더 빠른 말을 원한다는 대답을 들었다면 리서처는 그 이면에 자리한 보다 효율적인 교통 수단을 원하는 응답자의 니즈를 알아차려야 한다. 피상적인 대답 아래에 어떤 근본적인 바람이 있는지 한 번 더 고민해 봐야 한다. 이런 단계를 거치지 않고 현상에만 집중하면 표면적인 이야기 외에 얻을 게 없다.

마지막 함정은 조금 허무한데, 헨리 포드가 실제 이런 이야기를 했다는 기록이 없다. 사실이 무엇이든 리서처 커리어 내내 '더 빠른 말' 이야기를 지겹도록 듣게 될 테니 마음의 준비를 하는 게 좋겠다.

4. 사용자 다수결에 따라 의사결정을 한다?

틀렸다. A, B, C 세 가지 디자인 콘셉트를 사용자에게 보였는데 10명의 사용자 중 6명이 B안을 선호했다. 이제 B안 내로 디자인하면 될까? 이와 같은 리서치가 잘못된 이유는 사용자 행동을 관찰하지 않고 어떤 콘셉트를 선호하는지 물었기 때문이다. 새로운 마케팅 애널리틱스 출시를 앞두고 사용성 테스트를 준비하면서 있었던 일이다. 디자인 매니저가 내용은 동일한데 바탕색이 초록과 파랑으로 다른 두 가지 디자인을 들고 와 사용자가 어떤 안을 더 마음에 들어할지 알아봐 달라고 요청했다.

이는 몇 가지 면에서 잘못된 접근인데 첫째, 평가적 리서치Evaluative Research에서 사용자 행동이 아니라 사용자의 주관적인 '의견'에 의존하는 데이터는 쓸모가 없다. 이보다는 두 개의 디자인을 따로 테스트하여 참가자가 어느 쪽을 더 쉽게 사용하는지 관찰하는 게 훨씬 효과적이다. 둘째, 컬러는 다른 디자인 요소를 함께 고려해서 결정해야 한다. 마지막으로 다수의 사람들은 초록색과 파란색 바탕 차이에 선호를 서술할 만큼 제품에 애정이 있지 않다. 하지만 인터뷰에서는 그럴듯하게 말을 지어낼 수 있다.

5. UX 리서치를 하면 바로 해답을 얻을 수 있다?

아쉽지만 아니다. UX 리서치에서 프로덕트 방향에 중요한 정보를 얻는 것은 맞다. 그러나 프로덕트를 어떻게 디자인하면 좋을지 세세하게 알 수 있는 것은 결코 아니다. UX 리서치는 정답을 찾고자 하는 게 아니라 문제 해결의 과정이다. 사용자가 누구인지 어떤 경험을 하고 있는지 이해하면 현재의 문제점을 찾을 수 있고 또 여태까지 발견하지 못한 니즈Unmet Needs에 집중할 수 있다. 또 '왜' 라는 질문을 던지면 표면적인 사항보다 사용자의 동기Motivation와 멘탈모델Mental Model을 심도 있게 분석할 수 있다. 여러 번 반복적인 프로세스Iterative Process를 거쳐 혁신적인 프로덕트가 탄생할 수 있게 돕는 것이 UX 리서치의 역할이라고 해서 리서치 결과물이 바로 해결책을 제시하는 것은 아니다.

UX 리서치를 시작하기 어렵게 만드는 편견들

관심이 늘고 있는 만큼 UX 리서치를 둘러싼 편견 또한 상당하다. 이는 리서치를 새로 도입하거나 리서치 조직을 성장시키는 데 걸림돌이 되므로 이번 기회에 해소하도록 하자.

"UX 리서치가 필요하다는 건 알지만 시간과 비용이 많이 들어서 현실적으로 실행하기가 어려워요."

리서치 프로젝트에 시간과 비용이 소요되는 것은 사실이다. 하지만 프로덕트가 잘못된 방향으로 갔을 때 이를 되돌리는 비용은 리서치에 들어가는 것보다 훨씬 크다. 따라서 리서치의 투자수익률은 높은 편이다.

UX 리서치는 프로덕트 개발 주기Development Cycle에 맞물려 진행되기 때문에 일반적인 리서치에 비해 빠르게 이루어진다. 그럼에도 시간과 인력이 부족하다면 더욱 신속하고 가볍게 실행할 수 있는 애자일 리서치Agile Research를 채택해 보자(참고: 24장 애자일 리서치).

"몇 명의 사용자를 대상으로 실시한 리서치 결과를 일반화할 수 있나요?"

질적 연구는 샘플 크기가 적기 때문에 신뢰도를 공격받곤 하는데, 질적 연구와 양적 연구의 본질적인 차이를 이해하면 왜 이런 질문이 잘못된 것인지 알 수 있다. '얼마나 많은지How Many' 묻는 질문에 답하는 것이 양적 연구의 목적이라면 질적 연구는 '왜Why'와 '어떻게How'에 포커스를 둔다. 참가자 수가 많다고 신뢰도가 높은 게 아니며 오히려 명확한 기준에 의해 선정된 특정 규모의 사용자를 대상으로 리서치하는 것이 바람직하다(참고: 5장 프로젝트 유형과 리서치 질문, 18장 샘플링과 참가자 모집하기).

"리서치 결과가 추상적이라 실제 프로덕트에 반영하기 힘들어요."

리서치 프로젝트 유형에 따라 결과물의 성격이 달라지는데 이 가운데 사용성 테스트나 설문조사 등은 조사 결과가 비교적 명료하게 정리되는 편이다. 그런데 질적 리서치, 특히 탐색적 리서치의 경우에는 결과물이 텍스트를 기반으로 하고 추상적인 때가 많아서 프로덕트에 이를 적용하기 어려운 게 사실이다.

이럴 때 리서처의 역할이 매우 중요하다. 리서처는 리서치 결과물을 실행 가능한 구체적인 대안과 해결책으로 제시해야 한다. 또한 리서치 결과물을 공유하는 데서 그치는 것이 아니라 프로젝트 팀 및 이해관계자들과 함께 워크숍, 브레인스토밍 등을 통해 UX 전략을 수립하고 새로운 프로덕트 로드맵을 만든다(참고: 21장 인사이트 공유하기, 22장 UX 워크숍).

"리서치를 하려면 관련 학문을 전공하거나 석박사 학위가 필요하지 않나요?"
리서치를 하기 위해서는 다양한 리서치 지식과 경험이 필요하다. 겉핥기식으로 잘못 따라 하는 경우 안 하느니만 못한 결과를 초래할 위험이 크다. 그러나 기본 지식을 습득하고 작은 프로젝트부터 차근히 경험을 쌓는다면, 전공자가 아니라도 리서치 프로젝트를 수행할 수 있다. 실제 현업에서 활동하는 UX 리서처 가운데 전혀 다른 분야를 전공했지만 업무를 하면서 UX 리서처로 진로를 변경한 경우도 많다(참고: 2장 UX 리서처의 세계, 27장 리서처 슈퍼 파워).

"스티브 잡스는 사용자를 대상으로 리서치를 하지 않았다고 하던데요?"
"포커스 그룹에 의지해 제품을 만들기란 매우 어렵다. 사람들은 대부분 만들어서 보여 주기 전에는 무엇을 원하는지 모른다." 스티브 잡스Steve Jobs의 이야기는 주로 UX 리서치 효과에 회의적인 조직에서 "사용자에 귀 기울일 필요가 없다"는 주장을 뒷받침하는 데 오용된다. 그 결과 사용자 리서치는 쓸모없고, 프로덕트 담당자의 경험에서 우러난 직관을 따르는 것이 혁신으로 가는 길이라 굳게 믿으며 심지어 사용자를 무시하는 태도로 이어지기도 한다.

이런 오해와 오독은 잘못된 전제에서 출발했다. UX 리서치는 사람들에게 원하는 바를 직접 물어본다는 전제 말이다. 사용자 리서치에서 어떤 프로덕트를 만들어야 할지 정답을 듣기 원하는 것은 개발팀의 책임을 사용자에게 떠넘기는 게으르고 무능한 태도이다.

제대로 된 리서치는 사용자의 현재 경험에 주목한다. 프로덕트를 어떻게 쓰는지, 불편한 점이나 개선을 바라는 사항이 있는지 리서치한 후에 이러한 이해를 바탕으로 분석과 해석을 거쳐 합리적인 추론을 내린다. 그리고 도출된 인사이트로 데이터에 근거한 의사결정이 가능하도록 한다. 스티브 잡스 역시 다음과 같이 현상을 반드시 이해해야 한다고 강조한 바 있다. "우리는 사용자 경험에서 출발하여 기술을 만들어야 한다. 반대로 기술에서 출발하면 사용자에게 어떻게 팔아야 하는지 파악하기 어렵다."

2장

UX 리서처의 세계

UX 리서처가 하는 일

테크 기업의 UX 리서처는 디지털 프로덕트 조직에서 리서치 프로젝트를 기획하고 진행하며 인사이트를 도출하여 팀과 함께 새로운 사용자 경험을 만들어 간다. 실제 사용자와 프로덕트 개발팀을 연결하는 징검다리 역할을 하면서 사용자가 느끼는 불편에 공감하고 이를 바탕으로 문제를 제기하며 프로덕트의 장기 전략과 디자인에 긴밀하게 관여한다.

실리콘밸리에서는 기업의 UX 성숙도가 높거나 조직이 클수록 이에 비례해 UX 리서처 수가 늘어난다. 소규모 스타트업에서는 1인 혹은 작은 팀이 리서치를 도맡고 규모가 큰 빅테크 기업에서는 수백 명의 리서처가 일한다. 최근에는 UX 리서처가 활동하는 분야도 빠르게 늘어나는 추세인데, 기업 간 경쟁이 치열해지면서 테크 회사뿐만 아니라 물리적 제품이나 서비스를 생산하는 기업에서도 UX 리서처를 뽑고 있다. 금융, 헬스케어, 소비재, B2B, 공공서비스 등 다양한 분야에 걸쳐 UX 리서치 팀이 생기는가 하면, 생성형 AI를 비롯한 각종 인공지능, AR/VR, IoT 등 사람과 뉴테크놀로지 사이에 필요한 새로운 형태의 인터랙션을 연구하는 리서처들도 증가하고 있다.

리서처의 주요 업무는 리서치 프로젝트이지만, 이것이 전부라고 생각한다면 오산이다. 리서치 전부터 시작되는 일이 많다. 먼저 비즈니스 문맥을 파악하고 장기적인 프로덕트 전략과 이해관계자들이 얻고자 하는 정보가 무엇인지 알아야 한다. 리서치가 끝난 후에도 프로덕트 전략에 관여하면서 집중해야 하는 문제를 헤아리고 다양한 의사결정에서 사용자를 대표한다. 그렇다면 지금부터 리서처가 실제 업무에서 하는 일을 차근차근 알아보자.

리서치 프로젝트 수행: 리서처의 주요한 업무로, 리서치 프로젝트를 구상하고 리서치 기법을 선정하여 데이터를 수집하고 분석한다. 프로젝트에서 도출된 사용자 인사이트를 프로덕트 팀과 이해관계자에게 전달하여 프로덕트 개발 과정에서 발생하는 다양한 의사결정을 돕는다.

문제 정의와 우선순위 전달: 사용자를 대상으로 리서치를 하면서 발견한 여러 가지 문제 가운데 어디에 집중할지, 그러한 문제의 본질이 무엇인지 성찰한다. 이렇게 정의한 문제를 다양한 측면에서 평가하여 우선순위를 결정하는데, 이 역시 리서처가 주도하는 부분이다.

UX 전략 세우기: 리서치가 끝난 후 프로덕트 팀과 협업하여 개발 과정에서 전략 수립을 돕는다. 사용자 인사이트가 프로덕트에 적극적으로 반영될 수 있도록 워크숍을 진행하거나 프로덕트 로드맵을 함께 그린다.

사용자와 공감대 형성: 디자인과 개발팀뿐만 아니라 매니지먼트, 마케팅, 세일즈 등 전사적으로 프로덕트 사용자가 누구이며 어떠한 문제를 가지고 있는지 공감할 수 있도록 다양하게 활동한다. 사용자 여정 지도User Journey Map를 만들어서 공유하기도 하고, 리서치했던 실제 사용자의 생생한 이야기를 소개하면서 고객의 목소리에 귀 기울이도록 한다.

UX 리서치 교육과 홍보: 이해관계자, 매니지먼트 혹은 클라이언트에게 UX 리서치 프로젝트의 가치를 알리고 리서처와 어떻게 협업하면 좋은지 교육한다. 'UX 리서치 101'과 같은 강의를 만들거나 리서치 뉴스레터를 발행하여 완성된 프로젝트나 예정되어 있는 리서치를 소개하기도 한다. 기업내 UX 리서치 성숙도가 낮을수록 이에 할애하는 시간의 비율이 높아진다.

R&D 조직과 UX 리서치

UX 리서처들은 대부분 테크 회사나 일반 기업의 UX 팀에 소속되어 일한
다. 이렇게 인하우스 리서처의 경우 기획자, 개발자, 디자이너, 엔지니어
등 다양한 R&D 인력과 함께 하며 사용자를 대변하는 역할을 한다. 또는
디자인이나 리서치 에이전시에서 근무하며 클라이언트의 프로덕트 사용
자를 대상으로 전략을 세운다.

　기업 내에서 리서처의 역할은 전반적으로 비슷하지만 인하우스 리서처
는 어느 팀에 속해 있는지에 따라서 UX 의사결정 과정이나 협업 방식, 선
호하는 프로젝트 종류가 조금씩 다르다. 구글, 메타Meta, 에어비앤비 등의
기업 리서처들은 디자인 팀에서 디자이너들과 긴밀하게 협업한다. 반면
스포티파이Spotify나 넷플릭스는 독립적인 인사이트 조직에서 UX 리서처
와 데이터 사이언티스트가 양적, 질적 연구결과를 함께 도출한다.

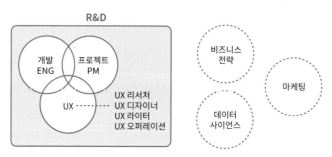

그림 2-1 리서처가 UX 팀에서 일하는 R&D 조직

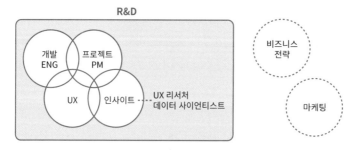

그림 2-2 리서처가 인사이트 팀에서 일하는 R&D 조직

리서처가 프로덕트 팀과 일하는 방식에는 중앙집중형Central과 분산형 Embedded이 있다. 중앙집중적인 팀은 하나의 리서치 조직이 전체 조직을 지원하며 리서처들이 프로젝트에 유동적으로 투입된다. 전반적인 프로덕트 전략 관련 리서치를 담당하며 각자 잘하는 분야를 계속 맡기 때문에 스페셜리스트가 많은 편이다. 또한 리서처 간 협업과 소통이 활발해 지식 공유가 쉽다. 분산형 리서치 팀은 기업의 비즈니스 조직 구성에 맞추어 리서처가 분산 배치되는 구조다. 리서처는 담당 조직에서 필요한 리서치를 하므로 제너럴리스트로 일하는 경우가 많다. 조직의 입장에서는 반복적인 사용자 리서치를 기반으로 프로덕트를 개발한다는 장점이 있다. 개발 초기부터 리서치에서 얻은 해당 분야의 전문지식을 토대로 사용자 중심 프로덕트를 만든다.

최근에는 두 가지 방식의 장점을 극대화한 하이브리드 형태로 리서치 조직을 운영하는 기업들이 많다. 중앙집중형 팀이지만 리서처 각자 전문 분야를 두거나 분산형 팀이지만 리서처 간의 협업과 커뮤니케이션을 권장한다.

팀이 커질수록 리서처의 역할은 세분화된다

조직 내의 리서치 팀이 커질수록 리서처의 역할은 세분화되고 그 종류 역시 다양해진다. 처음에는 제너럴리스트 리서처로 폭넓게 일하다가 어느 정도 경력이 쌓인 후에 스페셜리스트가 되어 한 가지 분야나 특정 방식의 리서치에 전문성을 갖기도 한다. 이러한 과정을 거쳐 자신의 배경과 관심 분야, 조직 환경에 맞추어 커리어를 개발한다.

UX 리서처UX Researcher: 제너럴리스트 리서처로 양적, 질적 리서치 모두 담당한다. 1인 리서처이거나 작은 리서치 팀에서 일하며 전공이나 경험에 따라서 특화된 분야나 리서치 기법이 있는 편이다. 대부분의 리서처가 이에 해당된다.

질적 UX 리서처 Qualitative UX Researcher: 작은 샘플의 사용자를 대상으로 실시하는 질적 연구가 전문이지만 설문조사와 같은 양적 리서치 기법도 종종 사용한다. 양적 리서처나 데이터 사이언티스트와 함께 일하는 때가 많다.

양적 UX 리서처 Quantitative UX Researcher: 양적 리서치 기법을 사용하여 수집한 사용자 행동 데이터와 설문조사 데이터를 주로 다루며 여러 양적 기법을 이용한 사용자 이해를 목표로 한다. 사용자에게 직접 수집한 데이터를 중심으로 리서치를 한다는 점에서 데이터 사이언티스트와 다르다.

리서치 매니저 Research Manager: 리서치나 인사이트 조직을 관리하면서 리서처들이 프로젝트를 성공적으로 수행할 수 있도록 이끈다. 매니저는 팀을 꾸리면서 리서처들이 목표를 분명하게 파악하고 이해관계자와 원활하게 협업하도록 돕는다. 또한 리서치 기법을 아우르는 실행 도구와 리서치 프레임워크를 제시한다.

리서치 오퍼레이션 Research Operations: 리서치 팀에서 같이 일하며 리서처들이 프로젝트에 집중할 수 있도록 사용자를 안내하고 지원한다. 주로 리서치 참가자 모집, 리서치랩 셋업, 리서치 소프트웨어와 플랫폼 도입과 관리, 에이전시 커뮤니케이션 등의 업무를 담당한다. 프로그램 매니저Program Manager라고 부르기도 한다.

다음은 일반적이지 않지만 조직에 따라 특정 역할을 담당하는 리서처 직군이다.

에스노그라퍼Ethnographer: 질적 리서처 중에서 에스노그라피Ethnography, 민속지학를 주로 사용하여 탐색적 리서치를 한다. 사용자 그룹이나 그들이 속한 전체 커뮤니티를 둘러싼 사회적, 문화적 맥락을 이해하는 데 초점을 둔다.

사용성 전문가 Usability Specialist: 평가적 리서치를 전문으로 하며 사용자가 어려움 없이 서비스를 이용하고 사용자 경험에 만족하는지 전문적으로 진단한다. 사용성 테스트가 절대적으로 중요한 복잡한 시스템을 운영하거나 웹서비스를 제공하는 기업에서 일하며 평가적 사용성 테스트Summative Usability Test를 담당한다.

래피드 리서처 Rapid Researcher: 간단한 리서치 프로젝트를 효율적으로 수행하는 리서처로 평가적 리서치 중에서 콘셉트 평가나 데스크 리서치를 주로 한다. 복잡하지 않은 주제의 리서치를 1~2주간 진행하며 긴급한 환경에서 빠르게 인사이트를 제공한다.

리서처 아키타입

현업에서 리서처로 일하는 사람들은 어떻게 리서처의 길을 걷게 되었을까? 실리콘밸리 UX 리서처들은 사회과학, HCIHuman Computer Interaction, 디자인을 전공한 사람들이 다수이지만 전혀 다른 학문을 공부했거나 마켓 리서치나 통계 분석가로 일하다 전업한 경우도 있다. 이처럼 UX 리서처들은 서로 다른 경력과 성장 배경을 가지고 있는데 이에 따라 일하는 방식과 스타일도 조금씩 다르다.

　스포티파이 크리에이터 팀 디렉터로 리서치 조직을 이끄는 사라 벨트 Sara Belt는 오랜 시간 여러 리서처와 작업하면서 역할과 전문성에 기반해 리서처를 아래 세 가지 아키타입으로 나누었다.[1] 리서처에게 필요한 대부분의 역량 역시 동일하게 분류할 수 있다.

통역사Interpreter: 기본적으로 인간과 사회를 향한 관심이 높으며 사용자를 전체적인 사회적 문맥에서 이해하고자 한다. 사용자 행동 패턴을 파악하여 이를 구조화하고 해석하는 능력이 뛰어나다. 사용자를 문화, 사회와 같은 넓은 맥락에서 관찰하기 때문에 프로덕트에서 무엇이 부족하고 어디에 새로운 기회가 있는지 파악하는 데 유리하다. 문화인류학, 사회학, 사회심리학 등 사회과학 전공자들이 많다.

실험자Experimenter: 행동분석, 실험연구를 주로 하며 객관성을 추구하는 실증주의를 따른다. 과학적 방법론을 토대로 측정 가능한 데이터를 도출한다. 새로 세운 전략이나 기회 요소가 소비자에게 얼마나 반향을 불러올지 측정하는 일도 한다. 통계, 행동경제학, 심리학, 인간공학 전공자들이 많다.

제작자Maker: 프로덕트와 디자인 메이킹을 최종 목표로 리서치를 수행한다. 디자인 개선에 도움이 되는 리서치를 지향하며 디자인 씽킹과 디자인 워크숍이 주무기이다. HCI, 디자인, 마케팅, 비즈니스 관련 전공자들이 많다.

리서처는 이 중 한 가지 역할에 집중하는 스페셜리스트나 셋 모두를 아우

1　Sara Belt, "Building User Research: Careers, Teams, Leadership", *EPIC Talk*, *https://www.epicpeople.org/building-user-research-careers-teams-and-leadership*

르는 제네럴리스트로 일한다. 리서처의 아키타입은 학문적 배경을 따르지만 이것이 향후 커리어를 결정짓지는 않는다. 하나의 특성에 머무르지 않고 리서처로 성장하면서 얼마든지 다른 성향을 키워 나갈 수 있다. 리서처는 경험을 쌓으며 리서치 기법들을 마스터하고 점차 복잡한 문제 해결에 도전하면서 영향력을 증대한다.

UX 리서처와 함께 하는 사람들

프로덕트 매니저 Product Manager, PM: 프로덕트에서 전략과 개발을 책임진다. 디자인, 엔지니어링, 리서치, 데이터 분석 등 다양한 역할로 이루어진 개발팀을 조율하고 이끈다. 비즈니스 전략, 마케팅 부서와도 긴밀히 협업하며 프로덕트를 출시하는 과정의 중심축이다. 사용자가 겪고 있는 문제점을 파악해 이를 발판으로 프로덕트의 새로운 가능성을 찾는다. UX 리서처는 프로덕트 매니저의 전략 컨설턴트와 같다. 사용자 인사이트를 제공하고 프로덕트가 나아가야 하는 방향을 함께 모색한다.

UX 디자이너UX Designer: 인터랙션 혹은 프로덕트 디자이너라고도 하며 전반적인 프로덕트 디자인을 책임진다. 여기서 디자인은 시각적 측면뿐만 아니라 복잡한 인터페이스를 설계하고 정보를 분류하여 사용자들이 프로덕트를 쉽게 사용하도록 하는 모든 일을 포함한다. 디자이너는 리서처가 제공하는 리서치 결과를 근거로 새로운 디자인 콘셉트를 만들고 콘셉트를 프로토타입Prototype으로 제작하여 사용자가 어려움 없이 쓰는지 확인하면서 이를 수정한다. 리서처는 다양한 평가적 리서치를 진행해 디자이너가 자신 있게 아이디어를 현실화할 수 있도록 돕는다. UX 디자인 조직이 규모가 있는 큰 기업에서는 UX 디자이너의 역할이 보다 세분화되고 여러 디자인 직군이 함께 일한다. 작은 기업에서는 UX 디자이너 한 명이 여러 역할을 담당하는 게 일반적이다.

- 인터랙션 디자이너Interaction Designer: 복잡한 사용자 태스크를 이용하기 편하고 직관적으로 설계하며 사용자 니즈와 페인 포인트Pain Point를 프로덕트의 기회 요인으로 바꾼다. 프로덕트 디자이너라고 부르기도 한다.
- 비주얼 디자이너Visual Designer: 화면 그래픽을 디자인하며 사용자가 프로덕트를 용이하게 쓸 수 있도록 비주얼 시스템을 정립한다.
- 인더스트리얼 디자이너Industrial Designer: 하드웨어를 디자인하며 프로덕트의 물리적인 인터랙션을 설계한다.
- 모션 디자이너Motion Designer: 애니메이션 테크닉을 이용해 움직이는 영상을 만든다.
- UX 엔지니어UX Engineer: 새로운 디자인을 작동하는 프로토타입으로 구현하여 테스트하고 개선한다.

UX 라이터UX Writer: 콘텐츠 디자이너나 콘텐츠 전략가라고도 부른다. 주된 업무는 프로덕트에 쓰이는 문구를 명확하고 직관적으로 작성하여 사용자가 성공적으로 업무를 수행하도록 하는 것이다. 콘텐츠는 프로덕트, 기능, 버튼 이름, 내비게이션 메뉴, 에러 메시지, 안내 메시지 등 다양한 영역을 아우르며 전반적으로 브랜드가 추구하는 성격과 부합하도록 일관성 있게 작성한다. UX 라이터는 UX 리서처, 디자이너와 협업하면서 사용자가 헤매지 않고 순조롭게 프로덕트를 쓰도록 작업한다. 특히 평가적 리서치에 참여하여 사용자가 문구를 잘 이해하는지 확인하고 수정한다.

데이터 사이언티스트 Data Scientist: UX 리서처가 사용자 스몰데이터Small Data 를 다루면서 사용자가 왜 그렇게 행동하는지 이유를 밝혀내는 데 주력한 다면 데이터 사이언티스트는 사용자 행동에 관한 빅데이터를 다룬다. 각 나라별 지난 달 신규 가입자 수는? 튜토리얼 비디오를 본 사용자와 그렇 지 않은 사용자의 방문기록 차이는? 이와 같은 질문에 대답하기 위해 수 많은 사용자 행동 데이터를 분석하고 모델링하여 프로덕트 팀이 의사결 정을 내릴 수 있도록 인사이트를 제공한다. 데이터 사이언티스트의 또 다 른 중요 업무는 A/B 테스팅이다. 두 가지 이상의 콘셉트가 있을 때 어떤 버전이 성공적인 지표를 가져오는지 평가한다. 조직에 따라 UX 리서처 와 직간접적으로 함께 일하며 질적, 양적 리서치에서 시너지를 창출한다.

소프트웨어 엔지니어 Software Engineer: 프로덕트를 만들고 운영할 수 있도록 아이디어를 구체화하고 실현한다. 리서처와 직접적으로 같이 하는 일은 다른 직군에 비해 드물지만 리서치 연구 결과에 따른 의사결정에 중추적 인 역할을 담당한다. 프로덕트 전략과 디자인에 따라 웹, 시스템, 모바일 애플리케이션 등을 개발하고 유지 보수한다.

마케팅과 브랜딩 전문가 Marketing & Branding Specialist: 진행하는 일의 성격에 따 라 협업의 범위에 차이가 있다. 처음부터 리서처와 같이 작업하는 때도 있고 직접적으로 함께 일하지는 않지만 리서치 결과물이 마케팅과 브랜 딩 전략에 영향을 미치는 경우도 잦다. 조직이 크면 마켓 리서치나 소비 자 리서치 팀을 따로 꾸려서 데이터를 공유하기도 한다. 소비자 구매의사 설문조사, 브랜드 인지도와 만족도 설문조사, 포커스 그룹을 통한 여론조 사에 능통하다.

3장

우리 조직의 UX 성숙도는 몇 단계일까?

풀타임 UX 리서치 인력이 필요한 이유

"UX 리서치요? 하면 좋지만 인력을 뽑을 예산이 없어요."

리서처를 고용하지 않는 기업에 그 이유를 물어보면 내부 사정은 비슷하다. 대부분 엔지니어나 프로덕트 매니저, 디자이너 위주로 채용을 진행하기 때문에 업무 결과가 측정 가능한 성과로 당장 나타나지 않는 리서처는 우선순위에서 밀리게 마련이다. 외부 에이전시와 리서치 프로젝트를 몇 번 실시했지만 크게 도움이 되지 않았다는 기업도 있고, 인하우스 리서처 없이 여태까지 잘 운영해 왔기 때문에 굳이 필요를 느끼지 못한다는 곳도 있다.

프로덕트 매니저나 디자이너에게 리서치 업무를 맡기고 리서처를 따로 두지 않기도 한다. 전문적인 지식과 툴을 다루는 스킬이 필요한 개발이나 디자인에 비해 리서치는 특별한 기술이 필요해 보이지 않기 때문이다. 이는 UX 리서치가 사용자를 모아 놓고 가볍게 대화를 나누거나 사용자의 프로덕트 경험을 단순히 관찰하는 것이라 여기는 데서 비롯된 오해이다. 그 결과 리서치 경험이 없는 신입 디자이너에게 사용성 테스트를 맡기거나 별다른 고민 없이 외부 에이전시에 의존하는 사례가 흔하다.

리서치 결과가 바로 눈에 보이는 결실로 연결되지 않는다고 해서 리서처를 채용 후순위에 두는 기업의 사고방식은 근시안적이다. 사용자 경험을 개선하면 소비자 만족도를 높이고, 개발 비용을 절감할 수 있으며, 나아가 아직 충족되지 않은 니즈를 찾아 새로운 프로덕트를 만드는 기회로 활용할 수 있다. 이뿐 아니라 리서치를 통해 사용자 문제를 해결하는 통찰력을 얻을 수 있는데 이는 단기간에 그 효과를 계산하기는 어렵지만 장기적으로 기업 경영의 성패를 좌우한다.

그렇다면 사용자 목소리에 귀 기울이는 리서치는 모두 프로덕트에 유익할까? 목적을 충분히 고민하지 않거나 리서치 전문 지식 없이 수행하는 프로젝트는 사용자를 제대로 대변하지 못할뿐더러 잘못되었거나 단편적인 데이터에 의존해 결과를 도출하기 쉽다. 이 경우 열심히 프로젝트를 수행했더라도 결과적으로 팀에 손실을 끼친다. 제대로 된 리서치가 아니면 안 하느니만 못하다. 기본적인 지식을 갖추고 일정한 경험을 쌓은 리서처라야 유의미하고 완성도 높은 결과를 얻을 수 있다.

풀타임 리서처가 필요한 또 다른 이유는 리서치는 최대한 편견 없이 진행되어야 하기 때문이다. 사용자 테스트를 예로 들어보자. 프로덕트 디자인 콘셉트에 깊이 관여했던 디자이너는 자신이 제안한 콘셉트에 애정을 갖고 있다. 이럴 때 리서치에서 보고 싶은 것만 보고 듣고 싶은 것만 듣는 확증 편향의 오류에 빠지기 쉽다. 참가자들이 지적한 단점은 무시하고 칭찬한 부분에만 초점을 맞추게 되는 것이다.

인터뷰와 같은 탐색적 리서치에서도 같은 오류가 자주 일어난다. 프로덕트 매니저가 생각하고 있는 전략 방향에 치중해 데이터를 주관적으로 해석하면 명확하게 패턴을 읽기 어려워진다. 따라서 프로덕트에 최대한 중립적인 시각을 가지고 있는 리서처가 독립적으로 프로젝트를 이끄는 편이 훨씬 더 높은 품질의 리서치 결과를 가져온다.

외부 리서치 에이전시와 함께 일하면 나름의 장점이 있다. 내부에 리서치 인력이 부족하더라도 유용한 정보를 얻을 수 있고, 안에서는 갖기 어려운 객관적이고 새로운 시각으로 문제를 바라볼 수 있기 때문이다. 하지만 그 한계도 분명하다. 대개 프로덕트에서 발생하는 문제는 내부적으로 복잡하게 얽혀 있기 때문에 단기간에 상호관계성을 파악하기 어렵다. 프로덕트와 개발 프로세스를 충분히 이해하지 않고서는 깊이 있는 인사이트를 도출하기 쉽지 않다.

　디지털 프로덕트 개발은 빠르고 규칙적으로 진행되는 특징을 가진다. 리서처가 팀에 속해 있다면 개발에 광범위하게 관여하면서 학습곡선Learning Curve을 완만하게 하고 개발 사이클에 맞추어서 적시에 인사이트를 제공할 수 있다. 온전한 사용자 중심 개발 프로세스를 원한다면 인하우스 리서처가 필요하다.

실리콘밸리 테크 기업의 현황은 어떨까

구글은 설립 초기에 '구글이 발견한 10가지 진실'[1]이라는 글에서 경영 철학을 발표한 바 있다. "사용자에게 초점을 맞추면 나머지는 저절로 따라온다." 제1항에 사용자를 우선하여 최고의 경험을 제공하고자 하는 신념이 담겨 있다. 오래된 철학이지만 구글은 지금도 이를 계속해서 검토하며 지키고자 한다. 초심을 유지하며 사용자 중심 프로덕트를 만들기 위해 전사적으로 노력하는 것이다.

　구글뿐만이 아니다. 메타, 아마존, 넷플릭스, 애플, X(이전 트위터), IBM, 마이크로소프트Microsoft, 스포티파이, 에어비앤비, 우버Uber, 링크드인LinkedIn 등은 모두 시장을 뒤흔드는 혁신으로 전 세계 테크 트렌드를 이끌어 가고 있는 실리콘밸리의 기업이다. 이들에게는 공통점이 있는데, 프로덕트를 개발할 때 사용자를 먼저 생각한다는 점이다. 이러한 기업은 초기부터 사용자 행동과 심리를 연구하는 UX 리서치 조직을 내부에 두고 출발했다. 그 결과 구글, 메타와 같은 큰 규모의 테크 회사에는 수백에서 천 명이 넘는 인하우스 리서처들이 일하고 있다. 리서치 직군과 조직은 테크 회사 내에서 가장 빠른 속도로 성장하고 있는 포지션 중 하나이다.

1　"10 Things we know to be true", *Google, https://about.google/philosophy*

이런 트렌드는 비단 테크 회사에서만 나타나는 현상이 아니다. 이제 기존 기업들 가운데도 디지털 프로덕트 하나 정도 가지고 있지 않은 곳을 찾기 어렵다. 구직 사이트에서 'UX 리서치'로 검색해 보면 금융, 소비재, 공공기관 등에서도 리서처를 고용하고 있다. 효율적이고 편리한 프로덕트에 익숙해진 소비자 눈높이를 맞추기 위해서 UX 리서치는 날로 그 중요성이 커질 것이다.

단계별 UX 리서치 성숙도

결국 모든 기업은 사용자 중심 기업문화User-Centric Culture를 추구한다. 하지만 사용자를 직접적으로 연구하는 수준은 기업마다 천차만별이다. 어떤 회사에서는 여전히 왜 리서치를 해야 하는지 설득하는 데 많은 시간을 쓰는 데 반해, 어떤 회사에서는 리서처들이 기업 미래전략 수립에 핵심적인 역할을 담당하기도 한다. UX 리서치 성숙도는 UX 리서치 인력, 조직구조, 인하우스 리서처 고용 유형, 프로젝트 유형에 따라 5단계로 나누어 볼 수 있다. 다음 표 3-1 UX 리서치 성숙도는 닐슨노먼그룹Nielsen Norman Group, NN/g의 UX 성숙도[2]와 피플너드People Nerds의 UXR 성숙도[3]를 참고하여 재구성했다. 이를 토대로 각자 조직의 리서치 성숙도를 파악해 보자.

1단계: UXR 불모지

경영진과 개발팀에서 리서치가 크게 필요하지 않다고 생각한다. 직관적인 판단이 사용자 리서치보다 더 뛰어나다고 믿는다. 사용자는 자신이 원

---

2   Jakob Nielsen, "Corporate UX Maturity", *NN/g, https://www.nngroup.com/articles/ux-maturity-stages-1-4*

3   Michael Winnick and Mac Hasley, "Moves to Modern Research: A New Maturity Model for User-Centric Organizations", *dscout, https://dscout.com/people-nerds/moves*

단계	1단계	2단계	3단계	4단계	5단계
	UXR 불모지	UXR 도입	UXR 확장	UXR 조직화	UXR 주도 문화
UX 리서치 인력	없음	디자이너와 PM 파트타임 리서처	풀타임 고용	개발자, 디자이너 대비 낮은 비율	개발자, 디자이너 대비 비교적 높은 비율
조직 구조	없음	없음	중앙집중형	분산형	하이브리드 (중앙집중+분산)
고용 유형	없음	파트타임	제너럴리스트 스페셜리스트	제너럴리스트 스페셜리스트	스페셜리스트 (질적/양적 리서처)
프로젝트 유형	없음	사용성 테스트	사용성 테스트 탐색적 리서치	사용성 테스트 탐색적 리서치 기반적 리서치	사용성 테스트 탐색적 리서치 기반적 리서치 래피드 리서치
리서치 오퍼레이션	없음	없음	고용 시작	일부	오퍼레이션 팀 확장

표 3-1 UX 리서치(UXR) 성숙도

하는 것이 무엇인지 모르기 때문에 리서치를 하지 않아도 된다고 주장한
다. 보통 직감에 의존한 의사결정으로 프로덕트를 만든다. 조직 내 사람
들이 사용자를 충분히 대변할 수 있다고 여긴다.

UX 리서치를 불신하지 않더라도 리서치를 실행할 만한 여유가 없는 경
우도 있다. 리서치는 시간과 비용이 많이 들기 때문에 지금은 무리라고
여긴다. UX 리서치 인력이 없다.

2단계: UXR 도입

UX 리서치를 시범적으로 도입하는 단계이다. 리서치 에이전시를 통해
프로젝트를 진행하거나 사내 디자이너가 피드백을 얻기 위해 평가적 리
서치를 시도한다. 어느 정도 성과가 있으면 UX 팀에 있는 디자이너나

PM이 리서치 업무를 겸한다. UX 리서처를 풀타임으로 채용하지 않는 곳이 많고 UX 리서치에 편성된 예산 또한 없다. 프로젝트 유형 역시 많은 경우 사용성 테스트에 국한된다.

3단계: UXR 확장

사용자 중심 디자인 문화가 자리 잡으면서 사용자 인사이트를 중요하게 여기는 인식과 UX 리서치 수요가 증가하고 풀타임 리서처를 고용하기 시작한다. 인력이 늘고 공식적인 UX 리서치 그룹이 생긴다. 중앙집중 형태로 팀을 운영하면서 조직에서 필요한 리서치 프로젝트를 수행한다. 주로 서비스 개발 후반부에 사용성 테스트를 진행하지만 탐색적 리서치도 도입한다. 리서처가 업무를 하는 동시에 리서치의 중요성과 협업 방식을 홍보하고 교육하는 데 많은 시간을 할애한다. 참가자 모집, 인센티브 지급, 외부 업체와 소프트웨어 관리 등 리서치 오퍼레이션이 담당하는 일까지 맡는 경우가 많다.

초기에는 제너럴리스트 리서처가 다양한 리서치를 담당하지만, 조직 규모가 커지면서 각자 잘하는 기법에 주력하는 스페셜리스트도 생겨난다. 리서치 프로젝트가 증가한다. 본격적으로 사내에 리서치 랩을 만들어 원활하게 리서치를 진행할 수 있도록 지원한다.

4단계: UXR 조직화

리서치 조직이 중앙집중형에서 각 비즈니스 팀에 소속되어 일하는 분산형으로 변화한다. 리서처는 프로덕트 팀 안에서 사용자 문제와 니즈를 파악하여 서비스 설계와 개발에 적극적으로 참여한다. 이후 개발 후반부에는 다양한 평가적 리서치를 수행한다. 리서치의 범위와 영향력이 넓어지면서 평가적 리서치를 주로 하던 단계를 지나 탐색적 리서치와 다양한 프로젝트의 기초가 되는 기반적 리서치 비중이 높아진다.

제너럴리스트와 스페셜리스트 리서처가 모두 있다. 각 팀에 속한 리서처는 제너럴리스트인 때가 많지만 프로덕트와 팀 특성에 따라 양적 리서처나 사용성 테스트 전문가와 같이 한 분야에 특화된 스페셜리스트를 고용한다. 또한 리서치 오퍼레이션 전담 인력을 채용하여 리서처들이 프로젝트에 집중할 수 있도록 돕는다. 개발자와 디자이너에 비해 아직까지 리서처의 비율이 낮다.

5단계: UXR 주도 문화

리서처가 조직 내에서 전략적 파트너로 활동하며 프로덕트 방향과 장기적인 조직 비전에 기여한다. 각각의 팀에 필요한 인사이트를 제공하는 것을 넘어 전사적인 핵심 사업 결정에 참여한다. 조직 구조는 하이브리드 형태로 각 프로덕트 팀에 속한 리서처들은 디자이너, 개발자, PM과 밀접하게 일하며 해당 분야 관련 전문지식을 바탕으로 제품 개발에 적극적으로 관여한다.

조직원 구성에서 리서처의 비율 역시 높아지면서 한 명의 리서처가 여러 팀을 담당하던 구조에서 한 팀을 담당하는 구조로 발전한다. 동시에 리서치 중앙 조직은 전반적인 프로덕트와 브랜드에 집중하는 기반적 리서치를 수행하는 하이브리드 형태로 변화한다. 급한 환경에서 간단한 평가적 리서치를 효율적이면서 반복적으로 담당하는 래피드 리서치 팀도 생긴다.

리서치 오퍼레이션 팀이 자리를 잡고 리서처를 지원하는 인력이 늘어난다. 리서치 참가자 모집, 스케줄 관리, 업무 관련 툴 교육, 외주업체 계

약과 관리 등을 담당하며 각 팀에서 활동하는 리서처 간 협력과 소통이
잘 이루어지도록 이끄는 역할도 한다.

2부

UX 리서치
프로젝트 가이드: 전반전

이제 막 경기 시작을 알리는 휘슬이 울렸다. 전반전을 위한 전략은 멀리 보고 가까이 보는 것이다. 먼저 전체적인 리서치 프로세스를 간략하게 설명한 후 리서치 설계에 따라 적합한 리서치 기법 고르는 법을 안내한다.

이어서 실전에서 자주 쓰이는 탐색적 리서치(심층 인터뷰, 설문조사, 컨텍스추얼 인쿼리, 다이어리 스터디, 카드소팅, 에스노그라피, 사용자 참여 디자인)와 평가적 리서치(형성적 사용성 테스트, 총괄적 사용성 테스트, 아이트래킹, 콘셉트 평가, 휴리스틱 평가, 게릴라 사용성 테스트)의 대표적 기법을 소개한다.

4장

프로덕트에 필요한 UX 리서치는
그때그때 다르다

UX 디자인 프로세스

실제 UX 리서치 프로젝트는 어떻게 진행할까? 전체 UX 프로세스 가운데 언제 실행할까? 하나의 프로덕트를 완성하기 위해서는 수많은 의사결정과 협업이 필요하다. 유의미한 UX 리서치를 해내려면 먼저 프로덕트가 어떤 과정을 거쳐 개발되는지 큰 그림을 볼 줄 알아야 한다. 그래야 각 단계마다 무슨 리서치 프로젝트를 수행해야 하는지 명확해지기 때문이다.

UX와 프로덕트 개발 프로세스는 조직마다 다양하고 널리 알려진 방법론만 해도 여럿이다. 조직 문화와 프로덕트 성격에 따라서 업무 환경이 다르기 때문에 모든 곳에 적용 가능한 프로세스는 없다. 그러나 전체적인 프로세스의 틀은 비슷한데 앞부분에서는 문제를 발견하고 기회를 찾고 뒷부분에서는 아이디어를 발전시키고 제품을 출시하는 것을 목표로 한다. 여기서는 영국 디자인 위원회UK Design Council에서 소개한 더블 다이아몬드 모델[1]을 바탕으로 설명한다.

1단계: 발견하기

새로운 기회는 현재를 이해하고 문제를 발견하는 데서 시작된다. 이러한 '이해'는 가만히 앉아서 생각한다고 구할 수 있는 게 아니다. UX 리서처가 주도적으로 팀을 이끌어 실제 사용자와 잠재 고객을 만나 행동, 동기, 니즈를 파악해야 한다. 나아가 비즈니스 컨텍스트, 트렌드, 경쟁사, 기술 현황, 프로덕트 목표 등 다각적인 측면에서 학습이 이루어져야 한다.

---

1 Team UXinsight, "What is the framework for innovation? Design Council's evolved Double Diamond", *UK Design Council, https://uxinsight.org/what-is-the-framework-for-innovation-design-councils-evolved-double-diamond*

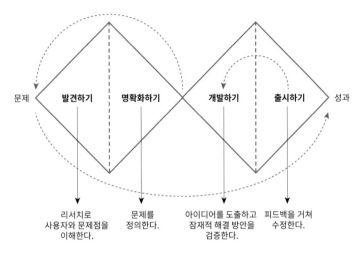

| 문제 | **발견하기** | **명확화하기** | **개발하기** | **출시하기** | 성과 |

리서치로
사용자와 문제점을
이해한다.

문제를
정의한다.

아이디어를 도출하고
잠재적 해결 방안을
검증한다.

피드백을 거쳐
수정한다.

그림 4-1 더블 다이아몬드 모델

2단계: 명확화하기

앞에서 얻은 인사이트를 바탕으로 무엇에 집중할지 의논하면서 프로덕
트가 나아갈 방향을 정하고 그에 맞는 전략을 세우는 단계이다. '발견하
기' 단계에서 리서치 프로젝트를 진행하다 보면 수많은 정보 속에서 길을
헤매기 쉽다. 그럴수록 문제 정의가 중요하다. 사용자 문제를 해결함으
로써 얻을 수 있는 성과를 그려 보면서 다양한 아이디어를 검토한다.

3단계: 개발하기

전략과 구체적인 아이디어 방향이 잡혔다면 고민을 계속하기보다 실제
로 프로덕트를 만들어 본다. "일찍 실패하라Fail fast"라는 말처럼 초기 단계
의 프로덕트를 제작해서 테스트하며 배우는 게 가장 빠르다. 만드는 방
식은 다양한데 간단하게 스토리보드를 그릴 수도 있고, 소프트웨어를 이
용하여 인터랙션이 가능한 프로토타입을 만들 수도 있으며, 실제 프로덕

트와 최대한 가깝게 높은 충실도의High-Fidelity 테스트 환경을 구축할 수도 있다.

이렇게 프로토타입을 만들고 나서 평가적 리서치를 거쳐 만족할 만한 고객경험이 나올 때까지 반복적으로 테스트한다. 이 과정에서 사용자가 프로덕트 콘셉트를 어떻게 받아들이는지, 팀이 세운 가설이 맞는지 관찰하고 확인한다.

4단계: 출시하기

전략과 콘셉트를 정하고 각 팀과 최종 조율이 끝나면 이제 프로덕트를 출시할 차례다. "완벽보다 완성이 낫다Done is better than perfect"는 말이 있다. 프로덕트는 완벽하지 않아도 된다. 모든 기능을 다 갖출 필요도 없다. 가장 중요하고 기본이 되는 기능 MVPMinimum Viable Product가 준비되었다면 일단 출시한다. 그리고 사람들이 프로덕트를 사용하는 모습을 관찰하면서 수정해 나간다. 어떤 소비자가 우리 프로덕트를 사용하는지, 기획한 대로 잘되는 것과 잘되지 않는 것은 무엇인지 알려 주는 피드백만큼 귀중한 정보는 없다. 이러한 피드백은 MVP 기능 이외에 출시가 예정된 다른 기능의 우선순위를 정하는 데도 큰 도움이 된다.

프로덕트는 끊임없이 개선된다

하드웨어 제품들은 출시 후 오류나 단점을 수정하려면 상당한 비용과 시간이 든다. 하지만 디지털 프로덕트의 경우에는 상대적으로 수정하는 과정이 쉽기 때문에 서비스를 시장에 내보낸 후에도 지속적인 개선이 이루어진다. 고쳐야 하는 부분이 있다면 한 번 수정하고 끝내는 게 아니라 관찰, 반영, 제작 프로세스를 반복하면서 끊임없이 개선한다. 이를 이터레이션Iteration이라고 한다.

이터레이션은 완벽한 프로덕트를 출시해야 한다는 강박에서 벗어나게 도와준다. IBM에서 일할 때 마케터들을 위한 대시보드 개발에 쓰일 리서치를 요청받은 적이 있다. 주요 고객이었던 메이시스Macy's, REI, 애버크롬비앤피치Abercrombie & Fitch 등 다양한 비즈니스 유저를 만나 장기간 리서치를 진행했다. 실제 사무실에 찾아가 마케팅 캠페인 준비는 어떻게 이루어지는지, 현재 가장 필요한 정보는 무엇인지 인터뷰했다. 프로젝트를 끝내고 발견한 인사이트를 토대로 애널리틱스 대시보드 디자인을 마무리할 차례가 되었다.

그런데 막상 결정 사항을 개발팀에 전달하려고 하니 갑자기 자신이 없어졌다. 이 방향이 과연 맞을까? 사용자가 원하는 기능이 아니면 어쩌지? 최종 결정을 앞두고 고민하는 나에게 당시 매니저가 미국 코미디쇼 《SNL》의 담당 프로듀서인 론 마이클스Lorne Michaels의 말을 들려 주었다. "쇼는 준비가 끝나서 시작되는 것이 아닙니다. 11시 30분이기 때문에 시작됩니다." 완벽하게 프로덕트를 만들려는 욕심을 떨치고 제품을 빨리 출시하여 신속하게 배우고 그다음으로 넘어가는 자세가 중요하다. 반복적인 업무와 훈련을 통해 리서처 개인의 통찰력도 발전한다.

UX 리서치 프로젝트 종류

UX 리서치는 UX 디자인 프로세스에서 어떤 역할을 할까? 개발 단계에 따라 프로젝트 유형과 리서치 질문이 달라진다. 디자인 프로세스 전반부와 후반부에 주로 쓰이는 리서치 질문을 살펴보자.

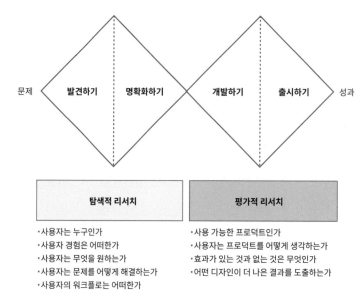

그림 4-2 UX 프로세스와 리서치 질문

앞서 진행되는 '발견하기'와 '명확화하기' 단계에서는 주로 탐색적 리서치로 프로덕트의 전체적인 방향을 잡는 데 필요한 인사이트를 찾는다. 사용자가 불만족스러워하는 지점을 찾는 게 목적이기 때문에 사용자가 누구인지, 프로덕트 경험은 어떠한지, 또 무엇을 원하고 필요로 하는지 조사한다. 후반부에 진행되는 '개발하기'와 '출시하기' 단계는 평가적 리서치로 프로덕트 방향과 전략이 맞는지 확인하는 과정이다. 사용자가 프로덕트를 문제없이 사용하는지, 어떠한 콘셉트와 기능이 더 좋게 평가받는지 등을 연구한다. 탐색적 리서치와 평가적 리서치 유형은 5장에서 좀 더 자세히 살펴보겠다.

UX 리서치 프로세스 한눈에 보기

전반적인 UX 디자인 프로세스를 알아봤으니 이제 본격적으로 리서치를
수행하는 각 단계를 살펴볼 차례다. 리서치 프로세스는 보통 세 개의 단
계로 구분한다. 첫 번째는 리서치 시작 전 준비 단계, 두 번째는 데이터를
수집하는 필드워크, 세 번째는 데이터 수집이 끝나고 나서 이루어지는 분
석과 인사이트 공유 단계이다. 여기서는 총 8단계로 이를 세분화하여 구
체적으로 안내한다.

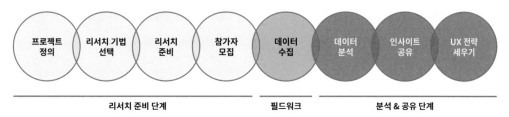

그림 4-3 UX 리서치 프로세스

1단계: 프로젝트 정의하기

리서치를 통해 무엇을 배우고자 하는지 뚜렷한 목표를 세우고 프로젝트
유형을 정한다. 구체적이고 명확한 리서치 질문을 설정하고 이해관계자
와 공동 목표를 세운다. 이 책에서는 탐색적 리서치와 평가적 리서치 프
로젝트 유형과 리서치 질문 설정하는 방법을 다룬다(5장).

2단계: 리서치 기법 선택하기

프로젝트 목표와 상황에 적합한 리서치 기법을 어떻게 고르는지 소개한
다. 개별 리서치 기법에는 장단점이 존재하므로 이를 잘 숙지하도록 한
다. 필요할 경우 2개 이상 기법을 사용하여 각각의 단점을 보완하거나 기

존 리서치 기법을 창의적으로 변형한다(6~16장).

3단계: 리서치 준비하기

리서치 계획서를 작성하고 프로젝트를 공식화한다. 이해관계자들과 이를 공유한다(17장).

4단계: 참가자 모집하기

리서지 참가자를 모집하는 딘계이다. 이 책에서는 각 리서치 기법에 따른 적절한 참가 인원과 샘플링 가이드라인을 제시한다. 또 조건에 부합하는 참가자를 찾기 위한 샘플링과 참가자 모집 방법을 소개한다(18장).

5단계: 데이터 수집하기

필드워크 준비사항과 현장에서의 팁을 알려 준다. 인터뷰 진행 방법과 관찰자로서 주의가 필요한 사항을 설명한다(19장).

6단계: 데이터 분석하기

필드워크가 끝나고 데이터를 분석하는 방법과 테크닉을 질적 데이터와 양적 데이터로 나누어 살펴본다(20장).

7단계: 인사이트 공유하기

도출된 인사이트를 팀원과 이해관계자에게 효과적으로 전달하기 위한 리포팅 전략과 팁을 다룬다. JTBD Jobs To Be Done, 사용자 여정 지도 등 인사이트를 표현하는 데 필요한 도구를 안내한다(21장).

8단계: UX 전략 세우기

프로덕트에 리서치 인사이트를 어떻게 반영하는지, 그 과정에서 리서처의 역할은 무엇인지 다룬다. UX 워크숍 준비와 워크숍에서 활용할 수 있는 브레인스토밍 도구를 추천한다(22장).

5장

프로젝트 유형과
리서치 질문

리서치는 목표를 이해하는 데서 출발한다

> "문제를 푸는 데 한 시간이 주어진다면, 55분은 문제를 정의하고 5분은 해결책을 생각
> 할 것이다."
>
> – 아인슈타인Albert Einstein

왜 리서치를 하는지 충분히 고민하지 않고 바로 프로젝트에 착수하는 것은 상당히 위험하다. 힘들게 프로젝트를 진행했는데 애초에 필요했던 인사이트를 얻을 수 없다면 그동안의 시간과 노력이 수포로 돌아간다.

때로는 리서치에 적절하지 않은 질문도 있다. "숏폼 콘텐츠 시청 시간이 늘어나지 않는데 이유가 무엇인지 간단하게 설문조사를 진행해 주시겠어요?" 이러한 요청을 받으면 리서처는 여러모로 난감하다. 아직 메뉴를 정하지도 않았는데 조리 도구를 지정받은 꼴이다. 프로젝트와 관련된 인터뷰 질문이나 기법 등 세부사항은 리서처에게 결정권이 있어야 한다. 리서처는 프로덕트 전략에 따라 리서치의 가닥을 잡는다. 먼저 '리서치 목표'를 명확하게 하고 '프로젝트 유형'을 결정한 후 '리서치 질문'을 구상한다. 이 과정에서 얻은 인사이트를 바탕으로 알맞은 '리서치 기법'을 고른다.

모든 리서치는 목표와 현재 비즈니스 상황을 이해하는 데서 출발해야 한다. 팀이 올해 안에 이루고자 하는 목표가 있는지, 이번 분기의 OKRObjectives and Key Results은 무엇인지 파악하는 것이다. 그래서 UX 리서치 요청이 들어오면 반드시 이 리서치를 왜 하려고 하는지 묻는다. 프로덕트와 디자인 팀 앞에 놓인 과제가 무엇인지 정확하게 파악하는 것이 리서치 프로젝트의 성공 여부를 가른다고 해도 과언이 아니다. 현안이 기존 프로덕트에 내재된 문제를 찾아 수정하는 것인지, 전환율Conversion Rate을 높이는

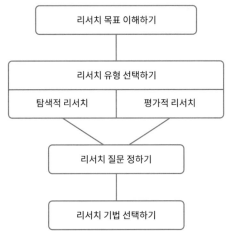

그림 5-1 리서치 프로젝트 구상하기

것인지 아니면 새로운 사업 기회를 찾는 것인지 큰 그림을 이해해야 이에 맞는 리서치 목표 설정이 가능하다.

GVGoogle Ventures에서 오랫동안 UX 리서처로 일해 온 마이클 마골리스 Michael Margolis는 다음 네 가지 항목을 파악하면 리서치 프로젝트를 구상하는 데 도움이 된다고 조언한다.[1]

- 우선순위: 프로덕트에서 진행하고 있는 여러 프로젝트 가운데 급한 일은 무엇인가
- 가설과 리스크: 설정한 가설은 무엇이며 어떤 리스크가 뒤따르는가
- 리서치 질문: 가장 궁금하고 시급하게 대답이 필요한 질문은 무엇인가
- 데드라인: 언제 리서치가 필요한가. '최대한 빨리'라는 대답이 돌아오지 않게 '리서치가 쓸모 있는 최후의 데드라인'이 언제인지 물어본다.

---

1 Michael Margolis, "Start at the End: How to Do Research That Has Real Impact", *Medium*, *https://library.gv.com/start-at-the-end-how-to-do-research-that-has-real-impact-f2ef95c8685e*

리서치 목표는 리서처와 여러 이해관계자가 의논하여 결정한다. 킥오프 미팅에서 프로젝트 배경, 비즈니스 목표, 리서치 질문, 예상 결과 등을 검토하면서 모두 이를 이해했는지 확인한다. 리서치 결과를 실제 프로덕트에 반영하는 이해관계자들에게 처음부터 그 목표가 제대로 공유되지 않으면 나중에 리서치 인사이트가 제대로 활용되기 어렵다.

리서치 유형과 질문

궁극적으로 UX 리서치로 답하고자 하는 질문은 아래 두 가지다.[2]

1. 무엇이 프로덕트 사용자를 불편하게 하는가?

2. 사용자가 우리 프로덕트를 쓸 수 있는가?

첫 번째 질문의 답은 탐색적 리서치로, 두 번째 질문의 답은 평가적 리서치로 찾는다.

탐색적 리서치Exploratory Research[3]

우리 프로덕트를 사용하는 사람들은 누구일까? 그들은 프로덕트를 어떻게 쓰고 무엇을 불편해할까? 이러한 의문은 새로운 기회와 돌파구를 찾는 데 아주 중요하다. 탐색적 리서치는 사람들이 일상에서 프로덕트를 사용하는 모습을 자세히 들여다보고, 사용자의 니즈, 동기, 행동을 파고든다. 이렇게 얻은 데이터를 바탕으로 사용자의 생활을 더 편리하게 만들어주는 프로덕트를 고민한다. 프로덕트 사용자를 낱낱이 알고 있는 팀이 만

---

2 David Travis and Philip Hodgson, *Think Like A UX Researcher*, CRC Press, 2019; 《UX 리서치》, 에이콘출판사
3 탐색적 리서치는 조직이나 리서처에 따라 조금씩 다르게 부른다. 영어로는 Generative Research, Discovery Research, Problem-Space Research라고도 한다. 사용자를 연구하고 사용자 문제를 밝히는 것이 목적이다.

	탐색적 리서치	평가적 리서치
대표 질문	무엇이 프로덕트 사용자를 불편하게 하는가	사용자가 우리 프로덕트를 쓸 수 있는가
목적	기회 찾기	만들기, 수정하기
성격	전략적	전술적
시기	개발 전반부	개발 중간, 개발 후반부
주요 이해관계자	프로덕트 매니저, 전략 기획자	프로덕트 매니저, 디자이너, UX 라이터
대표 기법	인터뷰, 설문조사	사용성 테스트
소요 시간	길다	짧다
인사이트 특성	사용자 문제 발견, 기회 탐색, 성장 전략 수립에 유리하다	실행 가능성이 높다

표 5-1 탐색적 리서치와 평가적 리서치 비교

족스러운 사용자 경험을 디자인하는 것은 너무나 당연하다.

하지만 리서치 팀이 자리 잡지 못한 조직에서는 시간이 오래 걸린다는 이유로 탐색적 리서치를 등한시하는 경우가 많다. 그 대신 결과를 바로 프로덕트에 적용할 수 있는 평가적 리서치에 대부분의 인력을 할애한다. 하지만 비즈니스를 성공적으로 이끌기 위해서는 프로덕트 비전과 장기적인 전략에 따라 멀리 내다보는 안목이 필요하다. 비즈니스가 커가는 과정은 점진적 성장Incremental Growth과 급진적 성장Exponential Growth으로 나뉜다.[4] 조금씩 변화하는 점진적 성장은 안정적으로 즉각적인 결과를 일으키는 반면, 비약적 사고를 통한 급진적 성장은 초기에는 진행 속도가 느리지만 시간이 흐르면서 영향력이 갈수록 증가한다. 급진적 성장을 위해서는 기존의 틀과는 전혀 다른 새로운 요소를 투입해야 한다. 전문가들은 낯설고 불확실한 것을 포용하는 자세가 필요하다고 말한다. 탐색적 리서

---

4 Mark Bonchek, "How to Create an Exponential Mindset", *Harvard Business Review*, *https://hbr.org/2016/07/how-to-create-an-exponential-mindset*

치는 급진적 사고로 혁신을 이루고자 할 때 좋은 수단이 된다.

대표적인 예로 사용자가 플랫폼에서 콘텐츠를 선택하는 경험을 완전히 뒤바꾼 넷플릭스 사례를 들 수 있다. 2013년 넷플릭스 홈 화면은 상단에는 사용자가 선택한 작품의 큰 이미지와 시놉시스 및 정보가, 하단에는 작품을 고를 수 있는 여러 열이 자리했다. 리서치 팀은 사용자가 시청할 콘텐츠를 결정하는 과정에서 어떤 불편을 겪는지 관찰하기 위해 사용자 집을 방문했다. 문제는 두 명이 함께 볼 콘텐츠를 고를 때 발생했다.

가령 한 사람은 다큐멘터리를 보고 싶고 다른 사람은 미스터리 스릴러 장르 영화를 보고 싶다고 하자. 당시 넷플릭스 인터페이스에서는 두 사람 모두가 만족할 만한 작품을 쉽게 찾기 어려웠다. 리모콘을 쥐고 있는 사람이 버튼을 눌러 작품 썸네일을 바꾸는데, 그 짧은 시간에 이미지와 시놉시스를 읽고 콘텐츠를 파악하기 어려웠기 때문이다. 리서치 팀은 정적인 이미지와 텍스트로는 의사결정을 내리기 어렵다는 점을 발견하고 '미리보기'를 자동 재생하는 솔루션을 도출했다. 짧은 비디오 클립이 추가된 새로운 인터페이스는 사용자가 한눈에 원하는 작품을 고를 수 있게 도와줄 뿐만 아니라 평소 보지 않았던 장르도 시도하게 도우면서 플랫폼 이용 시간을 크게 늘리고 사용자 경험을 향상시켰다.

탐색적 리서치로 대답할 수 있는 리서치 질문은 다음과 같다.

- 우리 프로덕트를 사용하는 사람은 누구이며, 무엇을 원하는가?
- 사용자가 프로덕트를 사용하게 된 동기는 무엇인가?
- 사용자는 프로덕트에 어떤 니즈가 있으며 그 크기는 어떠한가?
- 사용자에게 특정 문제를 해결하기 위한 임시방편이 있는가? 없다면 사용자는 어떤 조취를 취하는가?

- 그 과정에서 주변 사람들은 무슨 역할을 하며 이들 사이에 어떠한 인터랙션이 있는가?
- 일상에서 특정 프로덕트가 어떻게 쓰이는가?
- 특정 프로덕트의 사용자 경험은 어떠한가?
- 사람들이 최종적으로 이루고자 하는 바는 무엇이며, 그것을 성취하기 위해서 어떤 과정을 거치는가?
- 목적을 달성하는 과정에 어떤 불편이 있는가?

평가적 리서치Evaluative Research

이커머스 사이트에서 사용자가 원하는 물건을 쉽게 찾지 못하면 검색이 매출로 연결되지 않으며 경쟁사에 고객을 뺏긴다. 기업용 소프트웨어에 사용하기 복잡한 프로덕트가 있으면 직원 생산성과 직결된다. UX가 직관적이지 않은 프로덕트는 브랜드 이미지를 떨어뜨리고 사람들은 대안을 찾아 미련 없이 떠난다.

이렇게 프로덕트 사용성은 비즈니스의 미래를 좌우하는 결정적인 요소이다. 다행히도 사용성 문제를 찾아내는 일은 크게 어렵지 않다. 관찰을 통해 비교적 손쉽게 프로덕트를 평가하고 문제점을 찾아서 개선하는 리서치 기법들이 존재한다. 주로 프로덕트 개발 과정에서 디자인 작업이 구체화되는 시점에 평가적 리서치를 함께 시작한다. 리서처는 디자인 팀과 가깝게 일하면서 지속적으로 사용자 피드백을 제공하며 제품을 더 나은 사용자 경험으로 이끄는 길잡이가 된다.

평가적 리서치의 장점은 도출된 결론을 디자인 콘셉트에 바로 적용할 수 있다는 점이다. 또한 오랜 시간 동안 분석과 추론 과정을 거쳐야 하는 탐색적 리서치에 비해 비교적 짧은 시간에 효율적으로 인사이트를 얻을 수 있다.

평가적 리서치로 대답할 수 있는 리서치 질문의 예시는 다음과 같다.

- 사용자가 프로덕트를 문제없이 사용하는가?
- 사용자가 의도한 디자인 요소를 이해하는가?
- 사용자가 프로덕트 내에서 정보를 쉽게 찾는가?
- 프로덕트가 최상의 사용자 경험을 제공하는가?
- 사용성 문제가 있는가?
- 사용성 원칙Usability Principle에 부합하는가?
- 사용성은 시간에 따라 어떻게 변화하는가?
- 사용성은 경쟁사와 비교했을 때 어떠한가?
- 동종산업 기준Industry Benchmark과 비교했을 때는 어떠한가?
- 프로덕트가 사용자 행동을 변화시키는가?

기반적 리서치Foundational Research

기반적 리서치는 크게 보면 탐색적 리서치에 속하지만 특정 팀이나 프로덕트 일부분이 아니라 전사적으로 영향을 미치는 리서치를 말한다. 여러 프로젝트의 토대가 되는 리서치를 '기반적 리서치'로 분류하며 몇몇 팀이 협업하여 리서치를 진행하기도 한다. 이러한 기반적 리서치에서 도출된 인사이트는 시간이 흘러도 유효하기 때문에 오랜 시간 참고할 수 있는 귀중한 자료가 된다.

기반적 리서치로 대답할 수 있는 리서치 질문의 예시는 다음과 같다.

- 알파 세대가 선도하는 트렌드는 무엇인가?
- 사람들은 생성형 AIGenerative AI를 어떻게 인식하는가?

- 기업 혹은 브랜드에 대한 신뢰는 어떻게 형성되는가?
- 사용자에게 프리미엄이란 어떤 의미인가?
- 사용자 아키타입 그룹에는 어떤 유형이 있을까?
- 사용자가 프로덕트를 이용하기까지의 사용자 여정은 어떠한가?

기반적 리서치는 시간이 오래 걸리지만 사용자를 폭넓게 이해하게 도와 주므로 그만큼 가치가 있다. 다른 개별 리서치에 앞서 참고할 자료가 된다는 장점도 있다. 예를 들어 사람들이 프로덕트를 '신뢰'한다고 할 때, 신뢰가 구체적으로 무엇을 의미하는지, 어떤 과정을 거쳐 신뢰가 쌓이는지 연구한 자료가 있으면 프로덕트 결제창이나 고객센터를 만들 때 유용한 정보가 된다. 또한 사람들이 해당 프로덕트를 쇼핑하면서 겪는 전체 과정을 사용자 여정으로 정리하면 특정 단계에 속하는 리서치를 진행할 때 이를 배경지식으로 활용할 수 있다.

리서치 질문 구성하기

그동안 수많은 프로젝트와 리서치를 진행하면서 얻은 귀중한 교훈이 있다. 면밀하게 짜인 리서치 질문은 프로젝트 성공의 필요조건이라는 사실이다. 리서치 질문은 전체 프로젝트의 나침반이다. 질문을 잘 구성하는 것이 프로젝트 준비 단계에서 가장 중요하다. 리서치 질문이 조잡하면 유의미한 인사이트를 끌어내기 어렵다. 그런데 경험이 부족한 리서처라면 적합한 리서치 질문을 만들기가 생각보다 쉽지 않다.

리서치 질문은 한마디로 프로젝트를 관통하는 주제에 대한 질문이다. 다시 말하면 리서치 목표를 질문 형식으로 표현한 것이다. 리서치 질문 대신에 리서치 목표Research Objectives라는 말을 쓰기도 하지만 질문으로 표현해야 프로젝트 기간 동안 곱씹거나 답을 찾는 실마리로 활용하기에 효과적이다. 보통 리서치 질문은 3~5개 정도 설정하는 것이 일반적이고, 많아도 10개는 넘지 않는 편이 좋다. 가장 핵심적이고 중요한 질문 하나에만 집중할 수도 있다.

먼저 리서치에서 알고 싶은 내용을 질문 형태로 모두 나열한다. 필요한 경우 팀에서 브레인스토밍이나 워크숍을 하면서 생각을 정리한다. 자유롭게 질문을 뽑았다면 이제 그룹핑을 통해 비슷한 질문을 한데 묶고 가다듬는다. 우선순위를 고려해 대표가 되는 리서치 질문을 선정한다. 마지막으로 이 질문의 답을 찾는 일이 프로덕트 의사결정에 기여하는지 되짚으며 질문을 정제한다.

리서치 질문과 인터뷰 질문을 혼동하지 말자

인터뷰와 같은 질적 연구에서 '리서치 질문'과 '인터뷰 질문'을 헷갈리는 때가 많다. 리서치 질문이란 인터뷰에서 참가자들에게 던지는 인터뷰 문항이 아니다. 예를 들어 리서치 질문을 '결제 프로세스에서 연령대가 높은 사용자는 무엇을 불편해하는가?'라고 설정했다. 만일 리서치 질문과 인터뷰 질문을 동일하게 여긴다면 실제 인터뷰에서 '결제 프로세스에서 무엇이 불편하세요?'라고 직접적으로 물어보는 오류를 범하게 된다. 참가자들은 보통 이런 광범위하고 일반적인 질문에 구체적으로 대답하지 못하고, 결국 리서처는 모호한 결론을 내린다.

리서치 질문: 모바일 게임을 다운로드할 때, 사용자는 다운로드하는 게임을 어떻게 결정하는가?

인터뷰 질문: 가장 마지막에 다운로드한 모바일 게임을 떠올려 보세요. 게

임을 알게 된 때부터 다운로드하기로 결심한 순간까지 순서대로 설명해 주시겠어요?

리서치 질문은 프로젝트를 대표하는 질문이고, 인터뷰 질문은 참가자에게 묻는 구체적인 질문을 뜻한다. 리서치 질문 그대로 사용자에게 무엇을 원하는지, 무엇이 불편한지 직접적으로 물어서는 안 된다. 리서처는 리서치 질문에 맞추어 리서치 기법을 선택하고, 다양한 인터뷰 질문으로 데이터를 수집한다. 이렇게 취합한 데이터를 분석해 리서치 질문에 답하는 결론을 내린다.

좋은 리서치 질문은 어떻게 작성할까

"이번에 새롭게 만든 소셜 기능을 얼마나 많은 유저들이 좋아할까?" 핵심을 담은 질문처럼 보이지만 몇 가지 이유에서 이는 좋은 리서치 질문이 아니다. 첫째, UX 리서치는 미래를 예측하기보다 현재를 파악하는 데 적합한 연구이다. 둘째, 단답형 질문보다는 구체적인 이해를 목표로 하는 리서치 질문이 보다 설득력 있는 결과를 가져온다. 마지막으로 리서치 질문은 막연하지 않고 구체적이고 명확해야 한다.

그렇다면 무엇이 훌륭한 리서치 질문일까? 묻고 답을 듣는 과정에서 미처 생각하지 못했던 바를 알게 된다면 좋은 리서치 질문이라 할 수 있다. 리서치 결과를 토대로 프로덕트 팀이 어떠한 결정을 내리려고 하는지 염두에 두면서 질문을 구상하면 실용적인 질문을 작성할 수 있다. 좋은 리서치 질문은 대체적으로 아래의 조건을 갖추고 있다.

유의미한 정보에 집중한다: 구체적인 정보를 얻으려면 주제를 자세하고 입체적으로 파악하려고 노력해야 한다. '예' 혹은 '아니오'로 간단하게 대답할 수 있는 질문 말고 육하원칙에 따라 '누가, 무엇을, 언제, 어디서, 어떻게, 왜'를 묻는다. 질적 리서치에서는 '어떻게'와 '왜'에 집중해 자세한 내용을 조사하는 리서치 질문이 의미 있는 정보와 사용자에 대한 공감을 끌어내는 데 효과적이다. '사람들은 자동차 보험상품 페이지를 기획 의도대로 이해할까?'보다는 '사람들은 상품 페이지에 나열된 여러 자동차보험을 어떻게 비교할까?'와 같은 질문을 꺼낼 때 심도 있는 대답을 마주할 수 있다.

양적 리서치에서는 '얼마나 많이', '얼마나 자주'와 같이 상태를 기술하는 방식이 많이 쓰인다(얼마나 많은 사용자가 프로모션 기간 동안 장바구니에 물건을 담았는가?). 비교하는 리서치 질문은 두 그룹 사이의 차이를 밝힐 때 사용된다(최근에 가입한 신규 고객과 3년 이상 프로덕트를 사용한 기존 고객의 구독료 인상에 대한 반응은 어떻게 다른가?). 마지막으로 관계성을 밝히는 리서치 질문은 두 변수의 인과관계를 찾고자 할 때 쓰인다(가입 선물로 받은 웰컴 기프트는 30일 후 사용자 리텐션Retention에 어떤 영향을 주는가?).

구체적이면서 간결하다: 분명하지 않고 모호한 질문은 수집해야 하는 데이터의 범위를 넓힌다. 그 결과 정보 수집과 분석에 더 많은 시간과 노력이 들어갈 뿐만 아니라 정작 중요한 정보를 놓칠 위험도 높아진다. '예약 시스템 페이지에서 무엇을 사람들이 어려워하는가'라는 질문보다는 '예약 시스템을 이용하다 중도에 포기하고 나가는 사람들은 왜 그렇게 행동하는가'라는 질문이 효율적이다. 다만 상세하게 리서치 질문을 작성하려다 주제의 범위가 지나치게 좁아지지 않도록 주의해야 한다. 질문이 구체적이라고 해서 꼭 길고 장황해야 하는 것은 아니다. 리서치 질문은 간결해야 기억하기 쉽고 내부적으로 공유하기에도 편하다.

주어진 시간과 조건에서 대답을 구할 수 있다: 리서치 범위는 여러 가지 요인에 의해 결정된다. 프로덕트 개발 사이클, 리서처와 팀원들이 작업에 할당 가능한 시간, 예산 등 주변 환경을 고려하여 질문을 선정한다. 연구에 주어진 시간이 한 달밖에 없는데 스마트워치에 새로 도입된 폰트가 사람들의 감성에 장기적으로 어떠한 영향을 미치는지 알아보는 것은 현실적이지 않다.

현재를 이해하는 데 주력한다: 리서치는 상황을 인식하는 데 그 목적이 있다. '새로 추가된 미리보기 기능으로 얼마나 많은 잠재고객을 유치할 수 있을까'라는 질문은 데이터 취합이 아니라 미래 예측을 시도하므로 좋은 리서치 질문이라 할 수 없다. 잠재고객은 새로 추가된 미리보기 기능에 어떻게 반응하는지 조사하는 리서치가 먼저 이루어져야 한다. 필요한 데이터를 얻은 후 이를 근거 삼아 합리적으로 미래를 예측한다.

넓게 보고 좁게 다듬기

리서처는 적극적으로 프로덕트 팀과 이해관계자의 요구사항을 파악한 뒤 리서치 질문을 결정한다. 이해관계자가 적절한 질문을 준비한 경우에는 작업이 수월해진다. 특히 사용성 테스트와 같이 디자이너가 피드백을 받고자 하는 부분이 명확하면 어렵지 않게 리서치 질문을 선정할 수 있다.

반대로 프로덕트 전략을 설정하기 위한 탐색적 리서치라면, 리서치 질문을 작성하는 데 충분한 시간과 고민이 필요하다. 만약 이해관계자의 요청 없이 리서처가 주도적으로 프로젝트를 시작했다면 더욱 까다롭다. 이

럴 때는 사회과학 연구에서 리서치 주제를 잡는 과정을 참고하여 단계적
으로 실행해 보자.[5]

1. 넓은 범위에서 주제를 바라본다. 개별 프로덕트 팀에서 리서처로 일하다
보면 본인이 담당하는 업무에 몰두하게 된다. 모바일앱 팀에서는 앱에서
일어나는 사용자 경험을 우선하고, 신규사업 팀에서는 새로 가입하는 사
용자에 집중한다. 하지만 사람들이 프로덕트를 사용하는 경험은 조직 내
팀이 나누어져 있는 것처럼 단편적으로 분할되어 있지 않다. 자신이 속해
있는 팀, 담당하는 역할에서 벗어나 전체적인 시각으로 주제를 바라보는
연습이 필요하다.

2. 그 다음 주제의 범위를 좁힌다. 넓은 범위의 주제를 정했다면 프로덕트가
앞으로 나아갈 방향과 비즈니스 맥락을 고려하여 범위를 조금씩 좁혀 나
간다. 기존 자료를 파악하는 일은 좋은 출발점이다. 전에 유사한 리서치
가 있었는지, 관련 사용자 행동 데이터가 있는지, 이해관계자는 해당 주
제에 어떤 견해를 가지고 있는지 조사한 후 이미 알고 있는 정보와 리서
치를 통해 추가로 알고 싶은 정보를 구분한다.

3. 좁힌 주제를 질문 형식으로 다듬는다. 리서치에서 원하는 정보를 얻기 위
해 어떠한 질문을 던져야 하는지 고민한다. 주제를 다각도로 검토하면서
최대한 많은 질문을 적어 본다. 적합하고 유의미한 리서치 질문이 나오도
록 검토하고 수정한다.

4. 중요도를 고려하여 질문의 우선순위를 정한다. 마지막으로 리서치 질문의
우선순위를 정하는 과정이 필요하다. 먼저 위에서 나열한 질문을 통합하

---

5 Wayne C. Booth, Gregory G. Colomb and Joseph M. Williams, *The Craft of Research*,
   University of Chicago Press, 1995; 《학술논문 작성법》, 휴먼싸이언스

고 정리하면서 핵심이 되는 리서치 질문을 추린다. 비즈니스 현황과 프로덕트 개발 상황을 감안하여 해당 질문이 왜 중요한지, 시간을 할애할 만한 가치가 있는지, 어떤 임팩트를 가져올지 고민하여 우선순위를 정한다.

이해관계자와의 대화는 필수다

UX 리서치는 팀이 프로덕트에 관한 의사결정을 내릴 때 도움이 되는 정보를 찾는 데 그 목표가 있다. 따라서 리서치 질문 선정은 리서처의 몫이지만 팀과 상의하고 피드백을 주고받으며 진행하는 게 중요하다.

리서치 질문을 만드는 과정에서 팀원이나 이해관계자들과 확인해야 항목을 살펴보자.

- 먼저 무엇을 알고 싶은지 묻고 이해한다. 리서치로 배우고자 하는 내용이 무엇인지, 사용자에 대해 궁금한 점은 무엇인지 질문 형태로 모두 나열한다.
- 장기적인 프로덕트 목표를 문의한다. 비즈니스의 목적을 확인하고 목표로 하는 지표가 있는지 알아본다.
- 기존 정보를 한데 모은다. 다른 팀에서 진행한 관련 리서치, 사용자 데이터, 시장 분석, 경쟁사 분석 등의 자료에서 답을 찾을 수 있는 질문이 있는지 골라낸다.
- 어떤 결정을 내려야 하는지 명확히 한다. 프로덕트 의사결정 프로세스를 자세히 살펴 언제, 누가, 무엇을 결정하는지 파악한다.

6장

리서치 기법 선택하기

리서치 기법을 택할 때는 전략적인 설계가 필요하다

프로젝트 목표와 리서치 유형, 리서치 질문이 명확해졌다면 이제 어떤 도구를 이용하여 답을 찾을지 결정할 차례. UX 리서치에서 사용할 수 있는 방법론은 매우 다양한데 탐색적 리서치에는 사회학, 심리학, 인류학 등 사람과 문화를 대상으로 연구가 이루어지는 사회과학에 기반을 두는 기법이 많다. 프로덕트 개발에서는 이러한 기법을 간략하고 편리하게 변형하여 사용한다. 평가적 리서치에는 HCI에서 시작된 리서치 기법이 주로 사용된다.

다수의 기법을 숙지하고 있다고 해도 실제 프로젝트에 적용할 리서치 기법을 고르는 것은 생각보다 어렵다. 모든 기법에는 장단점이 있기 때문에 프로젝트 목표와 리서치 질문에 따라 전략적인 설계가 필요하다. 이 장에서는 기본적으로 알아야 하는 UX 리서치 기법의 특징을 간략하게 소개하겠다. 리서치 기법을 알아보기에 앞서 탐색적 리서치와 평가적 리서치 외에 추가적인 리서치 유형을 살펴보자.

질적 리서치Qualitative Research vs. 양적 리서치Quantitative Research

리서치 유형은 데이터 성격과 수집 방법, 이렇게 두 가지 기준에 따라 추가적으로 구분할 수 있다. 먼저 수집한 데이터의 성격에 따라 질적 리서치와 양적 리서치로 나눈다. 질적 리서치는 텍스트로, 양적 리서치는 숫자나 그래프로 주로 표현된다. 또 질적 리서치는 적은 수의 사용자에게 직접 문의하며 '왜', '어떻게'와 같이 이유나 방법을 묻는 질문에 대답하기에 유리하다. 양적 리서치는 많은 수의 사용자에게 간접적으로 물어보며 '얼마나 많이'와 같이 빈도나 양을 묻는 질문에 적합하다.

그림 6-1 데이터 성격에 따른 리서치 유형

태도적 리서치Attitudinal Research vs. 행동적 리서치Behavioral Research

다음으로 데이터를 수집하는 방식에 따라 사용자의 생각, 의견, 동기 등을 알아내는 태도적 리서치와 사용자 행동을 관찰하는 행동적 리서치가 있다. 태도적 리서치는 사용자 이야기What They Say에, 행동적 리서치는 사용자 행동What They Do에 포커스를 두고 데이터를 모은다.

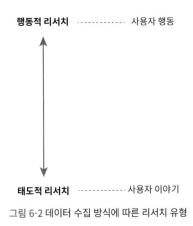

그림 6-2 데이터 수집 방식에 따른 리서치 유형

다음 그림 6-3에 UX 리서치 기법이 보기 좋게 정리되어 있다. 실무에서도 많이 활용하는 표이다. 데이터 성격과 수집 방식을 각각의 축으로 했을 때 여러 가지 리서치 기법이 어떠한 특징을 가지고 있는지 한눈에 파악할 수 있어 유용하다.

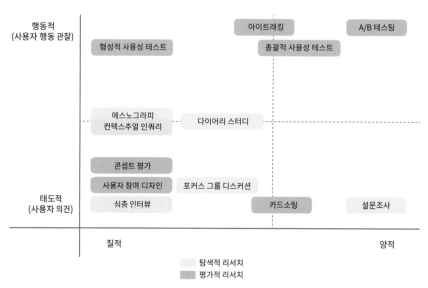

그림 6-3 데이터 성격과 수집 방식에 따른 UX 리서치 기법[1]

탐색적 리서치 vs. 평가적 리서치

탐색적 리서치는 새로운 아이디어를 개발하려고 하는 초기 단계와 아이디어를 발전시키는 전략 단계에 적합하다. 사용자가 겪고 있는 불편과 프로덕트를 사용하는 컨텍스트를 이해하는 것을 목표로 삼는다. 평가적 리서치는 개발 단계와 출시 이후에 사용자가 프로덕트를 어려움 없이 쉽게 쓰도록 돕는다. 다음은 프로덕트의 개발 단계에서 자주 쓰이는 리서치 기법을 시각화한 표이다. 개발 초반에는 새로운 아이디어를 낮은 충실도의 Low-Fidelity 프로토타입 형태로 표현하여 사용자 반응을 살피는 콘셉트 평가와 같은 기법이 적합하다. 개발 후반에는 높은 충실도의 프로토타입이나 출시 프로덕트를 대상으로 리서치를 실시하여 훨씬 더 세부적인 피드백과 사용성 문제를 밝혀 낸다.

---

1 Christian Rohrer, "When to Use Which User-Experience Research Methods", *NN/g*, *https:// www.nngroup.com/articles/which-ux-research-methods*

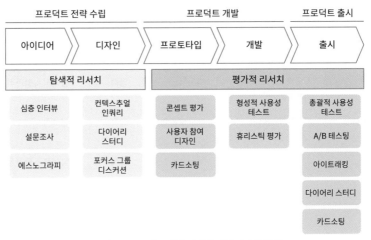

그림 6-4 프로덕트 개발 단계에 따른 리서치 유형

리서치 기법 한눈에 보기

이렇게 리서치 기법은 다양하지만 실제로 업무에서 유용하게 자주 쓰이는 기법은 10가지 내외이다. 리서치를 처음 시작한다면 심층 인터뷰와 사용성 테스트, 이 두 가지 기법을 먼저 시도해 보자. 처음에는 단일 기법을 사용해 프로젝트를 진행하면서 기본기를 다지고, 경험이 쌓인 후에는 조금씩 창의적으로 리서치 기법을 변경하거나 복수의 리서치 기법을 결합해 복합적인 리서치 프로젝트를 진행한다. 두 개 이상의 리서치 기법을 사용하여 데이터를 수집한 후 종합적으로 결과를 도출하면 인사이트에 훨씬 설득력이 생긴다(참고: 23장 혼합적 리서치).

기법	한 줄 요약	태도적 vs. 행동적	질적 vs. 양적	탐색적 vs. 평가적	소요시간
심층 인터뷰 In-depth Interview	'왜'라고 물으며 근원에 접근하기	태도적	질적	탐색적	중 (4~6주)
설문조사 Survey	사용자 의견과 태도 측정하기	태도적	양적	탐색적 & 평가적	중~상 (4~8주)
컨텍스추얼 인쿼리 Contextual Inquiry	사용자 맥락에서 작업 흐름 관찰하기	태도적 & 행동적	질적	탐색적	중~상 (6~8주)
다이어리 스터디 Diary Study	일상에서 사용자 경험 엿보기	태도적 & 행동적	질적	탐색적 & 평가적	상 (6~10주)
카드소팅 Card Sorting	사용자의 인지 구조 이해하기	태도적	질적 & 양적	탐색적 & 평가적	하 (2~4주)
에스노그라피 Ethnography	사용자 일상 속에 잠수하기	태도적 & 행동적	질적	탐색적	상 (8~12주)
사용자 참여 디자인 Participatory Design	사용자와 함께 디자인하기	태도적	질적	탐색적	하 (2~4주)
포커스 그룹 디스커션 Focus Group Discussions	다양한 사용자 의견을 한자리에서 듣기	태도적	질적	탐색적	중 (4~6주)

표 6-1 탐색적 리서치

기법	한 줄 요약	태도적 vs. 행동적	질적 vs. 양적	탐색적 vs. 평가적	소요시간
형성적 사용성 테스트 Formative Usability Testing	사용자가 어디서 헤매는지 파악하기	행동적	질적	평가적	중 (2~4주)
총괄적 사용성 테스트 Summative Usability Testing	전체적인 프로덕트 성능 측정하기	행동적	양적	평가적	상 (4~6주)
아이트래킹 Eye Tracking	사용자 시선이 머무는 곳 파악하기	행동적	질적 & 양적	평가적	상 (4~6주)
콘셉트 평가 Concept Evaluation	아이디어가 니즈에 부합하는지 알아보기	태도적	질적	탐색적 & 평가적	하 (2~3주)
게릴라 사용성 테스트 Guerrilla Usability Testing	빠르게 사용자 의견 묻기	태도적 & 행동적	질적	평가적	1~3일
휴리스틱 평가 Heuristic Evaluation	사용성 원칙 관점에서 프로덕트 평가하기	행동적	질적	평가적	하 (1주)

표 6-2 평가적 리서치

7장

심층 인터뷰
In-depth Interview

'왜'라고 물으며 근원에 접근하기

리서치 유형	샘플링	소요시간
태도적 vs. 행동적	8~15+명	4~6주
질적 vs. 양적		
탐색적 vs. 평가적		

인터뷰가 강력한 리서치 기법 중 하나인 이유는 바로 '왜'라는 질문에 대답하기 때문이다. 사용자가 왜 그렇게 생각하는지, 왜 특정한 행동을 하는지 파악하면 사람들이 겪는 문제에 근본적으로 접근할 수 있다.

인터뷰는 탐색적 리서치를 대표하는 기법으로 평가적 리서치인 사용성 테스트와 함께 UX 리서치에서 가장 많이 쓰인다. 리서처는 참가자와 일대일로 마주 앉아 주제와 연결되는 경험, 의견, 태도 등에 대해 질문하고 대답과 반응을 데이터로 수집한다. 사용성 테스트가 구체적인 질문이나 특정 디자인을 연구하는 반면에 인터뷰는 사용자 배경과 주변 환경까지 고려하는 총체적인 접근Holistic Perspective를 기본으로 하기 때문에 탐색적 리서치에 적합하다.

"사용자를 만나 궁금한 점을 물어보면 되는 것 아닌가요?" 흔히 인터뷰를 이렇게 가볍게 생각한다. 질문 몇 가지만 준비하면 끝이라고 여기거나 전문 리서처의 도움 없이 누구나 할 수 있다고 생각하는 경우가 많은데 이는 잘못된 접근이다. 경험과 준비가 미흡하면 인터뷰에서 피상적인 대화 그 이상을 끌어내기 어렵다.

장점	한계
사용자 니즈, 습관, 태도를 이해할 수 있을 뿐만 아니라 그 배경과 맥락 역시 조사한다.	사용자 행동이 아닌 대답에 기댄다.
	인터뷰어의 능력에 따라 결과물의 편차가 크다.
양적 데이터나 애널리틱스에서 보이는 현상이 일어난 이유를 설명한다.	질적 조사의 특성상 샘플 크기기 작기 때문에 결과를 수치화하거나 일반화하기 어렵다.
멘탈모델을 파악한다.	샘플 크기가 작기 때문에 참가자를 신중하게 모집해야 한다.
다른 리서치 기법과 함께 사용할 수 있는 유연성이 있다.	분석에 시간이 오래 걸린다.

주의할 점과 팁

최대한 현재에 가까운 경험에 집중한다. 인터뷰는 사람들의 행동이 아닌 말에 의존한다는 사실을 잊지 말자. 사람들은 보통 기억력이 그다지 좋지 않다. 오래전 과거보다는 최근에 있었던 특정 경험을 물어보아야 훨씬 정확한 정보를 얻는다. 또한 사람들은 미래를 예측할 수 없기 때문에 앞으로 어떻게 할지 묻는 것은 의미가 없다(의도적으로 질문하더라도 대답을 신뢰해서는 안 된다). 이보다는 현재 경험을 질의하고 그로부터 합리적으로 추측해야 한다.

《사용자 인터뷰》의 저자 스티브 포티걸Steve Portigal은 사람들에게 질문을 던지는 것만으로는 원하는 답을 얻기 힘들다고 조언한다. 사람들이 질문을 이해하지 못하거나 질문에 제대로 답하지 못해서가 아니라 리서처가 왜 그러한 질문을 하는지 모르기 때문이다. 따라서 질문자가 의도하는 바를 명확하게 전달하는 질문이 무엇일지 충분히 고민하는 시간이 필요하다. 그리고 참가자의 대답에 귀 기울이자. 질문의 취지에 맞게 답하는지 보고, 필요한 대답을 얻을 때까지 다시 되묻는 노력이 필요하다.

마지막으로 인터뷰를 진행하면서 반드시 익숙해져야 하는 게 하나 있다. 바로 참가자가 말을 하다 멈추거나 대답을 생각하는 동안 흐르는 '어색한 침묵'이다. 초보 리서처들이 하는 흔한 실수 중 하나가 침묵이 가져 오는 부자연스러운 공기를 견디지 못하고 말을 덧붙이거나 다음 질문으로 빨리 넘어가는 행동이다. 질문을 던진 후에는 참가자가 대답할 시간을 충분히 주고, 대답 후에도 추가적으로 덧붙이는 내용이 없는지 기다리도록 한다.

어떻게 진행해야 할까

준비하기(1~2주)	필드워크(2~5일)	분석하기(2~3주)
리서치 계획서 쓰기(리서치 질문)	인터뷰 셋업(비밀유지계약서 작성, 레코딩 기기 설치, 참가자 인센티브 안내)	인터뷰 리뷰, 데이터 코딩하기
부가적인 활동과 도구 (선택사항)	인터뷰하기(30~90분)	패턴 찾기, 추론하기
참가자 조건 확정하고 스크리너 쓰기, 참가자 모집하기	관찰자들과 간단하게 리서치를 정리하는 디브리핑하기	리포트 준비하기, 발표하기
디스커션 가이드 작성하기		
파일럿 테스트		

인터뷰 대상과 방식 정하기

심층 인터뷰는 일대일 인터뷰를 기본으로 한다. 그렇게 해야 상호 질문과 추가 질문을 통해 인사이트를 발견할 수 있다. 하지만 그룹으로 참가자를 모집하는 경우도 있다. 예를 들어 메신저 사용자들의 기프티콘 이용 경험 파악이 리서치 주제라면 인터뷰 대상을 커플이나 가족, 친구 그룹으로 선정할 수 있다. 또 B2B 프로덕트 비즈니스 사용자가 리서치 대상이라면 사용자 그룹에 속한 이해관계자들의 역할과 관계를 조사하는 인터뷰를 진행하기도 한다.

진행 방식에 따른 인터뷰 유형의 분류도 필요하다. 인터뷰에서는 참가자의 대답 이외에도 표정, 제스처, 뉘앙스를 파악하는 것이 중요하기 때문에 직접 만나서 하는 대면 인터뷰가 주를 이루지만 최근에는 원격으로 실시하는 경우도 늘고 있다. 원격 인터뷰는 특정 지역에 국한하지 않고 여러 지역에서 참가자를 모집할 수 있는 장점이 있다. 참가자의 주요한 환경(집, 사무실, 차 등)에서 인터뷰가 이루어지기도 하는데 자세한 사항은 뒤에 나오는 컨텍스추얼 인쿼리 기법에서 다루겠다.

입체적인 데이터를 얻는 인터뷰

인터뷰라고 해서 질문과 대답만으로 형식을 제한할 필요는 없다. 참가자의 동의하에 프로덕트를 실제 사용하는 모습을 관찰하면 더 풍부한 대화를 이끌어 낼 수 있다. 리서처가 "인스타그램에 사진을 올리기 전에 어떻게 편집하시나요?"라고 물었다고 하자. 참가자들은 전에 사진을 편집한 기억을 끄집어내서 설명할 것이다. 잘못된 방식은 아니지만 이보다는 사용자에게 직접 앱에서 사진을 편집하는 과정을 보여 달라고 요청하는 편이 효과적이다. 실제로 참가자가 폴더에서 사진을 선택해 편집한 후 인스타그램에 올리는 과정을 직접 보면서 설명을 들으면 참가자의 말과 더불어 행동을 관찰하면서 입체적인 데이터를 얻을 수 있다.

부가적인 준비물을 더하면 보다 흥미로운 인터뷰가 된다. 사람들이 월 정액 구독 서비스에 돈을 지불하는 동기에 관한 리서치를 진행했을 때의 일이다. 사전 조사에서 참가자들이 대답한 내용을 바탕으로 여러 서비스의 브랜드 로고를 이미지 카드로 만들어 갔다. 질문에 따라 대답할 때 해당 브랜드의 이미지 카드를 나열하거나 정해진 카테고리에 옮기도록 했다. 또 가짜 화폐를 준비해서 예산을 바꿔 가며 어떤 서비스를 구독하고 해지할지 물어보았다. 참가자의 기억에 의존한 대답보다 훨씬 더 구체적인 이야기를 들을 수 있었다. 이처럼 도구를 이용해 인터뷰를 진행하면 색다른 대화가 이어질 뿐만 아니라 참가자 입장에서도 재미있게 리서치에 임할 수 있다.

- 이미지/단어 카드: 카드를 보면서 대화하거나 간단한 카드소팅을 한다.
- 사용자 여정 지도 만들기: 사용자 행동이나 주변 환경을 연결하는 여정을 함께 그린다.
- 콘셉트 스토리보드: 인터뷰가 끝난 뒤 프로덕트 아이디어나 콘셉트를 보여 주며 의견을 듣는다.
- 디바이스: 참가자가 평소 사용하는 디바이스를 쓰는 모습을 관찰한다.

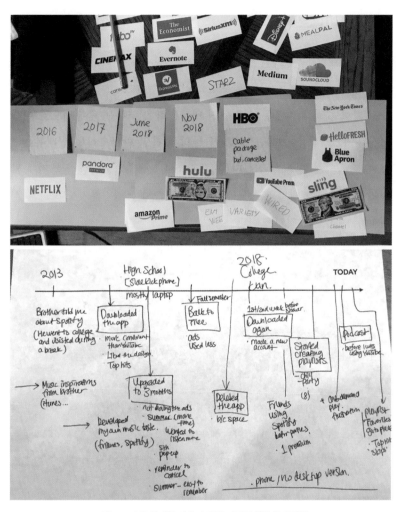

그림 7-1 가짜 화폐와 사용자 여정 지도를 활용한 인터뷰

디스커션 가이드 작성하기

인터뷰 기법은 구조화된 인터뷰Structured Interview와 비구조화된 인터뷰 Unstructured Interview로 나뉘는데 구조화 인터뷰는 미리 정해진 질문지에 따라 정확한 순서대로 질문하는 반면 비구조화 인터뷰는 즉흥적으로 이루어진다. UX 리서치에서는 주로 이 둘의 중간인 반구조화된 인터뷰Semi-structured Interview 방식을 취한다. 전체 인터뷰는 미리 준비한 질문지에 맞추어 진행하지만 대화의 흐름에 따라 질문 순서를 변경하기도 하고 예정에 없던 질문을 던지기도 한다.

이때 사용하는 질문지를 디스커션 가이드Discussion Guide라고 부른다. 인사말, 지시사항, 인터뷰 질문, 추가 질문, 관찰 포인트, 맺음말 등 인터뷰에 필요한 내용을 빠짐없이 작성한다. 하지만 가이드에 쓰인 질문들은 엄밀하게 규정된 프로토콜이 아니라 말 그대로 '길잡이'이므로 상황에 맞추어 유연하게 대화를 이끈다. 디스커션 가이드는 사전에 꼼꼼하게 작성하고 실제 인터뷰에서는 옆에 두고 참고만 하도록 한다.

디스커션 가이드 작성이 끝나면 파일럿 인터뷰를 진행하여 구성이 자연스럽게 연결되는지, 질문 의도에 맞는 대답이 나오도록 질문이 제대로 작성되었는지 확인하고 수정한다. 디스커션 가이드 작성 요령은 '17장 리서치 준비하기'에서 자세히 다룬다.

좋은 질문과 나쁜 질문

인터뷰는 숙련된 리서처에게 맡기는 것이 원칙이지만 리서치 경험이 없거나 훈련받지 않은 사람들이 진행하는 때도 흔하다. 그러다 보니 무의식적으로 참가자에게 원하는 대답을 유도하거나 효과적이지 않은 질문을 던지기 쉽다. 인터뷰 기술을 늘리려면 상황에 맞는 질문을 준비하고 추가 질문을 순발력 있게 던질 수 있도록 연습하자. 처음에는 누구나 실수를 한다. 진행한 인터뷰 녹화 파일을 돌려 보면서 부족한 부분을 인지하고 고치자. 시니어 리서처에게 가이드 라인과 피드백을 받으면 큰 도움이 된다.

다음은 인터뷰에서 맥락과 디테일을 이해하는 데 도움이 되는 질문 유형이다.[1]

- 과정 묻기: "회사에서 하루를 어떻게 보내시나요? 아침 출근 준비부터 회사에 도착해 퇴근할 때까지 순서대로 설명해 주세요."
- 구체적인 과거 예시 묻기: "마지막으로 구입한 주방 가전제품은 무엇인가요?"
- 예외사항 묻기: "온라인 주문에 불편을 겪은 적이 있다면 말씀해 주세요."
- 전체사항 묻기: "핸드폰에 내려받은 쇼핑 앱을 전부 말씀해 주세요."
- 수량 묻기: "어제 하루 동안 주식 투자 앱에 몇 번 들어갔나요?"
- 관계 묻기: "친구 여러 명과 여행 갈 때는 어떻게 함께 계획을 세우나요?"
- 조직 구조 묻기: "마케팅 캠페인 결과는 누구에게 보고 하나요?"

참가자가 첫 질문에 핵심적인 내용을 말해 줄 거라는 기대는 금물이다. 대부분 중요한 내용은 추가 질문에서 도출된다는 사실을 기억하자. 부가적인 질문은 보충 설명이 필요한 경우에 던지기도 하지만, 때로는 안에 있는 내용을 끌어내기 위해 모르는 척 질문하기도 한다. 다음은 추가 질문에 사용하면 좋은 예시이다.

---

1 Steve Portigal, *Interviewing Users, How to Uncover Compelling Insights*, Rosenfeld Media, 2013

- 이유 묻기: "왜 흥미를 느끼기 시작했나요?", "왜 구입을 취소하게 되었나요?"
- 세심하게 묻기: "이 정책을 바라보는 태도를 바꾸게 된 힘들었던 상황을 언급하셨는데요. 괜찮다면 구체적으로 말해 주실 수 있을까요?"
- 설명 요청하기: "지금 말씀하신 그 단어는 무슨 뜻인가요?"
- 용어 묻기: "왜 00을 00이라고 표현하시나요?"
- 감정적인 단서 묻기: "방금 페이지를 보면서 왜 웃었는지 설명해 주실 수 있을까요?"
- 외부인에게 설명하기: "긴 휴가를 가게 되었습니다. 이 업무를 임시 담당자에게 어떻게 설명하시겠어요?"
- 다른 사람에게 알려 주기: "다섯 살 조카에게 이 콘셉트를 전달해야 한다면 어떻게 설명하시겠어요?"

다음 질문은 사람들의 경험을 여러 형태로 비교하면서 사용자의 멘탈모델을 알아내는 데 용이하다.

- 과정 비교하기: "최신 뉴스를 접할 때 신문, 팟캐스트, 유튜브에 어떤 차이가 있나요?"
- 다른 프로덕트와 비교하기: "00 프로덕트 구독을 취소하셨는데요. 대신 구독한 다른 프로덕트가 있나요? 있다면 그 이유는 무엇인가요?"
- 다른 사람과 비교하기: "함께 게임을 하는 친구들과 비교했을 때 레벨업 전략에 차이점이 있나요?"
- 시점 비교하기: "인스타그램에서 사진을 편집할 때 전과 바뀐 부분이 있나요? 1년 전에는 어떻게 편집했나요?"

이제는 반대로 피해야 하는 질문 유형을 살펴보겠다. 아래와 같은 질문은 의미 있는 대답을 얻기 어려울 뿐만 아니라 잘못된 해석을 야기할 수 있으므로 사용하지 않도록 한다.

- 유도하기: "이 회사의 친절한 고객 응대를 어떻게 생각하세요?", "이 회사의 고객 응대에서 가장 큰 문제점은 무엇이라고 생각하세요?"
  → 잘못된 이유: '친절한' 혹은 '문제점'이라는 단어를 사용해 고객센터에 대한 긍정적이거나 부정적인 인상을 준다.

- 리서치 주제 직접적으로 묻기: "레스토랑을 고를 때 가장 중요한 정보는 무엇입니까?", "레스토랑을 고를 때 가장 불편한 점은 무엇입니까?"
  → 잘못된 이유: 리서치 주제를 실제 인터뷰에서 곧이곧대로 물어보면 안 된다. 참가자 개개인의 경험에 맞추어 구체적으로 질문한다.

- 대답 미리 제공하기: "구직 사이트에서 본인에게 맞는 채용공고를 어떻게 찾나요? 필터를 통해 직함을 고르나요, 아니면 희망하는 회사를 먼저 검색하나요?"
  → 잘못된 이유: 첫 번째 질문으로 충분하다. 참가자가 생각할 시간을 갖기도 전에 선택지를 미리 제공하여 참가자의 대답을 제한하지 않도록 한다.

- 미래 시제 묻기: "이 서비스가 출시되면 돈을 내고 유료로 사용하시겠어요?"
  → 잘못된 이유: 누구에게나 미래를 예측하기란 쉽지 않다. 이런 질문은 인터뷰 참가자가 답하기 어려울 뿐만 아니라 대답을 듣더라도 신뢰할 수 있는 데이터로 보기 어렵다.

- 일반적인 행동 묻기: "자동차 내비게이션을 사용할 때 어떤 생각이 드나요?"

  → 잘못된 이유: 운전을 몇 년 한 사람이라면 내비게이션을 최소 수백 번 이용했을 것이다. 보다 구체적인 행동에 관해 물어보도록 하자.

- 한 번에 두 가지 이상 묻기: "현재 소유한 자동차 성능과 안정성에 만족하나요?"

  → 잘못된 이유: 한 질문에 서로 다른 두 가지 주제를 포함하면 참가자는 어디에 집중해서 답해야 하는지 헷갈린다. 하나의 질문에 한 주제만 묻는다.

- 참가자 지식 테스트하기: "영상촬영 기능 중 화이트 밸런스가 무엇인지 알고 있나요?"

  → 잘못된 이유: 질문자의 의도는 그렇지 않다고 해도 참가자가 특정 지식을 아는지 모르는지 테스트받는 것 같다고 느낄 수 있는 질문은 피하도록 한다.

8장

설문조사
Survey

사용자 의견과 태도 측정하기

리서치 유형	샘플링	소요시간
태도적 vs. 행동적 질적 vs. 양적 탐색적 vs. 평가적	100~10,000+	4~8주

설문조사는 사용자 선호도와 태도 및 자기 보고형 행동Self-reported Behavior 데이터를 수집하여 숫자로 표기하는 기법으로 서베이라고도 부른다. 미리 작성된 설문지로 리서치 주제와 관련된 질문을 하고 참가자는 설문이 요청된 채널(이메일, 앱, 지면 등)에서 응답한다. 가장 큰 장점은 짧은 시간에 많은 양의 데이터를 효율적으로 수집해서 수치화할 수 있다는 점이다. 탐색적, 평가적 리서치에 모두 쓰이며 다양한 목적으로 활용이 가능하다.

UX 리서치 이외에도 브랜드, 마케팅, 여론조사 등 여러 분야에서 설문조사를 자주 활용한다. 공항 입국심사 후에 만족도를 물어보는 스마일 버튼부터 브랜드 매장에서 진행하는 고객 만족도 조사까지 우리는 설문소

사를 흔히 접한다. 그래서인지 이를 가볍게 생각하고 쉽게 접근하는 경향이 있다. 하지만 현업에서는 경력이 많은 리서처들도 설문조사를 어려워하며 설문 문항을 작성하는 데는 고도의 기술이 필요하다고 입을 모은다. 그래서 UX 리서치 성숙도가 높은 기업에서는 통계 분야에 전문성을 가지고 있는 양적 리서처가 설문조사를 주로 담당한다.

《꼭 필요한 만큼의 리서치》저자인 에리카 홀Erika Hall은 높은 접근성 때문에 설문조사가 '위험한 리서치 기법'이 될 수 있다고 말한다.[1] 설문조사를 잘못 이해하고 사용하는 경우가 적지 않은데 양적 조사가 가지는 숫자의 힘 때문에 의사결정에 중요한 근거가 되기 때문이다.

그렇다면 언제 설문조사를 실시하는 게 적절할까? 제프 사우로Jeff Sauro는 설문조사가 유용한 경우를 다음과 같이 정리했다.[2]

1. 사용자 그룹을 전반적으로 파악할 때 도움이 된다. 인구 통계 정보로 대상을 구분하는 세그멘테이션Segmentation과 같이 소그룹을 분석하여 사용자에 대한 전체적인 이해도를 높인다.

2. 여러 그룹이나 속성 간 비교를 통해 중요한 것이 무엇인지 구분하게 해준다. 특히 뒤에 소개할 맥스디프 혹은 컨조인트 분석을 사용하면 여러 리스트 가운데 사용자의 우선순위가 무엇인지 파악할 수 있다.

3. 벤치마킹 스터디의 일환으로 다른 프로덕트와 비교하여 자사 프로덕트가 어떻게 평가되는지 알 수 있다. 사용성, 인지도, 만족도, 고객 충성도, 추천 여부를 물어본다.

1 Erika Hall, "On Surveys", *Medium, https://medium.com/mule-design/on-surveys-5a73dda5e9a0*
2 Jeff Sauro, "When a Survey Is The Better Research Method", *Measuring U, https://measuringu.com/better-survey*

4. 특정 행동의 의도나 동기를 질문할 수 있다. 프로덕트에서 특정 행동을 한 사용자에게 질문지를 보내 서비스 가입, 취소, 사용 동기를 묻는다.

장점	한계
다수의 생각과 의견을 취합해 양적으로 수치화한다.	설문을 제대로 설계하기 위해서는 전문적인 지식과 기술이 필요하다.
샘플링이 적절하게 이루어진다면 적은 수의 응답자가 전체 사용자 그룹을 대표할 수 있다.	응답자가 문항을 잘못 이해한 경우 다시 질문할 기회가 없고 틀린 데이터를 얻게 된다.
개발 프로세스 전반적으로 다양하게 사용이 가능해 탐색적, 평가적 리서치에 모두 쓰인다.	객관적인 사용자 '행동' 데이터를 얻을 수 없다.
상대적으로 시간과 비용이 적게 든다.	사용자가 '왜' 그런 대답을 했는지 알기 어렵다. 서술형 대답에서도 양질의 데이터를 얻기 힘들다.
	익명으로 참여하기 때문에 조건에 맞는 응답자를 모집하기 어렵다.

주의할 점과 팁

질적 연구가 필요한데 시간이 없다는 이유로 설문조사를 선택하지 않도록 한다. 질적 연구와 양적 연구로 대답할 수 있는 리서치 질문이 전혀 다르다는 점을 명심하자. 설문조사를 선택할 때는 심층 인터뷰, 컨텍스추얼 인쿼리 등 다른 리서치 기법과 함께 쓰는 안을 고려하자. 이렇게 여러 개의 리서치 기법을 사용하여 데이터 트라이앵귤레이션Triangulation을 이루면 설문조사 결과를 유효하게 만들거나 양적 데이터를 보강할 수 있다.

또한 리서치에는 본질적으로 편향이 존재한다. 그중에서도 설문조사는 리서처가 동석하지 않고 참가자가 미리 준비된 설문지에 답하는 방식으로 이루어지기 때문에 이러한 편향에 특히나 취약하다. 편향을 완전히 없애는 것은 불가능하지만 그 종류와 특성을 인지하고 최소화하는 방향으로 문항을 신중하게 작성하자. 다음은 설문조사 기법에서 발생하는 대표적인 편향이다. 이외의 내용은 '26장 UX 리서처가 알아야 하는 인지 편향'을 참고하자.

샘플링 편향 Sampling Bias: 설문조사는 전체 모집단을 대표할 수 있는 샘플을 선정해야 하는데 일부 특정 집단이 불균형적으로 많이 응답하거나 혹은 적게 응답하면서 표본 추출이 임의적으로 이루어지지 않은 경우를 말한다. 예를 들어 브랜드 만족도 조사에 참여하는 사람들은 해당 브랜드에 호감을 가지고 있는 경우가 많기 때문에 결과에 고객 만족도가 부풀려 나타날 가능성이 있다.

문항 순서 편향 Question Order Bias: 순서 편향은 질문 순서에서 생기기도 하고 한 질문 안에 여러 문항이 나열된 차례에 따라 발생하기도 한다. 만족도를 묻는 질문에서 '매우 그렇다'가 첫 번째 선택 문항일 때와 '매우 그렇지 않다'가 첫 번째 선택 문항일 때, 각 결과가 달라질 수 있다. 또 최근 경험을 물어보는 질문 후에 만족도를 측정하는 항목이 있다면 앞 질문에서 떠올렸던 경험에 따라 만족도 대답이 달라질 가능성이 높다. 질문 순서에 좌우될 수 있는 편향을 감안해 문항을 정한다.

응답 편향 Responses Bias: 사람들은 설문조사 문항에 대답할 때 언제나 솔직하고 진실하게 답하지 않는다. 모든 질문에 동의하는 태도를 보이기도 하고(묵인 편향Acquiescence Bias), 사회적으로 옳다고 판단되거나 사회경제적 지위에 관한 항목에 정직하지 않은 대답을 고르기도 한다(사회적 바람직성 편향Social Desirability Bias).

비응답 편향 Non-Responses Bias: 원하는 샘플이 응답하지 않는 경우 생기는 편향이다. 뉴스레터 관련 불만사항을 연구하기 위해 이메일 설문조사를 발송한다면 이미 뉴스레터에 수신 동의한 사람들만 설문지를 받거나 불만이 있는 사람들은 애초에 이메일을 열어 보지 않을 가능성이 높다.

어떻게 진행해야 할까

준비하기(2~3주)	필드워크(1~2주)	분석하기(2~3주)
리서치 계획서 쓰기(리서치 질문)	설문조사 디자인하기	데이터 클리닝
설문조사 방식 정하기	소프트 론칭	데이터 분석하기
샘플링 계획하기	마지막 수정 작업	데이터 시각화하기
문항 작성하기	설문조사 실행하기	리서치 질문에 대답하는 인사이트 추출하기
분석계획서 작성하기	설문조사 마감하기	
		리포트 준비와 발표하기

설문조사 방식 정하기

설문조사는 실시하는 방법에 따라 두 가지로 구분된다.

이메일 설문조사 Email Survey: 간편한 방식으로 가장 많이 사용한다. 참가자들이 원하는 시간에 이메일을 열고 설문에 응답한다. 응답률을 미리 알고 있다면 샘플 크기를 제어하기 쉽다는 점도 장점이다. 이메일을 여는 사람들만 조사에 참여하고 인터셉트 방식에 비해 응답률이 현저히 떨어지는 게 단점이다.

인터셉트 설문조사 Intercept Survey: 웹사이트나 앱 환경에서 참가자가 특정 행동을 한 후에 바로 진행된다. 자동차 웹사이트에 방문한 참가자에게 오늘 방문 목적이 무엇인지 물어보거나 이커머스 사이트에서 물건을 구매한 참가자에게 결제 과정의 만족도를 한두 문항으로 간단하게 설문한다. 인터셉트 설문은 참가자들이 기억에 의존해 어떻게 행동했는지 대답하는 것이 아니라 특정한 행동을 한 직후 바로 실시되기 때문에 비교적 정확한 데이터를 제공한다. 다만 긴 설문에는 적합하지 않으며 사용자 흐름을 방해해 고객이 불편을 겪을 수 있다.

설문조사는 또한 분석 방식에 따라 세 가지 유형으로 나뉜다.

서술형 설문조사 Descriptive Survey: 사용자에 관해 측정하고자 하는 바를 숫자로 설명한다. 리서치 질문으로 횟수, 빈도, 퍼센트, 비중을 묻는다.(몇 퍼센트의 사용자가 현재 프로덕트 경험에 만족하는가?)

비교형 설문조사 Comparative Survey: 두 집단 간 특성을 비교하거나 시간이 경과하면서 발생한 차이를 밝힌다.(○○과 □□ 간 차이점은 무엇인가?)

관계성 설문조사 Relationship Survey: 결과에 영향을 미치는 요인을 드러낸다. 리서치 질문으로 관계성을 묻는다. 이 경우 독립변수Independent Variable와 종속변수Dependent variable를 설정하고 변수 사이의 연관성을 연구한다.(○○과 □□은 무슨 관계인가?)

문항 작성하기

문항 작성은 설문조사를 준비하는 과정에서 가장 시간이 많이 걸린다. 응답자의 생각과 판단을 논리적으로 예측해야 하고 꼼꼼함이 요구된다. 설문 문항의 형식이 다양해서 리서치마다 질문에 적절한 문항 형식을 선택할 줄 알아야 한다. 문항은 자유롭게 서술이 가능한 개방형 질문과 정해진 선택지에서 답을 택하는 폐쇄형 질문으로 나뉜다. 다음은 설문조사에서 자주 쓰는 문항 종류이다. 개방형 질문을 제외한 나머지는 모두 응답자의 선택을 요구하는 폐쇄형 질문이다.

개방형 질문 Open-Ended Question: 응답자가 자유롭게 대답을 작성할 수 있다. 새롭게 배우는 분야에서 별다른 제약 없이 사용자 의견을 청취할 때 유용하다. 개방형 질문에서 나온 대답을 바탕으로 추후 폐쇄형 질문을 작성한다. 폐쇄형 질문에서 답변 이유를 물을 때 사용하기도 한다. 개방형 질문이 많으면 응답자가 부담을 느낄 수 있으므로 필수문항이 아닌 경우에는 이를 건너뛸 수 있도록 한다.

`예시` 위 만족도 질문에서 그렇게 답한 이유를 설명해 주세요.

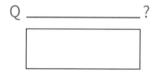

예 혹은 아니오 Yes or No Question: 이분법적 질문은 양질의 데이터를 제공하지 않기 때문에 본 설문 문항으로 자주 사용하지 않도록 한다. 하지만 응답자를 간단하게 두 그룹으로 나눠야 할 때 스크리너Screener 질문(리서치 조건에 부합하는 응답자를 걸러 내기 위한 문항)으로 쓰면 유용하다.

`예시` 최근 3개월간 태블릿 기기를 사용해 유튜브를 시청한 적이 있습니까?

Q ＿＿＿＿＿＿＿?
☐ 예　　☐ 아니오

객관식 선택 Multiple-choice Question: 주어진 선택지에서 하나 혹은 복수의 답을 선택한다. 분석이 용이하다는 장점이 있다. 선택 문항은 서로 상호 배타적이 되도록 작성해야 한다. 응답자가 주어진 문항에서 답을 고르기 어려운 때를 대비해 '기타' 문항을 만들어 개방형으로 답을 적을 수 있게 한다.

예시 집에서 어떻게 커피를 마시나요? 다음에 나열된 방식 중 해당되는 것을 모두 고르세요.

$$Q\ \underline{\hspace{3cm}}\ ?$$

☐ _____
☐ _____
☐ _____
☐ _____
☐ _____

평정 척도 Rating Scale Question: 주어진 척도상의 수치를 선택한다. 응답자는 보기에 있는 등급(1에서 5, 0에서 100 등) 중에서 가장 적합하다고 여기는 수치를 선택한다. 5포인트나 7포인트 척도를 주로 사용하는데 응답자가 쉽게 고를 수 있는 5포인트 척도로 설계하는 것이 이상적이다. 그 이상이 되면 응답자가 척도 간 차이를 감안하여 수치를 선택하는 게 어렵다. 최근 많은 설문이 모바일로 이루어지는 점 역시 고려해야 한다.

단극성Unipolar 척도는 0에서 시작해 한 방향으로 수치가 커지며 중간점이 없다. 대표적인 예로 중요도와(전혀 중요하지 않다, 약간 중요하다, 중요하다, 매우 중요하다, 대단히 중요하다) 빈도가 있다(전혀 시청하지 않는다, 가끔 시청한다, 시청한다, 자주 시청한다, 항상 시청한다).

예시 지난번 구매 경험에서 고객센터가 얼마나 도움이 되었나요?

양극성Bipolar 척도는 긍정과 부정 양방향으로 커지며 중간점이 존재한다. 태도나 의견을 측정할 때 양극성 척도가 자주 사용된다(매우 불만족, 불만족, 보통, 만족, 매우 만족).

예시 지난번 구매 경험에서 고객센터가 얼마나 도움이 되었나요?

리커트 척도 Likert Scale Question: 평정 척도의 양극성 척도 유형에 해당하며 하나의 주장에 동의하는 정도를 측정한다. 응답자는 의견이 기재된 문장을 보고 그 문장에 얼만큼 동의하는지 혹은 동의하지 않는지 표시한다(매우 동의하지 않는다, 동의하지 않는다, 보통이다, 동의한다, 매우 동의한다). 질문에 동의하는 정도를 묻기 때문에 응답자가 쉽게 답할 수 있다는 장점이 있다.

예시 다음 문장에 어느 정도 동의하는지 고르세요. "해당 앱으로 원하는 NFT 작품을 고르는 게 기대보다 복잡했다."

매트릭스Matrix Question: 표를 만들어 여러 개의 평정 척도 질문을 한데 묶기도 한다. 질문을 반복하지 않고 한 문항에서 완료할 수 있다는 장점이 있다.

예시 아래는 현재 사용하고 있다고 답한 구직 사이트 목록입니다. 각각의 만족도를 표시해 주세요.

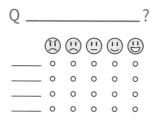

순위 정하기 Ranking Order Question: 여러 항목을 제시하고 질문에 맞추어 순위를 정하게 한다.

예시 다음은 연금보험에 가입하기 위해 확인해야 하는 주요 항목입니다. 본인에게 중요한 순서대로 숫자를 적어 주세요.

Q _____?
_____ 2
_____ 4
_____ 1
_____ 3

좋은 문항의 조건

설문조사 질문지는 면밀하게 작성하고 꼼꼼하게 검토해야 한다. 리서처가 진행하는 인터뷰는 참가자가 질문을 잘 이해하지 못하는 경우에 다시 설명할 수 있지만 설문조사는 그렇게 하기 어렵다. 질문지를 신중하게 작성해야 하는 또 다른 이유는 보다 정확한 데이터를 얻기 위해서이다. 질문에 쓰인 단어나 선택지 순서에 따라 참가자의 대답이 달라질 가능성이 매우 크다. 이를 염두에 두고 최대한 편향을 줄이는 방향으로 질문지를 구성한다.

좋은 질문지를 작성하기 위한 기본 자세는 바로 응답자를 배려하는 것이다. 이외에도 사람들이 설문조사에 응하는 전체 과정과 상황을 고려하자.

사람들이 쉽게 답할 수 있게 설계한다. 설문에 응하는 사람들이 어떤 답을 골라야 할지 오랫동안 생각하게 만드는 질문은 좋은 질문이라고 할 수 없다.

최대한 구체적이고 명확하게 작성한다. 이중적 의미를 가진 질문을 피하고 모호하거나 어려운 용어를 사용하지 않는다.

현재 경험에 초점을 맞춘다. 최근 며칠이 아닌 오래전 일을 묻거나 앞으로 어떻게 행동할 것인지 묻지 않는다.

유도 질문을 하지 않는다. 선입견을 일으킬 수 있는 단어를 배제하여 최대한 객관적인 문항을 만든다.

질문 순서도 중요하다. 앞에 대답했던 내용이 뒤에 나오는 질문에 미치는 영향을 고려하여 질문 순서를 설계한다. 예를 들어 프로덕트 만족도를 조사하고자 한다면 관련 질문을 가장 앞쪽에 배치한다. 불만 사항과 관련된 질문을 한 후 만족도를 물으면 선입견이 생길 수 있기 때문이다.

최대한 간결하게 만든다. 마지막으로 강조하고 싶은 포인트는 설문지는 꼭 필요한 질문만 넣어 최대한 간결하게 작성하자는 것이다. 이는 설문조사가 길어지면 생길 수 있는 중도포기를 줄여 준다. 무엇보다 모두의 시간은 소중하다. 그 누구도 길고 지루한 설문에 응하고 싶어 하지 않는다.

분석계획서 작성하기

설문조사는 인터뷰와 같이 실시간으로 진행되는 기법과 다르게 문항이 정해져 있고, 현장에서 질문을 추가하거나 수정하는 작업이 불가능하다. 따라서 설문조사를 실시하기 전에 반드시 데이터 분석계획서를 작성해 빠진 질문이 없는지, 쓸데없는 질문이 들어 있지 않은지 점검한다. 분석계획서는 앞서 리서치 계획서에 적었던 리서치 질문에 대답하는 형식으로 작성하면 좋다. 설문조사 각 문항에서 얻은 데이터를 어떠한 방식으로 분석해 리서치 질문에 대답할 것인지 정리한다. 이를 통해 누락했거나 중복되는 문항이 없는지 확인하고 문항을 다시 정교하게 가다듬는다. 사전에 분석계획서를 작성하면 길고 장황한 설문지를 한결 간결하게 만들 수 있다.

설문조사 디자인하기

설문 문항이 모두 준비되었다면 이제 이 문항들을 설문조사 플랫폼에 넣고 시뮬레이션 해본다. 문서 상태의 설문지를 수십 번 검토하고 수정해도 테스트를 하고 나면 새롭게 고쳐야 하는 사항이 발견된다. 이 단계에서는 응답자 입장이 되어 다음 사항을 체크한다.

- 전체적인 질문의 흐름이 자연스러운가?
- 질문과 질문이 논리적으로 연결되는가?
- 오탈자나 헷갈리는 단어는 없는가?
- 이미지가 있다면 잘 보이는가?
- 각 문항이 제대로 설계되었는가?(필수/선택 문항, 복수 선택, 건너뛰기 등)
- 설문지가 다양한 기기(노트북, 태블릿, 모바일 등)와 운영체제(안드로이드, iOS)에서 문제없이 보이는가?

소프트 론칭은 필수

설문 준비를 모두 끝내고 타깃 그룹 사용자 만 명에게 설문조사 이메일을 전송했다. 그런데 몇 시간이 지난 후 설문지의 스크리너 두 번째 문항에서 로직을 잘못 설계한 것을 발견했다. 이대로라면 리서치에 적합한 응답자들이 모두 걸러질 참이다. 눈앞이 아찔해지는 상황이다. 이런 실수를 방지하려면 설문지를 먼저 적은 숫자의 샘플 그룹에 보내는 소프트 론칭이 필수이다. 돌아온 응답 결과를 확인하여 오류를 잡고 더욱 매끄러운 설문이 되도록 수정한다.

몇 명의 참가자를 모집하여 짧은 인터뷰로 설문조사 문항에 대한 피드백을 받는 방법도 있다. 참가자가 질문자의 의도대로 문항을 어려움 없이 이해하는지, 질문 순서는 자연스러운지, 보기 선택이 어렵지는 않은지 등 전반적인 설문 내용을 확인하고 피드백 받은 부분을 바탕으로 문항을 수정한다.

4가지 응답 데이터

설문조사 결과는 어떻게 해석해야 할까? 설문조사 응답은 크게 질적 데이터와 양적 데이터로 나누어지는데 질적 데이터에는 명목척도, 서열척도가 있다. 양적 데이터는 범주형과 연속형으로 구분되는데 연속형인 등간척도, 비율척도가 자주 쓰인다.

명목척도Nominal Scale: 속성을 분류하거나 확인하는 목적으로 숫자를 부여한다. 이 데이터는 그룹으로 분류 가능하지만 수량화되지 않는다. 예시 성별, 국가, 인종, 사는 지역

서열척도Ordinal Scale: 측정하고자 하는 속성의 순서 관계를 밝힌다. 크고 작음의 순서를 알 수 있지만 명목척도와 마찬가지로 수량화되지 않는다. 첫 번째와 두 번째 순서 간 차이가 얼마인지 알 수 없다는 뜻이다. 주로 응답자의 태도, 선호도, 의견 측정에 쓰인다. 예시 성적 등급, 만족도, 인지도

등간척도Interval Scale: 서열척도와 비슷하지만 순위 사이의 간격을 동일하게 유지한다. 따라서 두 데이터 포인트 간의 거리를 측정할 수 있고 사칙연산이 가능하다. 예시 날짜, 시간, 섭씨 온도

비율척도Ratio Scale: 등간척도처럼 측정값 사이의 사칙연산이 가능하고 추가적으로 절댓값 0을 가질 수 있다. 　예시　 키, 몸무게, 소득

다음은 각각의 척도가 가지고 있는 성격과 특징을 요약한 표이다. 이를 참고해 리서치 질문에 적절한 설문 문항을 선택하도록 하자.

	명목척도	서열척도	등간척도	비율척도
순서 유무		✓	✓	✓
최빈값	✓	✓	✓	✓
중앙값		✓	✓	✓
평균값			✓	✓
속성 간 거리 측정			✓	✓
덧셈, 뺄셈			✓	✓
곱셈, 나눗셈				✓
절댓값 0				✓

표 8-1 4가지 척도의 특징

맥스디프MaxDiff와 컨조인트 분석Conjoint Analysis

맥스디프와 컨조인트 분석은 프로덕트를 이루는 여러 가지 속성Attributes 가운데 어떤 속성이 선호도와 중요도를 갖는지 알아보는 기법이다. 마케팅 리서치에서 하나의 기능이나 개별 속성이 사용자 구매 선택에 미치는 영향을 알아보기 위해 빈번하게 쓰인다.

　두 기법 모두 상충관계Trade-off를 기반으로 어떤 항목이 우선순위를 갖는지 평가한다. 둘 중 어떤 기법을 골라야 할지 잘 모르겠다면 평가하고자 하는 항목이 한 카테고리일 때는 맥스디프를 선택하고 여러 레벨이 있

는 다수 카테고리라면 컨조인트 분석을 택한다. 소비자 수요가 가장 커지는 적정 가격을 도출할 때는 컨조인트 분석이 적합하다.

맥스디프 분석

딸기, 바닐라, 민트, 초코 아이스크림 가운데 어떤 맛을 가장 좋아하는가? 아이스크림 맛 선호도 조사에서 좋아하는 정도를 1~5점 척도로 평가했는데, 모든 맛에 3점을 매긴 결과가 다수라면 어떤 맛이 인기가 많은지 분별하기 어려울 것이다. 이러한 문제점을 보완하기 위해 응답자에게 우선순위를 매기도록 하는 기법이 바로 맥스디프이다. 응답자들은 주어진 보기 중에서 가장 중요한(선호하는) 것과 가장 중요하지 않은(선호하지 않는) 것을 고른다. 동일한 질문에 주로 4~5개의 속성을 배치해 선택하게 하는데 이를 8~15 차례 반복한다. 이렇게 설계하면 각 속성의 중요도(선호도)에 점수를 매기고 순위를 분석할 수 있다.

일반척도

레스토랑을 고를 때 아래 항목이 얼마나 중요하다고 생각하십니까?

	전혀 중요하지 않다	중요하지 않다	보통이다	중요하다	매우 중요하다
좋은 분위기	☐	☐	☐	☐	☑
합리적 가격	☐	☐	☐	☐	☑
음식 맛	☐	☐	☐	☐	☑
편리한 위치	☐	☐	☐	☐	☑
웨이팅 시간	☐	☐	☐	☐	☑
주차 가능	☐	☐	☐	☐	☑

맥스디프

레스토랑을 고를 때 아래 항목에서 가장 중요한 것과 가장 중요하지 않은 것을 고르세요.(1/10)

가장 중요하지 않다		가장 중요하다
☐	합리적 가격	☑
☐	주차 가능	☑
☐	좋은 분위기	☑
☐	음식 맛	☑

컨조인트 분석

컨조인트는 여러 속성이 랜덤하게 결합되어 있는 선택지를 반복적으로 보면서 가장 선호하는 항목을 고르게 하는 기법이다. 응답자는 중요하다고 생각하는 우선순위를 바탕으로 의사결정을 한다. 개별 특성이 가지고 있는 중요도를 수치화하여 확인할 수 있다. 가격 탄력성과 상대적인 수요도 계산이 가능하다. 맥스디프와 마찬가지로 동일한 질문에 여러 번 반복해 답한다.

컨조인트

아래 항목에서 어떤 레스토랑을 선택하시겠습니까?(1/10)

음식 종류	중식	스테이크	이탈리안
위치	20분 내	45분 내	10분 내
음식 맛	별점 4.5	별점 4.2	별점 3.9
예약 가능	가능	불가능	불가능
1인당 평균 가격	2만 원	5만 원	4만 원
	☑	☐	☐

9장

컨텍스추얼 인쿼리
Contextual Inquiry

사용자 맥락에서 작업 흐름 관찰하기

리서치 유형	샘플링	소요시간
태도적 vs. 행동적	6~15+명	6~8주
질적 vs. 양적		
탐색적 vs. 평가적		

사용자 환경을 고려하지 않고서는 프로덕트를 디자인할 수 없다. 사람들이 스마트 스피커를 어떻게 사용하는지 알아보는 리서치를 진행한다고 하자. 리서치 랩에서 이루어지는 인터뷰로는 사용자의 평소 행동이나 습관을 파악하는 데 한계가 있기 때문에 보통 사용자 집을 방문한다. 이렇게 하면 사용자들이 처음 스피커를 구매하고 세팅하는 과정은 어떠한지, 스피커를 어떤 이름으로 바꾸어 부르는지, 아이를 키우는 가정에서는 스피커를 어떻게 사용하는지, 쉽게 드러나지 않는 컨텍스트를 이해할 수 있다.

실제 사용자 환경에서 리서치를 실시하면 랩에서 진행하는 것보다 생생한 정보를 얻게 된다. 이렇게 프로덕트를 쓰는 환경과 사용 과정을 관찰하고 인터뷰하는 방법을 컨텍스추얼 인쿼리Contextual Inquiry라고 한다.

리서치 주제에 맞게 참가자 집이나 프로덕트를 사용하는 장소에 방문한다. 자동차 내비게이션 리서치라면 차량 조수석에 동승하여 관찰하고, 리테일 매장에서 쓰는 비즈니스 소프트웨어 리서치라면 매장에서 진행한다.

컨텍스추얼 인쿼리는 과거 문화인류학자들이 연구하는 대상의 문화에 침투해서 장시간 관찰조사하는 에스노그라피 기법을 실용적으로 변형한 것이다. 프로덕트 개발 환경에서 몇 달 혹은 몇 년씩 한 주제를 연구하는 일은 불가능하지만 하루 정도의 현장 방문으로도 일반 인터뷰에서 마주하기 어려운 정보를 얻을 수 있다. 사용자가 프로덕트를 쓰는 모습뿐만 아니라 프로덕트 환경, 작업 흐름, 주변 사람들과의 커뮤니케이션 역시 관찰한다면 사용자 맥락을 훨씬 폭넓게 이해할 수 있다.

컨텍스추얼 인쿼리는 다음과 같은 상황에 유용하다.

- 사용자가 자연스러운 환경에서 프로덕트를 어떻게 쓰는지 알고 싶을 때
- 사용자가 프로덕트를 사용하는 작업 흐름과 관련 도구가 궁금할 때
- 사용자가 일상에서 어떤 니즈와 목적을 갖고 있는지 파악하고자 할 때
- 해당 주제를 리서치한 기존 내용이 많지 않거나 사용자에 대해 아는 바가 별로 없을 때
- 사용자의 멘탈모델이나 사용자 여정과 같이 전체적인 흐름을 파악하는 인사이트가 필요할 때
- 사용자와 다른 사람들 간의 상호작용(협업, 공유, 대화 등)을 관찰해야 할 때

장점	한계
사용자가 편안한 환경에서 실제로 어떻게 프로덕트를 사용하는지 관찰하므로 리서치 랩에서 진행하는 것보다 풍부하고 믿을 만한 정보를 수집할 수 있다.	전체적으로 시간이 많이 든다. 필드워크를 하는 것 외에 분석 데이터 양도 늘어난다.
관찰과 인터뷰가 함께 이루어지며 이를 유연하게 구성할 수 있다.	주거 혹은 업무 환경을 공개해야 하므로 참가자 모집이 까다롭다. 참가자의 프라이버시를 보호하기 위해 반드시 사적 공간을 공개하는 데 미리 동의를 얻고 리서치 방식을 설명해야 한다.
단편적인 데이터가 아닌 작업을 둘러싼 흐름과 연속적인 일Sequence을 파악한다.	관찰 룸이 있는 리서치 랩과 달리 리서치 세션을 직접 볼 수 있는 인원이 제한적이다.
민감한 주제라도 참가자가 편하게 인터뷰에 응한다.	사용자에게 익숙한 환경이라도 리서처가 방문했기 때문에 행동이 부자연스러워지는 호손 효과[1]가 생길 수 있다.

주의할 점과 팁

컨텍스추얼 인쿼리는 참가자의 사적 공간에서 진행된다. 따라서 참가자의 사생활과 권리를 존중하고 리서치 윤리를 따르는 것이 무엇보다 중요하다. 먼저 컨텍스추얼 인쿼리가 무엇이며 왜 섭외 장소를 방문하는지, 어떻게 관찰조사가 이루어지는지 사전에 충분히 설명하고 참가자 동의를 얻은 후 리서치를 진행한다. 또한 리서치 목적과 참가자에게 기대하는 바, 수집된 데이터의 활용 계획 등도 참가자에게 공지한다. 참가자가 어떤 형태의 피해도 입지 않도록 리서치에서 일어날 수 있는 잠재적 시나리오에도 대비한다. 리서치 윤리에 관한 자세한 내용은 '18장 샘플링과 참가자 모집하기'에서 다룬다.

---

[1] 호손 효과(Hawthorne Effect)는 일종의 반응 현상으로서 자신의 행동이 관찰되고 있음을 인지할 때 그에 대한 반응으로 행동을 조정하거나 순화하는 현상을 말한다. *https://ko.wikipedia.org/wiki/호손_효과*

그림 9-1, 9-2 참가자의 집과 사무실에서 진행한 컨텍스추얼 인쿼리

방문하는 리서치 팀 인원은 최대 세 명을 넘지 않도록 한다. 그 이상의 인원이 동원되면 참가자 입장에서 부담스러울 수 있다.

어떻게 진행해야 할까

전체적인 진행방식은 심층 인터뷰와 비슷하다. 다만 필드워크에 필요한 준비사항을 꼼꼼하게 챙기고 현장에서 관찰할 내용과 리서치 팀원 간 책임을 어떻게 나누고 분업할지 미리 의논한 뒤 숙지하도록 한다.

준비하기(2~3주)	필드워크(1주)	분석하기(2~4주)
리서치 계획서 쓰기(리서치 질문)	인터뷰 셋업(비밀유지계약서 작성, 레코딩 기기 설치, 참가자 인센티브 안내)	인터뷰 리뷰, 데이터 코딩하기
참가자 조건 확정하고 스크리너 쓰기, 참가자 모집하기	라포르 형성하기	패턴 찾기, 추론하기
디스커션 가이드 작성하기	인터뷰와 관찰하기	리포트 준비하기, 발표하기
관찰자 역할 분담하기	관찰자들과 디브리핑하기	
파일럿 테스트		
필드워크에 필요한 키트 준비하기		

필드워크에 필요한 키트

새로운 장소에서 필드 리서치를 해본 리서처라면 현장에서는 자주 예상치 못한 일이 일어난다는 사실에 공감할 것이다. 그렇기 때문에 필드에 나가기 전에 필요한 준비물과 체크 리스트를 꼼꼼하게 확인해야 한다. 레코딩 기기에 배터리는 충분한지, 녹음파일은 어디에 보관할지, 노트북을 사용할 계획이라면 현장의 인터넷 연결은 원활한지, 팀원들 사이에 역할 분담은 어떻게 할지, 장소 간 이동 수단은 무엇이고 동선은 어떠한지, 참가자에게 알림 문자는 언제 보낼지 등 미리 고려해야 할 사항이 수두룩하다. 특히 다른 지역이나 해외로 가는 프로젝트라면 더욱 준비사항이 늘어난다. 미리 체크 리스트를 작성하고 계획대로 되지 않을 경우에 대비한 백업 플랜을 준비해 현장에서 당황하지 않도록 한다.

《실용적인 에스노그라피*Practical Ethnography*》저자인 샘 래드너Sam Ladner 는 이러한 물리적인 준비 이외에도 필드에 나가기 전에 '멘탈 키트'를 마련하라고 조언한다. 필드 리서치 가운데 일어날 수 있는 최악의 상황을 떠올려 보는 것이다. 배터리가 없어서 레코딩이 중단된다면? 디스커션 가이드를 빠트렸다면? 현장에 방문했는데 옆집 공사 소리가 너무 커서 대화를 나누기조차 어렵다면? 이렇게 난감한 상황을 상상하면서 만약 그런 일이 생겼을 때 어떻게 해결할지 준비한다.

참가자와 라포르 형성하기

휴스턴 근교에 사는 다소 무뚝뚝한 성격의 참가자 집을 찾아갔을 때 일이다. 참가자는 화물 배송을 하는 중년 남성이었는데 낯선 사람이 셋이나 집에 와서 무척 어색한 모양이었다. 리서치에 참여하는 게 처음이라서 긴장한 모습이 역력했다. 그때 이 집 고양이가 우리가 앉은 테이블 위를 우아하게 걸어 갔다. 동시에 밖에서는 개 짖는 소리가 들려왔다. 우리 팀은 각자의 반려동물에 대해 이야기하기 시작했다. 참가자는 함께 사는 개 세 마리, 고양이 두 마리, 앵무새까지 신나게 소개하면서 대화를 점차 즐기기 시작했다. 이후 인터뷰는 어색함 없이 순조롭게 진행되었다.

인터뷰에서는 참가자와 친밀도를 쌓으며 신뢰 관계를 만드는 과정이 필요한데 이를 라포르Rapport[2]라고 한다. 사소한 잡담을 나누면서 참가자의 긴장을 풀어 준다. 필요하다면 사전 인터뷰를 진행하거나 참가자가 스

---

2 사람과 사람 사이에 생기는 상호 신뢰를 말하는 심리학 용어이다. 서로 마음이 통해 어떤 일이라도 터놓고 말할 수 있거나 감정적, 이성적으로 충분히 이해하는 상호 관계를 말한다. *https://ko.wikipedia.org/wiki/라포르*

크리너에서 대답한 내용을 바탕으로 이야기를 시작해도 좋다.

인터뷰와 관찰하기

어느 정도 라포르를 형성한 후, 본격적으로 인터뷰와 관찰을 시작한다. 컨텍스추얼 인쿼리 기법을 전파한 바이어와 홀츠블라트는 《컨텍스추얼 디자인*Contextual Design*》에서 다음 4가지 원칙을 강조한다.[3]

현장에서 현재 진행형으로 보기: 컨텍스추얼 인쿼리에서 핵심적인 필요조건은 리서처가 사용자 환경에서 시간을 보내는 것이다. 밀키트로 저녁식사를 준비하는 과정을 알아보려고 한다. 리서치 랩에서 인터뷰를 하면 사용자는 기억에 의존해서 요약된 경험을 들려줄 수밖에 없다. 하지만 우리에게 필요한 내용은 '현재 진행 중인 생생한 경험'이다. 1인 가족과 아기를 돌보면서 식사를 준비하는 부부의 경험이 어떻게 다른지 이해하려면 실제 일어나는 일련의 과정과 그 디테일을 모두 관찰해야 한다.

명인과 견습생이 된 것처럼 행동하기: 필드에서 강력한 효과를 발휘하는 원칙이다. 참가자와 리서처의 관계를 명인과 그에게 배우는 견습생으로 가정하는 것이다. 리서처는 견습생이 된 것마냥 참가자가 하는 모든 행동을 지켜보면서 모르는 부분이 있으면 끊임없이 질문하고 이해하고자 노력해야 한다. 참가자에게 명인이 기예를 가르칠 때 하듯이 행동으로 보여주면서 설명해 달라고 요청한다. 이렇게 동작하면서 동시에 설명하면 실제 일의 흐름을 반영할 수 있다.

참가자의 시선으로 포커스 확장하기: 리서처는 본인이 주목하는 대상에서 벗

---

[3] Hugh Beyer and Karen Holtzblatt, *Contextual Design: Defining Customer-Centered Systems*, Morgan Kaufmann, 1998

어나 참가자가 관심을 갖는 대상으로 보는 범위를 넓혀야 한다. 참가자가 예상 밖 이야기에 놀랄 때, 참가자가 특이 행동을 보일 때, 필드에 오기 전 예상했던 내용과 다르게 리서치가 흘러갈 때, 이는 모두 새로운 기회를 발견하는 중요한 순간이다.

현장에서 바로 해석하고 확인하기: 참가자를 관찰하고 그의 말을 경청하는 것은 시작에 불과하다. 이렇게 얻은 데이터를 해석해 의미를 도출해야 한다. 보고 들은 내용을 바탕으로 참가자 행동에 대한 가정을 세우는데 이러한 가정이 맞는지 현장에서 직접 확인하는 과정이 필요하다. 특정 행동을 다시 한 번 보여 달라고 하면서 추가 질문을 하거나 관찰이 끝난 후 왜 그렇게 행동했는지 직접 물어보면서 확인한다. 리서치 종료 뒤에 돌아와서 분석하려고 하면 참가자의 의도나 행동을 잘못 해석하게 될 여지가 있다.

10장

다이어리 스터디
Diary Study

일상에서 사용자 경험 엿보기

리서치 유형	샘플링	소요시간
태도적 vs. 행동적 질적 vs. 양적 탐색적 vs. 평가적	12~30+명 (중도에 포기하는 참가자를 고려해 여유 있게 모집한다.)	6~10주 (과제 기간에 따라 총 소요시간이 달라진다.)

다이어리 스터디는 사용자의 행동과 경험 데이터를 일정 기간에 걸쳐 수집하는 리서치 기법이다. 사용자의 습관이나, 인터랙션, 니즈를 간접적으로 관찰하고 장기간 사용자의 생각이나 행동이 변화하는 모습을 살펴볼 수 있다. 일상적인 경험을 여러 차례에 걸쳐 보고하기 때문에 경험 샘플링Experience Sampling이라고 부르기도 한다. 대부분 1~2주 정도 진행하고 드물지만 몇 달씩 실시하는 장기 프로젝트도 있다.

다이어리 스터디는 탐색적 리서치와 평가적 리서치 모두에서 활용 가능하다. 탐색적 리서치에서는 다이어리 스터디로 프로덕트 사용자 습관과 경험을 간접적으로 관찰한다. 사용자 여정이나 반복적인 습관을 기록하는 데 유용하다. 하루 중 언제 프로덕트를 이용하는지, 어떤 동기로 사

용하는지, 프로덕트를 쓸 때 영향을 미치는 외부적 요인은 무엇인지 밝혀
낸다.

평가적 리서치에서는 사용자 행동 변화를 관찰한다. 새로운 기능이나
프로덕트를 출시했을 때 유용하다. 신규 가입자가 프로덕트 기능을 어떻
게 발견하고 배우는지, 새로운 기능이 추가되었을 때 기존 사용자의 만족
도는 어떻게 변화하는지 살펴본다.

장점	한계
참가자가 경험한 순간을 자연스러운 환경에서 그때그때 기록한다.	참가자 기록에 의존하므로 참가자가 성실하게 임하지 않을 경우 데이터의 실효성이 떨어진다.
참가자의 평소 습관이나 일과를 알 수 있다.	참가자의 생각과 태도를 자세히 물을 수 없다. 이를 보완하기 위해 스터디 중간 지점이나
여러 참가자의 관찰 데이터를 동시에 수집하기 때문에 데이터를 각각 취합해야 하는 직접 관찰보다 효율적이다.	스터디가 끝난 후에 추가적으로 인터뷰를 진행하기도 한다.
장시간에 걸쳐서 진행되므로 사용자 행동이나 태도가 어떻게 변화하는지 추적할 수 있다.	리서치 준비, 데이터 수집, 분석에 상당한 시간이 소요된다.
리서처의 개입 없이 참가자 스스로 기록하기 때문에 호손 효과를 줄일 수 있다.	

주의할 점과 팁

다이어리 스터디는 인터뷰나 설문조사와는 다르게 참가자에게 많은 시
간과 집중을 요구하는 기법이다. 이러한 장기 리서치의 특성상 중도 포기
하거나 뒤로 갈수록 대충 기록하는 사례가 발생한다. 이를 방지하게 위해
리서처는 참가자들이 스터디에 지속적이고, 적극적으로 참여하도록 다
양한 방법으로 독려해야 한다.

- 참여 인원은 중도 포기를 고려해 필요한 수보다 반드시 10~15%가량 더 많이 모집한다.
- 참가자들이 스터디를 끝까지 마치도록 지나치게 반복적인 기록을 요구하기보다는 흥미를 잃지 않고 참여할 수 있게 설계한다.
- 계속적인 알림과 격려를 통해 과제를 잊지 않도록 돕는다.
- 참가자가 과제를 이해하지 못하거나 헤맬 경우를 대비해 질문할 수 있는 연락망을 제공한다.
- 기록이 제대로 작성되지 않았다면 미리 공지한 연락망을 통해 추가 질문한다.
- 보통 참가자 인센티브는 리서치 마지막에 지급하지만 다이어리 스터디의 경우에는 지속적인 참여를 끌어내기 위해 스터디를 두세 차례 나누어 진행하고 각 일정에 따라 인센티브를 지급하기도 한다.

어떻게 진행해야 할까

준비하기(2~3주)	다이어리 기록하기(1~4주)	분석하기(2~4주)
리서치 계획서 쓰기(리서치 질문, 다이어리 세부사항)	다이어리 스터디 시작(스터디 목적과 참가 방법 등 설명)	데이터 리뷰하기, 데이터 코딩하기
참가자 조건 확정하고 모집하기	참가자가 성실하게 기록하고 있는지 중간 점검하기	패턴 찾기, 추론하기
커뮤니케이션 방식 선택하고 지시사항 준비하기	필요하다면 스터디 중간 지점이나 마지막에 일대일 인터뷰 진행하기	리포트 준비하기, 발표하기
파일럿 테스트		

커뮤니케이션 방식과 데이터 기록

다이어리 스터디는 다른 기법에 비해 준비해야 할 사항이 많다. 스터디에서 참가자가 정확하게 무엇을 해야 하는지 사전에 제대로 공유하지 않으면 원하는 데이터를 얻기 힘들기 때문이다.

참가자와는 어떻게 의사소통하는 게 좋을까? 먼저 이메일, 문자 메시지, 카카오톡, 페이스북 메신저 등 기존 채널을 이용하는 방법이 있다. 이미지나 비디오 파일을 받아야 하는 경우에는 구글이나 네이버 드라이브를 이용한다. 소셜 미디어나 문자, 카카오톡과 같은 서비스는 개인 계정을 이용하기 때문에 참가자가 꺼려할 수 있지만 비용이 적게 든다. 참가자가 새로운 앱을 설치하거나 사용법을 따로 배우지 않아도 되는 장점도 있다. 또 다른 방법은 다이어리 스터디를 위한 전문 리서치 플랫폼을 이용하여 데이터를 수집하는 방식이다. 알림 발송과 데이터 수집 서비스를 제공하고 일정 부분 데이터 분석까지 해주기 때문에 훨씬 수월하지만 비용이 많이 든다. 그리고 참가자는 새로운 앱을 다운받아야 한다.

데이터 기록은 어떻게 진행할까? 먼저 리서치 질문에 맞추어 아래와 같이 기록 데이터의 형식을 정한다. 주말과 주중, 낮과 밤 시간 사용자의 행동 패턴이 매우 다르다는 것을 명심하고 리서치를 계획하자. 만약 1주짜리 다이어리 스터디라면 수요일쯤 시작해서 과제에 익숙해진 후 주말에 기록할 수 있게 계획하면 좋다.

- 정해진 시간마다 규칙적으로 기록하기: 주중 5일, 주말 2일간 아침, 점심, 저녁에 무엇을 먹었는지 기록한다.
- 특정 행동을 할 때마다 기록하기: 차를 타고 음악을 튼 후에는 항상 기록한다.

- 알림이 올 때마다 기록하기: 알림을 받았을 때, 사용하고 있는 앱이 있다면 무엇인지 기록한다.

지시사항 전달하기

참가자에게 기록 내용, 방법, 예시를 친절하고 자세하게 안내한다. 기록의 형태가 영상이라면 어떻게 제출하는지 역시 알려 준다. 문의사항 관련 연락망도 공유한다. 필요하다면 짧게 전화 통화나 영상 채팅을 통해 참가자가 관련 내용을 완전히 이해하도록 돕는다. 리서처가 직접 리서치 목적을 설명하고 짧게라도 대화를 나누면 스터디 참여율이 올라가고 데이터 품질 또한 향상된다.

11장

카드소팅
Card Sorting

사용자의 인지 구조 이해하기

리서치 유형	샘플링	소요시간
태도적 vs. 행동적	15+명	2~4주
질적 vs. 양적		
탐색적 vs. 평가적		

필요한 정보를 찾기 위해 웹사이트에 들어갔다가 온갖 메뉴를 다 클릭했는데도 원하는 내용을 찾지 못해서 결국 포기한 경험이 있을 것이다. 정보가 사용자 입장에서 정리되어 있지 않기 때문이다. 직관적인 사용자 경험을 제공하려면 사용자를 대상으로 리서치를 실시해야 한다.

카드소팅 기법은 사람들이 어떻게 정보를 분류하고 정리하는지 그 멘탈 모델을 이해하는 것을 목적으로 한다. 웹사이트나 비즈니스 툴처럼 많은 양의 콘텐츠를 담아야 하는 정보 설계 과정에 필수적이다. 신용카드 포인트를 항공사 마일리지로 전환할 수 있는 서비스를 제공하려고 한다. 카드사 웹사이트의 해당 메뉴 버튼 이름을 마일리지 '적립'으로 해야 할까, 마일리지 '사용'으로 해야 할까? 사람들이 정보를 그룹화하는 사고를 이해하면 전체 프로덕트 메뉴를 어떻게 구성할지, 어떤 정보를 넣고 뺄지, 메뉴와 내비게이션 이름을 어떻게 지을지 결정하는 데 도움이 된다. 카드소팅은 탐색적 리서치와 평가적 리서치에서 사용된다.

많은 양의 콘텐츠를 사용자가 이해하기 쉽게 맥락에 맞추어서 분류하는 것을 정보 구조Information Architecture, IA라 한다. IA에는 크게 네 가지 요소가 있다.

- 조직 구조화Organization Structures: 정보를 어떻게 분류하고 구조화할 것인가
- 레이블링 시스템Labeling Systems: 정보를 어떻게 표시할 것인가
- 내비게이션 시스템Navigation Systems: 사용자가 정보를 어떻게 둘러보는가
- 검색 시스템Search Systems: 사용자가 정보를 어떻게 검색하는가

장점	한계
사용자의 멘탈모델을 파악하여 효율적인 정보 설계를 돕는다.	프로덕트 밖에서 독립적으로 진행되기 때문에 프로덕트에 이를 반영했을 때 결과에 차이가 발생할 수 있다.
비교적 간단하고 비용이 많이 들지 않는다.	
사용자에게 레이블링 아이디어를 얻는다.	한 그룹에 함께 분류되었다고 해서 각각의 중요도가 같은 것은 아니다. 사용자는 개별 카드의 영향력까지 계산하지 않는다.
다량의 정보를 구조화하는 데 도움이 된다.	
	모더레이팅이 없는 경우 사용자가 왜 그렇게 카드를 분류했는지 알기 어렵다.

카드소팅은 카드를 분류하는 방식에 따라 세 가지로 나뉜다.

개방형 카드소팅Open Card Sorting

분류 카테고리를 미리 정하지 않고 참가자 자율에 맡긴다. 참가자에게 여러 장의 단어 카드를 지급하고 자연스럽다고 생각하는 카테고리로 분류한 뒤, 각각의 카테고리에 이름을 붙이도록 한다. 개방형 카드소팅은 '탐색적' 리서치에 해당하며 사람들이 정보를 어떻게 이해하고 분류하는지 조사할 때 적합하다.

카드소팅 전

이불	행거
유아동 가구	네온 사인
침실 가구	휴지통
침구 커버	커튼
리빙 박스	블라인드
매트리스	선반/정리대
난방 텐트	천장 등
무드 등	장 스탠드

카드소팅 후

카테고리 A (패브릭)	카테고리 B (정리용품)	카테고리 C (조명)
이불	휴지통	네온 사인
침실 가구	리빙 박스	천장 등
침구 커버	선반/정리대	장 스탠드
커튼	행거	무드 등
카테고리 D (기타)	매트리스	
	난방 텐트	

폐쇄형 카드소팅Closed Card Sorting

미리 정한 카테고리와 단어 카드를 참가자에게 지급한다. 참가자에게 각각의 카드가 어느 카테고리에 속하는지 직관에 따라 분류하게 한다. 폐쇄형은 '평가적' 리서치에 가까우며 프로덕트의 분류 카테고리가 사용자의 멘탈모델과 일치하는지 확인하고자 할 때 유용하다.

카드소팅 전

이불	행거
유아동 가구	네온 사인
침실 가구	휴지통
침구 커버	커튼
리빙 박스	블라인드
매트리스	선반/정리대
난방 텐트	천장 등
무드 등	장 스탠드

카드소팅 후

수납	조명	가구
리빙 박스	장 스탠드	유아동 가구
행거	천장 등	침실 가구
선반/정리대	무드 등	매트리스
휴지통	네온 사인	
침구 커버		
난방 텐트		
이불		

하이브리드 카드소팅 Hybrid Card Sorting

폐쇄형과 비슷하게 미리 정해진 카테고리에 따라 카드를 분류하지만 참
가자가 카테고리를 추가할 수 있다. 확정된 카테고리를 일부 제공하고 나
머지는 참가자가 자유롭게 만들고 이름까지 붙일 수 있도록 한다.

카드소팅 전

이불	행거
유아동 가구	네온 사인
침실 가구	휴지통
침구 커버	커튼
리빙 박스	블라인드
매트리스	선반/정리대
난방 텐트	천장 등
무드 등	장 스탠드

카드소팅 후

수납	조명	가구
리빙 박스	장 스탠드	유아동 가구
행거	천장 등	침실 가구
선반/정리대	무드 등	매트리스
휴지통	네온 사인	
카테고리 A (침실용품)		**카테고리 B (커튼/블라인드)**
난방 텐트	침구 커버	커튼
매트리스		블라인드

주의할 점과 팁

파일럿 테스트를 해서 참가자가 카드에 쓰인 단어와 카테고리의 의미를 쉽게 이해하는지 확인한다.

카드소팅을 두 단계로 나누어 먼저 개방형 카드소팅을 하고 이를 토대로 카테고리를 분류한 후에 폐쇄형 카드소팅을 하는 것도 좋은 방법이다.

어떻게 진행해야 할까

준비하기(1~2주)	테스트하기(1~3일)	분석하기(1~2주)
리서치 계획서 쓰기(리서치 질문과 유형, 테스트 세부사항)	사전 준비(비밀유지계약서 작성, 레코딩 기기 설치, 참가자 인센티브 안내)	결과 리뷰하기
카드 준비하기		패턴 찾기, 추론하기
참가자 조건 확정하고 모집하기	참가자에게 테스트 목적, 카드 소팅 방식, 주의사항 전달하기	리포트 준비하기, 발표하기
파일럿 테스트	테스트 세션: 10~30분	

대면 또는 온라인

먼저 대면과 온라인 가운데 리서치 방식을 선택한다. 그리고 리서치에 테스트를 진행하는 모더레이터를 둘 것인지, 아니면 참가자 스스로 테스트하게 할 것인지 결정한다.

대면으로 진행할 때에는 카드와 카드 분류 템플릿을 준비하고 참가자 옆에서 상황을 설명하고 카드소팅을 하는 법과 지시사항을 알려 준다. 필요하나면 간단하게 인터뷰를 함께 실시하기도 한다.

온라인으로 진행하는 경우에는 파워포인트나 구글 슬라이드로 참가자에게 카드와 템플릿을 공유하여 직접 분류하게 하거나 참가자의 말을 듣고 리서처가 카드를 분류한다. 옵티멀 소트Optimal Sort와 같은 전문 소프트웨어를 이용하기도 한다. 리서처가 단어 카드를 준비하거나 따로 세션을 진행하지 않아도 되기 때문에 편리하다.

카드 준비하기

단어 카드는 몇 장까지 사용할 수 있을까? 참가자의 인지 부하Cognitive Load를 고려해 보통 30~60장 사이에서 결정하는데 폐쇄형 카드소팅인 경우에는 최대 50~60장을 기준으로 한다. 개방형 카드소팅은 30~40장을 넘기지 않는다.

카드는 매 참가자에게 노출되는 순서나 위치를 바꿔서 카드 위치가 결과에 영향을 미치지 않도록 한다. 또한 카드에 같은 단어가 반복되지 않도록 주의한다. 동일한 단어가 보이면 같은 카테고리로 분류할 가능성이 높기 때문이다. 예를 들어, '주방 가전', '주방 조리도구', '커트러리' 이렇게 세 개의 카드가 있으면 '주방'이라는 카테고리에 주방 가전과 주방 조리도구를 넣을 가능성이 높다.

마지막으로 카드에 새로운 콘셉트나 아이디어가 포함되어 있을 시 해당 카드가 무엇을 의미하는지 명확하게 설명한다. 참가자가 카드를 보고 무슨 뜻인지 헤매면 곤란하다.

트리 테스팅Tree Testing

카드소팅과 함께 자주 쓰이는 기법으로 검색이 수월한지 알아보는 트리 테스팅이 있다. 사용자가 특정 정보를 쉽고 빠르게 찾는지, 그 과정에서 어려움은 없는지, 메뉴의 이름을 쉽게 이해하는지 등을 테스트한다. 기존 웹사이트의 사이트맵Site Map이 직관적인지 알아볼 때 자주 사용된다. 카드소팅 결과에 따라 프로덕트를 디자인한 후에 다시 재평가할 때도 활용할 수 있다.

'이 웹사이트에서 화장실에서 쓰는 세제를 구매하려면 어디로 가야 할까요?'와 같은 질문을 던진다. 리서치 참가자는 아래와 같이 계층으로 이루어진 구조에서 특정한 정보를 찾는다. 리서처는 참가자가 어떤 메뉴를 선택해서 들어가는지 관찰한다. 이때 문제에 메뉴 이름을 포함하여 참가자가 쉽게 답을 찾지 않도록 주의한다.

▼	홈 인테리어
▶	욕실용품
▶	침구
▼	세탁/청소용품
☐	빨래용품
☐	청소용품
☐	분리수거함
▶	홈 데코

12장

추가적인
탐색적 리서치

에스노그라피Ethnography

리서치 유형	샘플링	소요시간
태도적 vs. 행동적 질적 vs. 양적 탐색적 vs. 평가적	5~15+명	8~12주

에스노그라피는 문화인류학에서 시작된 리서치 기법으로 연구하는 대상의 문화에 몰입하는 참여자 관찰을 통해 해당 문화를 이해하고 해석한다. 과거 문화인류학자들은 주로 해당 문화권에 몇 년씩 거주하면서 데이터를 수집했다. 프로덕트 개발 주기를 따르는 UX 리서치에서는 몇 년씩 걸리는 조사는 실시하기 어려우므로 훨씬 간략한 방식으로 진행한다.

참여 관찰Participant Observation은 리서처가 특정 문화에 구성원이 되어 일상과 경험, 멘탈모델을 관찰 학습하는 것을 말한다. 참여 관찰을 기본으로 하는 에스노그라피는 잘 알려져 있지 않은 문화를 자세히 연구할 때 적합하다. 병원의 종합적인 시스템을 디자인하는 프로젝트라면 리서처가 일정 기간 병원에서 스텝으로 근무하면서 업무와 관계자들 사이에 일어나는 상호작용, 환자와 보호자가 마주하는 경험을 간접 체험한다. 또 소셜 미디어에 광고를 집행하는 디지털 마케팅 툴을 연구하는 프로젝트에서는 리서처가 디지털 마케터의 사무실에서 며칠 혹은 몇 주간 함께 일하면서 업무 과정, 협업 시스템, 팀워크 등을 관찰한다. 에스노그라피는 특정 참가자만이 아니라 주변 상호작용과 맥락을 파악할 수 있다는 점에서 복잡한 문제에 접근하는 데 유용하다.

UX 리서치에서 에스노그라피는 일반적으로 다음과 같은 특징을 갖는다.

- 참가자의 공간에서 이루어진다. 요즘은 디지털 환경에서 실시되는 경우도 많다.
- 참여 관찰과 인터뷰 모두 진행한다. 사용자 행동과 태도를 장시간 리서치하면서 풍부한 데이터를 수집할 수 있다.
- 리서치 질문은 세부적이기보다는 큰 그림을 다룬다. 해당 주제에 대해 아직 알려진 내용이 많지 않을 때 유용하다.
- 중층기술Thick Description[1]로 구체적이고 맥락을 고려한 데이터를 얻는다.
- 문화 사회적인 배경과 대상을 둘러싼 상호관계를 연구함으로써 다른 리서치 기법으로는 알아내기 힘든 복잡한 문제를 파헤친다.

주의할 점과 팁

연구 범위가 지나치게 넓어지면 수집하는 데이터 양이 엄청나게 늘어난다. 분석 시간은 증가하는 반면 정작 프로덕트에 직접적으로 관련된 인사이트는 그만큼 얻기 어렵다. 데이터 수집과 분석에 시간이 가장 많이 걸리는 기법이므로 무리하게 참가자 수를 늘리지 않도록 한다.

리서치 과정에서 윤리적인 문제가 발생하지 않게 특별히 주의를 기울인다. 참가자의 사생활과 권리를 보호하고 수집한 데이터는 '리서치 윤리'에 맞게 신중하게 다루도록 각별히 조심한다(참고: 19장 데이터 수집하기). 참가자와 해당 문화에 편견을 갖지 않도록 주의한다.

---

1 클리퍼드 기어츠(Clifford Geertz)가 1973년에 출간한 《문화의 해석》에서 소개했다. 에스노그라피의 목적은 중층적인 기술을 통해 표면적인 현상만이 아니라 대상의 배경과 맥락을 모두 고려하는 데 있다. 중층기술이란 인간 행동을 관찰한 결과를 설명하면서 현장에 있지 않았던 사람이라도 이를 잘 이해할 수 있도록 행동 그 자체만이 아니라 문맥까지 포함해 전달하는 것을 가리킨다.

사용자 참여 디자인Participatory Design

리서치 유형	샘플링	소요시간
태도적 vs. 행동적 질적 vs. 양적 탐색적 vs. 평가적	8~15+명	2~4주

코-크리에이션 리서치Co-Creation Research 혹은 코-디자인 리서치Co-Design Re-search라고도 한다. 전략 수립 단계에서 사용자와 함께 아이디어를 구상하고 콘셉트를 발전시키며 인사이트를 얻는 리서치 기법이다. 탐색 단계에서는 다양한 활동을 통해 기존 아이디어를 수정하기도 한다. B2B 프로덕트는 기업 사용자를 대상으로 장기간 리서치 프로그램을 운영하면서 디자인 프로세스에 지속적으로 사용자를 참여시키기도 한다.

일대일 심층 인터뷰를 하거나 여러 참가자를 초대해 워크숍을 연다. 그룹으로 진행하는 경우 다른 사람들의 의견을 듣고 이를 참고하여 아이디어를 발전시킨다. 이때 한번에 참가하는 인원은 6~8명이 넘지 않도록 한다.

리서치 세션에서는 다양한 활동을 자유롭게 구성한다. 여정 지도Journey Map를 함께 만들거나, 모바일 앱의 인터페이스 디자인 요소를 재구성하고 수정한다. 사진을 이용한 콜라주, 브레인스토밍, 왓이프What-If 시나리오 등을 사용하여 참가자의 현재 상황과 고민에 공감하는 시간을 갖는다. 사용자가 생각하는 이상적인 시나리오에는 어떤 요소들이 있는지 살펴보는 것도 좋은 발견으로 이어질 수 있다.

주의할 점과 팁

사용자 참여 디자인을 이용할 때 반드시 기억해야 하는 사항이 있다. 이는 리서치 차원의 아이디어를 얻는 과정으로 프로덕트와 디자인 팀의 업무나 결정권을 사용자에게 떠넘기는 방편이 되어서는 안 된다는 점이다. 사용자가 제시한 아이디어에 전적으로 의존하거나 프로덕트 방향에 대한 고민없이 이를 채택하지 않도록 한다. 사용자 참여 디자인은 그 과정에서 사용자의 멘탈모델, 생각, 불편함을 배우려는 데 목적이 있다. 따라서 리서처는 사용자들이 디자인하는 과정을 주의 깊게 들여다보면서 사용자 인사이트를 도출하고 이를 바탕으로 추후 팀과 함께 아이디어를 구체화한다.

포커스 그룹 디스커션Focus Group Discussions

리서치 유형	샘플링	소요시간
태도적 vs. 행동적 질적 vs. 양적 탐색적 vs. 평가적	5~8명	4~6주

마케팅과 마켓 리서치에서 자주 사용하는 기법으로 UX 리서치에서는 그만큼 쓰이지 않는다. 심층 인터뷰와 다르게 깊이 있는 대화를 이끌어 내기 어렵고 평가적 리서치에는 적합하지 않은 방식이기 때문이다. 하지만 포커스 그룹 디스커션에서는 사람들이 프로덕트나 브랜드에 가지고 있는 개괄적인 생각과 느낌을 짧은 시간 내에 파악할 수 있다. 새로운 분야라서 기존 리서치나 사용자 정보가 부족할 때, 다양한 프로덕트 사용 사

례가 필요할 때, 사용자가 프로덕트를 묘사할 때 어떠한 단어를 사용하는지 알아보고자 할 때 적합하다.

주의할 점과 팁

포커스 그룹 디스커션은 밀도 있게 진행되지 않을 경우 감당해야 하는 리스크가 큰 편이다. 겉핥기 식으로 대화가 이루어지면 의미 있는 인사이트를 도출하기 어렵기 때문이다. 목소리가 큰 사람의 의견이 전체 그룹을 대표하는 것처럼 흘러가기 쉽기 때문에 모더레이터의 역할이 매우 중요하다.

다음과 같은 경우에는 포커스 그룹 디스커션을 리서치 기법으로 선택하지 않는다.

- 프로덕트에 평가적 리서치가 필요할 때
- 프로덕트 만족도나 사용자 의견을 수치로 나타내야 할 때
- 깊이 있는 사용자 의견을 얻고자 할 때
- 리서치 결과로 디자인이나 프로덕트 의사결정을 내려야 할 때
- 참가자가 개인적인 이야기를 하기 어려운 민감한 주제일 때

UX 리서치에서는 전형적인 포커스 그룹 형태에서 벗어난 창의적인 토론의 장을 마련하기도 한다. 그 예로 리서치 주제를 놓고 찬반 토론을 펼치는 모의재판이 있다. 조건에 맞는 참가자를 대상으로 양측 변호사와 배심원단을 모집한다. 변호사 그룹은 주어진 시간 내에 각자의 주장(혹은 각자의 프로덕트)을 뒷받침하는 변론을 준비하여 배심원단을 설득한다. 배심원단은 변론을 모두 듣고 어느 쪽 주장이 더 설득력이 있는지 최

종 평결을 내린다. 이 과정에서 참가자들이 내세운 논리적 근거나 언급한 단어를 통해 프로덕트와 브랜드에 가지고 있는 생각과 의견을 배울 수 있다.

13장

형성적 사용성 테스트
Formative Usability Testing

사용자가 어디서 헤매는지 파악하기

리서치 유형	샘플링	소요시간
태도적 vs. 행동적	5~8명	2~4주
질적 vs. 양적		
탐색적 vs. 평가적		

UTUsability Testing라고 불리는 형성적 사용성 테스트는 참가자가 일련의 태스크를 수행하는 사이 참가자 행동을 관찰하면서 사용성을 진단하는 기법이다. 실무에서는 흔히 사용성 테스트라고 한다. 프로덕트 완성 전 프로토타입 단계에서 평가를 진행하기 때문에 개발 과정에서 반복적으로 피드백을 얻을 수 있다. 이는 사용자를 우선으로 하는 프로덕트를 만들 때 중요한 길잡이 역할을 한다.

여러 프로덕트 팀과 일하면서 프로덕트 개발 후반부에 가서야 사용성 테스트를 하는 모습을 자주 보았다. 물론 이때에도 다음 버전을 위한 인사이트를 얻을 수 있지만 UX 리서치를 제대로 활용하는 것이라 보기는 어렵다. 사용성 테스트의 이점을 살리려면 개발 초반, 중반, 후반 내내 프로덕트가 올바른 방향으로 가고 있는지, 무엇을 개선해야 하는지 계속 확인하면서 작업해야 한다.

사용성은 크게 아래 세 가지 요소로 평가한다. 무조건 정해진 틀을 따르기보다는 리서치 목적을 고려해 유연하게 조정한다.

- 유효성Effectiveness: 태스크를 완료한 참가자가 몇 명인가? 얼마나 많은 오류가 발생했으며, 오류의 정도는 어떠한가?
- 효율성Efficiency: 참가자가 얼마나 신속하게 태스크를 수행하는가? 태스크를 끝내기 위해 정신적 에너지가 필요한가?
- 만족도Satisfaction: 참가자가 프로덕트 경험과 사용성에 만족하는가?

사용성 테스트에서는 주로 질적 데이터를 모으지만 때로는 몇 가지 항목과 관련된 수치를 수집하기도 한다. 이렇게 성과를 측정하면 상대적인 비교가 가능하다. 참가자들이 태스크를 수행한 시간이나 오류 수를 기록하여 문제가 얼마나 심각한지 그 경중을 판단하는 자료로 사용한다.

장점	한계
참가자의 대답에 의존하지 않고 직접 행동을 관찰한다.	질적 리서치의 특성상 통계적으로 유의미하지 않고, 결과 역시 일반화할 수 없다.
적은 수의 참가자만으로도 대부분의 사용성 문제를 찾아낼 수 있다.	테스트가 아닌 실제 환경에서 사용자들이 어떻게 행동할지 예측하지 못한다.
데이터 분석 과정이 짧은 편이라 리서치 인사이트를 프로덕트에 빠르게 반영할 수 있다.	테스트로 드러난 사용성 문제가 출시 후 얼마나 많은 사용자에게 영향을 미칠지 알 수 없다.
상대적으로 시간과 비용이 적게 든다.	

주의할 점과 팁

두 개 혹은 그 이상의 콘셉트를 함께 테스트하는 경우가 자주 있다. 기존 프로덕트와 신규 프로덕트를 비교하기도 하고, 새로운 콘셉트 A와 B를 비교 평가하기도 하는데 이는 두 가지 콘셉트의 장단점을 파악할 수 있다는 점에서 유리하다.

비교 평가는 두 가지 방식으로 진행된다. 같은 참가자가 두 개 이상 복수의 콘셉트를 비교 평가하는 참가자 내 연구Within-subjects Study와 그룹을 나누어 한 참가자가 한 개의 콘셉트를 평가하는 참가자 간 연구Between-subjects Study이다.

테스트로 알고자 하는 내용에 따라 그 방식을 결정한다. 예를 들어 프로덕트에서 배너 광고가 나오지 않게 설정하는 기능을 사용자가 쉽게 알아채는지 확인하고 싶다면 참가자 간 연구가 적합하다. 같은 참가자가 서로 다른 콘셉트를 평가할 경우 앞서 평가한 콘셉트 내용이 뒤에 영향을 미치기 때문이다. 참가자 내 연구를 하는 경우에는 사용자에게 콘셉트를 보여 주는 순서를 임의로 바꾸면서 진행한다. 또한 한 번에 두세 개 이상의 콘셉트를 테스트하지 않는다.

어떻게 진행해야 할까

준비하기(1~2주)	테스트하기(1~2일)	분석하기(1~2주)
리서치 계획서 쓰기(리서치 질문, 테스트 형식)	사전 준비(비밀유지계약서 작성, 레코딩 기기 설치)	레코딩 리뷰, 사용성 문제 찾기
프로토타입 확인하기	테스트 목적과 주의사항 안내하기	리포트 준비하기, 발표하기
시나리오와 태스크 만들기 디스커션 가이드 작성하기	시나리오와 태스크 전달하고 진행하기(세션: 15~90분)	
참가자 조건 확정하고 모집하기	설문조사하기(선택사항)	
파일럿 테스트	관찰자들과 디브리핑하기	

테스트 형식 정하기

사용성 테스트는 진행 방식에 따라 크게 세 가지로 구분된다.

리서처가 대면으로 진행하는 테스트

리서처와 참가자가 얼굴을 마주 보고 진행한다. 바로 옆에서 참가자의 행동을 관찰할 수 있고 추가 질문도 가능하다. 사용자 행동의 구체적인 맥락과 의도를 이해하고자 한다면 리서처가 진행하는 대면 인터뷰가 적합하다.

장점: 실시간으로 이루어지기 때문에 참가자의 이해력과 배경 지식에 따라 인터뷰 시간을 조정할 수 있다. 참가자의 대답을 듣고 추가 질문을 하거나 세부적인 내용을 파고들어 명확한 답을 얻는다.

일반적으로 참가자들은 혼자서 말하는 것보다 리서처의 질문에 답하는 것을 보다 편하게 여긴다.

단점: 리서처가 직접 인터뷰를 진행하므로 시간이 많이 소요되어 참가자 수가 제한적이다. 리서처가 리서치 랩의 다양한 레코딩 장비를 사용할 줄 알아야 한다. 리서처나 참가자가 이동하는 데 시간이 필요하다.

리서처가 원격으로 진행하는 테스트

리서처와 참가자가 서로 다른 장소에서 원격으로 진행한다. 줌Zoom이나 구글 미트Google Meet와 같은 화상회의 툴을 사용한다. 최근에는 원격 리서치가 주를 이루는 추세이다.

장점: 참가자가 인터뷰를 위해 이동하지 않아도 되기 때문에 시간이 절약된다. 참가자 모집에 지역적인 제한이 없어 다양한 배경의 사용자를 모집할 수 있다.

단점: 화상회의와 테스트 플랫폼을 준비하는 데 시간이 오래 걸리거나 기술적인 문제로 진행이 원활하지 않을 수 있다. 준비된 프로토타입이 참가자 디바이스에서 제대로 작동되지 않을 위험이 있다.

리서처 없이 원격으로 진행하는 테스트

언모더레이티드 사용성 테스트Unmoderated Usability Testing라고도 한다. 참가자가 미리 짜인 태스크를 스스로 진행하면서 주어진 질문에 대답한다. 리서처는 테스트가 끝난 후에 레코딩된 내용을 확인한다. 이러한 테스트는 보통 외부 리서치 플랫폼에서 진행하는데 다수의 테스트를 동시에 실시할 수 있기 때문에 빠른 시간에 많은 참가자 데이터를 모을 수 있다. 주로 평가하고자 하는 프로토타입의 작업 흐름이 단순할 때 사용한다. 필요한 참가자 수가 많을 때도 편리하다. 여러 개의 콘셉트를 대상으로 참가자 간 연구를 해야 한다면(예: 6명×4개 그룹＝24명) 리서처가 각각의 테스트를 개별적으로 진행하기 힘들기 때문이다. 다만 리서처가 진행하는 테스트가 적합한 데도 시간이 없다는 이유로 이를 실시하지 않도록 주의한다.

장점: 많은 수의 참가자를 테스트할 수 있다. 모더레이팅이 없으므로 진행 시간을 절약할 수 있다. 테스트가 끝난 후 보통 몇 시간 안에 결과가 나온다. 리서처가 없기 때문에 참가자들이 더욱 솔직하게 생각과 의견을 표현한다.

단점: 시나리오와 태스크를 이해하기 쉽도록 자세하게 설계해야 한다. 참가자가 이를 제대로 파악하지 못할 경우 데이터가 쓸모없어진다. 추가 질문이 불가능하고 참가자에게 전적으로 태스크를 맡기므로 피드백 퀄리티가 떨어질 수 있다.

시나리오와 태스크 작성하기

먼저 참가자가 일상에서 겪을 법한 상황을 다음과 같은 시나리오로 준비한다.

"고양이가 아플 때를 대비해서 반려동물 보험에 가입하기로 결정했습니다. 반려동물 의료보험 웹사이트에서 가장 적합한 보험상품을 찾아 결제까지 진행하도록 하겠습니다."

다음으로 평가 항목과 리서치 질문에 맞추어 여러 개의 태스크를 작성한다. 태스크는 하나씩 전달하고 참가자가 이를 수행하는 과정을 관찰하며 추가적으로 질문한다.

사용성 테스트의 성패는 바로 이 태스크 작성하기에 달려 있다. 먼저 프로덕트에서 평가가 필요한 부분을 선택하고 참가자가 해당 요소를 이용해 태스크를 완료하도록 설계한다. 무엇이 좋은 태스크인지 좀 더 구체적으로 알아보자.

현실적이다. 사용자가 '실제로' 할 법한 행동을 토대로 시나리오와 태스크를 작성한다. 여기서 현실적이어야 한다는 조건은 태스크 간 흐름과 태스크에서 요청하는 내용, 두 가지 모두에 해당된다. 예를 들어 신용카드를 새로 만드는 시나리오라면 신용카드를 신청하기에 앞서 여러 신용카드 정보를 살펴보고 비교하는 과정이 들어 있는 흐름이 자연스럽다. 한번에 신용카드를 여러 장 신청해 달라고 하는 것처럼 사람들의 실제 행동과 거리가 먼 태스크는 지양한다.

구체적이다. 태스크 목적을 자세하고 명확하게 밝힌다. 무작정 '신용카드를 만들어 보세요'라고 하는 태스크보다는 '이번에 자동차를 새로 사게 되었다고 가정하겠습니다. 운전하면서 다양한 혜택을 받을 수 있는 신용카드를 골라 보시겠어요?'라고 하는 태스크가 정보를 얻는 데 효과적이다.

힌트를 주지 않는다. 구체적으로 태스크를 전달하되 인터페이스에 쓰인 단어는 사용하지 않는다. '주유 할인을 받을 수 있는 신용카드를 찾아보세요'와 같은 태스크를 받으면 참가자는 '주유 할인'이라는 키워드가 포함된 키드를 바로 골라낸다.

테스트 목적과 주의사항 안내하기

인터뷰와 다르게 사용성 테스트는 처음 경험하는 참가자에게는 낯설게 느껴질 수 있다. 세션 도입부에 리서처를 소개하고 테스트 목적, 소요시간, 레코딩과 자료 사용에 관한 사항 등 기본적인 내용을 안내한다. 세부적인 내용은 아래와 같다.

참가자가 아니라 프로덕트를 평가하는 것이라는 점을 강조한다. 사용성 테스트는 프로덕트 콘셉트를 테스트하는 데 목적이 있기 때문에 참가자가 태스크를 제대로 수행하지 못하거나 실행하며 헤매는 것은 참가자 능력과 상관없는 프로덕트 문제임을 알린다.

솔직하게 평가해 달라고 부탁한다. 사람들은 상대의 기분을 상하게 하지 않으려고 긍정적으로 말하는 경향이 있다. 가감 없는 솔직한 피드백이 프로덕트 개선에 도움이 된다고 반드시 설명한다. 리서처는 프로토타입을 디자인한 사람이 아니라서 객관적인 평가에도 상처받지 않는다고 강조하는 것도 좋은 방법이다.

'소리 내어 생각하기Think Aloud'를 요청한다. 참가자에게 머릿속에 떠오르는 생각과 감정을 모두 공유해 달라고 한다. 태스크를 수행하는 데 집중하면 본인도 모르게 속으로만 생각할 수 있기 때문에 의식적으로 작은 감정이라도 스스럼없이 말해 달라고 한다.

프로토타입이 가지는 한계를 설명한다. 프로토타입은 테스트 목적으로 만들어졌기 때문에 평소에 사용하는 일반 프로덕트와는 달리 일부분만 클릭할 수 있다는 점을 설명한다.

원하는 피드백이 있다면 도입부에 미리 언급한다. 빠르게 태스크를 수행하기보다 천천히 실행하면서 의견을 충분히 주면 좋겠다거나, 카피를 눈여겨봐 달라고 하는 등 기대하는 피드백 내용을 확실하게 전달한다.

시나리오와 태스크 전달하고 진행하기

다음은 테스트를 진행하면서 주의해야 하는 사항과 몇 가지 팁이다.

질문할 때는 단어 하나도 신중하게 선택한다. "다시 뒤로 돌아가려면 어디를 누르시겠어요?"라고 물으면 참가자는 바로 '뒤로가기' 버튼을 찾는다. "이전에 보던 페이지로 가려면 어디를 누르시겠어요?"라고 인터페이스에 쓰인 단어를 사용하지 않고 질문해야 한다. 미묘한 차이지만 리서처가 테스트 도중 사용하는 단어는 참가자에게 무의식적으로 영향을 미친다.

참가자의 발언보다는 행동에 주목한다. 참가자가 프로덕트에 호감이나 반감을 가질 수 있다. 리서처가 바로 옆에 있어서 부정적인 얘기를 못하거나 헤매는 모습을 보이기 싫어하는 경우도 있다. 따라서 그들이 말하는 내용보다는 실제로 관찰한 행동을 중요하게 고려해야 한다.

참가자에게 무엇을 기대하는지 묻는다. 참가자가 어떤 링크나 버튼을 누르려고 하면 그다음에 어떤 화면이나 내용이 나올 것 같은지 물어보자. 버튼의 이름이 역할을 제대로 하는지 평가할 수 있다.

'왜'라는 질문을 적극 활용한다. '왜' 그렇게 행동했는지, '왜' 그렇게 대답했는지 물어보는 추가 질문은 참가자의 태도와 생각을 알아내는 데 힘을 발휘한다. 수면 아래 있어 알아차리기 힘든 니즈와 소망을 엿볼 수 있다.

참가자의 실수에 집중한다. 실수를 바로 지적하지 않는 게 중요하다. 참가자 스스로 인지할 때까지 기다린다. 참가자가 알아차리지 못한다면 충분한 시간을 기다린 후 어떤 생각으로 그렇게 행동했는지 묻는다. 이를 통해 사람들이 기대하는 바와 프로덕트가 제공하는 경험 사이의 간극을 발견한다.

비언어적 커뮤니케이션에 주목한다. 참가자의 목소리나 제스처, 표정 변화를 놓치지 않는다.

사용성 문제 찾기

모든 테스트가 끝난 후에 관찰자가 기록한 노트와 레코딩된 내용을 바탕으로 분석을 시작한다. 이때 중요한 점은 참가자 행동을 수량화하거나 일반화하지 않는 것이다. 흔히 사용성 테스트에서 참가자 5명 중 4명이 헤매면 일반적으로 80%의 사용자가 이와 같은 어려움을 겪을 것이라 예상한다. 참가자 3명이 실패한 작업이 2명이 실패한 작업보다 시급한 문제라고 우선순위를 단정 짓기도 하나 그러면 안 된다.

사용성 테스트의 목적은 결과를 수량화하거나 미래를 예측하는 것이 아니라 최대한 많은 사용성 문제를 밝히고 그 가운데 무엇을 우선순위에 두고 개선할 것인지 결정하는 데 있다. 이러한 우선순위 결정은 사용자 입장에서 문제가 얼마나 심각한지, 얼마나 자주 일어났는지 등을 근거로 이루어지지만 팀 개발 현황과 다른 비즈니스 상황도 감안해야 한다.

이해관계자에게 사용성 문제를 전달할 때는 사용성 심각도 등급Usability Severity Rating을 이용하면 좋다. 사용성 테스트에서 밝혀진 심각성 정도를 리서치 리포트에 표기해 프로덕트 팀이 이를 참고해 다음 작업의 우선순위를 설정하도록 한다.

구분	의미
중대한 문제 Critical Issue	심각한 사용성 문제로 엄청난 불편함을 야기하므로 프로덕트 출시 전 반드시 해결한다.
온건한 문제 Moderate Issue	문제 정도가 심각하지는 않지만 태스크 수행 시간을 지연시키거나 불편을 일으킨다.
사소한 문제 Minor Issue	미미한 정도의 문제로 약간 불편할 수 있다.
긍정적 피드백 Positive Feedback	참가자가 긍정적으로 반응했거나 의도한 대로 사용자 경험이 이루어졌을 때 표시한다.
참가자 제안 Suggestion	리서치 과정에서 참가자가 새롭게 제안한 내용을 전달한다.

표 13-1 메저링유(Measuring U)에서 제시한 사용성 심각도 등급[1]

---

1 Jeff Sauro, "Rating the Severity of Usability Problems", *Measuring U*, *https://measuringu.com/rating-severity*

14장

총괄적 사용성 테스트
Summative Usability Testing

전체적인 프로덕트 성능 측정하기

리서치 유형	샘플링	소요시간
태도적 vs. 행동적	20+명	4~6주
질적 vs. 양적		
탐색적 vs. 평가적		

총괄적 사용성 테스트는 프로덕트를 사용성 평가지표Usability Metrics에 따라 측정하며 양적 데이터를 모은다. 여러 산업군에 이미 쌓인 데이터가 있기 때문에 이를 사용성 벤치마크로 활용하여 유관 분야의 다른 프로덕트와 자사 제품을 비교 평가한다. 종합적인 프로덕트 성능을 테스트하므로 디자인 프로토타입이 아닌 실제 프로덕트를 사용해야 한다. 따라서 형성적 사용성 테스트와 다르게 어느 정도 개발이 진행됐거나 이미 론칭한 프로덕트에 적합하다.

태스크 수행 시 성공과 실패 비율, 태스크에 걸리는 시간, 에러 발생률,

참가자 만족도 등을 기록한다. 이 같은 항목을 모두 수치화하여 평가하기 때문에 최소 20~25명의 참가자가 필요하다. 리서처가 직접 진행하지 않는 경우가 많다.

장점	한계
평가 결과에 통계적 유의성이 있다.	필요한 참가자 수가 많아서 시간과 비용이 많이 든다.
해당 벤치마크에 따라 프로덕트 사용성을 평가한다.	데이터 분석을 위한 사전 준비가 요구된다.
평가 결과를 수치화하기 때문에 시간에 따라 사용성이 어떻게 변화하는지 추이를 파악할 수 있다.	모더레이팅이 없기 때문에 추가 질문이 불가능하고 심도 있는 피드백을 받기 어렵다.
경쟁사 프로덕트와 비교할 때 유용하다.	

주의할 점과 팁

총괄적 사용성 테스트에는 반드시 비교 대상이 있어야 한다. 그렇지 않으면 결과를 객관적으로 해석하기 어렵다. 예를 들어 태스크 성공률이 54%일 때 비교 대상이 없으면 이 수치가 좋은 것인지 나쁜 것인지 판단하기 힘들다. 동종 업계 다른 프로덕트를 비교 대상으로 테스트하거나 동일한 프로덕트를 여러 차례 시험한 후 결과의 추이를 기록한다. 잘 알려진 연구를 벤치마크로 삼는 방법도 있다. 한 예로 메저링유의 제프 사우로가 정리한 사용성 평가 벤치마크에서 테스트 레벨 평가인 SUSSystem Usability Scale 평균 점수는 68점이다.

어떻게 진행해야 할까

준비하기(2~3주)	테스트하기(1~5일)	분석하기(2~3주)
리서치 계획서 쓰기(리서치 질문, 테스트 형식)	사전 준비(비밀유지계약서 작성, 레코딩 기기 설치)	사용성 평가지표 분석하기
시나리오와 태스크 만들기 디스커션 가이드 작성하기	테스트 목적과 주의사항 안내하기	레코딩 리뷰, 사용성 문제 찾기 리포트 준비하기, 발표하기
사용성 평가지표 결정하기	시나리오와 태스크 전달하고 진행하기(세션: 15~90분)	
참가자 조건 확정하고 모집하기		
파일럿 테스트	설문조사하기(선택사항)	

사용성 평가지표 결정하기

세 가지 사용성 평가지표와 지표별 측정 항목은 다음과 같다.

유효성Effectiveness

사용자가 프로덕트에서 원하는 바를 정확하게 달성할 수 있는가? 에러를 만들지 않고 태스크를 끝낼 수 있는가?

측정 항목

태스크 성공률: 가장 기본적인 평가 항목으로 참가자의 태스크 성공 여부(0=실패, 1=성공)를 기록한다.

에러 수: 태스크를 수행하면서 발생한 에러를 카운트한다. 의도치 않은 행동이나 클릭, 건너뛰는 내용 등을 기록한다.

효율성Efficiency

사용자가 얼마나 신속하게 태스크를 끝내는가? 태스크를 끝내기 위해 두 뇌노동이 필요한가?

측정 항목

태스크에 걸린 시간: 참가자가 태스크를 수행하는 데 시간이 얼마나 걸렸는지 측정한다. 소요시간, 평균 시간, 성공한 태스크에 걸린 평균 시간 등 세부 측정 항목은 테스트 성격에 맞게 결정한다.

만족도Satisfaction

사용자가 프로덕트 경험에 만족하는가? 만족도는 참가자의 주관적인 의견을 바탕으로 한다. 각 태스크나 전체 테스트가 끝난 뒤 설문조사와 비슷한 형식으로 만족도를 측정한다. 개별 태스크를 마친 후 이루어지는 태스크 레벨 평가는 참가자의 기억이 선명할 때 진행된다는 장점이 있다.

측정 항목

사후 시나리오 설문 After-Scenario Questionnaire, ASQ: 세 개 문항으로 이루어져 있다. 태스크 난이도, 소요시간, 태스크 수행 시 필요한 정보 지원 여부를 묻는다.

단일 용이성 설문 Single Ease Question, SEQ: 한 개 문항을 묻는다. 태스크가 얼마나 어려웠는지(혹은 쉬웠는지) 7개 등급으로 용이성 정도를 표기한다.

전체 테스트를 모두 마친 후 실시하는 테스트 레벨 평가는 종합적인 피드백이기 때문에 문항 수가 많은 편이다. SUPR-QStandardized User Experience

Percentile Rank Questionnaire, CSUQComputer System Usability Questionnaire, UMUX
Usability Metric for User Experience 등 종류가 다양한데 이 중에서 많이 사용되는
방식은 SUSSystem Usability Scale이다. 질문은 10개 문항이다.

SUS 문항

- 자주 사용하고 싶다.
- 불필요하게 복잡하다.
- 사용하기 쉽다.
- 사용하려면 전문가의 지원이 필요하다.
- 다양한 기능이 잘 통합되어 있다.
- 일관성이 없다.
- 대부분 사람들은 사용법을 빠르게 배울 것이다.
- 사용하기 번거롭다.
- 사용하는 데 매우 자신 있다.
- 사용하기 전에 많은 것을 배워야 했다.

15장

아이트래킹
Eye Tracking

사용자 시선이 머무는 곳 파악하기

리서치 유형	샘플링	소요시간
태도적 vs. 행동적	6+명(질적 조사)	4~6주
질적 vs. 양적	39+명(히트맵)	
탐색적 vs. 평가적		

사람들은 웹사이트를 볼 때 어디를 먼저 읽을까? 어디에 시선이 가장 오래 머무를까? 자세히 보지 않고 지나치는 대목은 없을까? 중요한 정보는 어느 곳에 배치해야 할까?

간단히 말해 아이트래킹은 사용자의 시선을 추적하는 기술이다. 이를 이용해 사용자의 주의를 끄는 구조로 정보를 구성할 수 있다. 홈페이지, 검색 엔진, 광고, 프로모션 콘텐츠, 온라인쇼핑 사이트에 많이 활용된다.

장점	한계
사용자가 웹페이지에서 집중하는 부분을 알 수 있다.	아이트래킹 장비가 필요하고 결과를 분석하는 데 전문적인 지식이 요구된다.
사용자가 콘텐츠를 읽는지 아니면 단지 훑어보는지 알 수 있다.	모바일 화면은 아이트래킹을 하기 어렵기 때문에 웹사이트에 적합하다.
사용자가 실제로 무엇을 찾고 있는지 파악할 수 있다. 탐색하는 대상이 명확하게 보이지 않으면 사람의 동공 크기가 커지는데 이러한 현상은 사용자가 카테고리 종류가 많은 새로운 웹사이트에 접속했을 때 나타난다.	사용자가 특정 부분에 시선을 두더라도 주의 깊게 살펴보는 것인지 확신하기 어렵다. 짧은 시간 동안 별 생각 없이 시선을 고정하는 때도 있기 때문이다.
	사용자가 대상을 바라보는 이유를 알 수 없다.
여러 사용자 그룹의 웹사이트 이용 패턴을 비교할 수 있다.	참가자 특성이 결과에 영향을 미칠 수 있다. 사용자가 안경이나 하드렌즈를 착용했거나, 동공이 작거나, 시선이 불안정거나, 표정이 풍부하다면 예외적 결과가 도출될 수 있다.

주의할 점과 팁

아이트래킹을 고민 중이라면 꼭 필요한 상황인지 심사숙고해서 결정하자. 비용이 많이 들고 숙련된 전문가가 아니면 의외로 쓸모 있는 데이터를 얻기 힘들다. 기본적인 사용성 테스트를 충분히 실시한 후에 추가 리서치가 필요한 세부사항이 있다면 그때 진행한다. 질적 사용성 테스트와 병행하면 한층 의미 있는 결과를 얻을 수 있다.

참가자가 아이트래킹 기구를 착용하고 세션을 진행하는 동안 방해받지 않아야 정확한 데이터를 얻는다. 사용성 테스트에서 강조하는 '소리 내어 생각하기' 테크닉은 여기에는 해당되지 않는다.

어떻게 진행해야 할까

준비하기(1~3주)	테스트하기(2~4일)	분석하기(2~3주)
리서치 계획서 쓰기(리서치 질문, 테스트 세부사항)	사전 준비(자료수집 방식 설명, 비밀유지계약서 작성, 레코딩 기기 설치)	데이터 분석하기
사용성 평가지표 결정하기		측정 기준에 맞추어 패턴 찾기
참가자 조건과 샘플링 숫자 정하기	참가자에게 아이트래킹 기기 착용시킨 후 연습 태스크 실시하기	리포트 준비하기, 발표하기
참가자에게 아이트래킹 기법 설명하고 동의 구하기	시나리오와 태스크 전달하고 진행하기(세션: 15~90분)	
리서치 랩에 아이트래킹 기기 설치하기	설문조사하기(선택사항)	
파일럿 테스트	관찰자들과 디브리핑하기	

사용성 평가지표 결정하기

다음은 시선 추적 결과를 분석하는 대표적인 방법이다.[1]

히트맵Heat Map**:** 참가자의 시선이 어디를 향하는지, 얼마나 오래 머무르는지 컬러를 이용해 시각적으로 보여 준다.

게이즈 플롯 Gaze Plot**:** 안구가 어떤 방향과 순서로 움직이는지 추적한다. 보통 참가자의 시선은 잠시 동안 주목했다가 빠르게 이동한다. 붉은 점이 집중한 부분이며 붉은 선은 시선의 이동 경로를 나타낸다.

---

[1] "Improving the User Experience", *Usability.gov*, *https://www.usability.gov/how-to-and-tools/methods/eye-tracking.html*

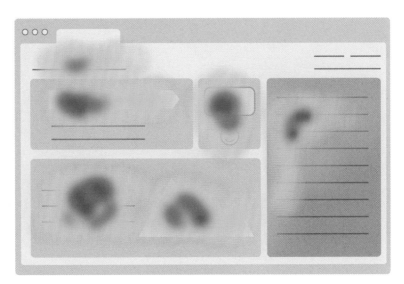

그림 15-1 히트맵

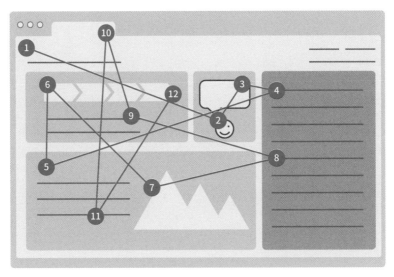

그림 15-2 게이즈 플롯

16장

추가적인
평가적 리서치

콘셉트 평가Concept Evaluation

리서치 유형	샘플링	소요시간
태도적 vs. 행동적	5~12명	2~3주
질적 vs. 양적		
탐색적 vs. 평가적		

새로운 아이디어나 기능이 사람들이 기대하는 바에 부합하는지 알아내거나 프로덕트 내용을 수정할 때 콘셉트 평가가 도움이 된다. 현재 사용자가 겪는 주요한 불편을 해결하기 위해 여러 가지 아이디어를 논의하고있다고 하자. 아이디어를 발전시켜 프로덕트나 기능으로 출시하기까지수많은 회의와 의사결정이 필요한데 이 과정에서 방향을 잡는 데 유용한리서치가 바로 콘셉트 평가이다.

프로덕트 개발 초기인 아이디어 단계에서 이루어진다는 점에서 탐색적리서치의 성격도 함께 가지고 있다. 참가자가 프로덕트를 '어떻게 사용하는지'에 포커스를 두는 사용성 테스트와는 다르게 참가자가 프로덕트를'어떻게 생각하는지' 파악하는 데 주력한다. 구체적인 수정 사항보다는개선 방향을 발견하는 것이 목적이다.

주의할 점과 팁

콘셉트 평가는 프로덕트의 초기 아이디어를 사용자 의견을 바탕으로 수정하기 위한 것으로 평가적 리서치 기법으로서의 타당성은 낮다는 사실을 기억하자. 참가자들이 긍정적인 피드백을 주었다고 해서 아이디어가성공할 것이라고 확신하거나, 부정적인 의견이 많다고 아이디어를 폐기하는 것은 섣부른 판단이다. 참가자의 의견과 평가에 귀 기울이고 이를 전략과 디자인에 반영하되, 콘셉트 평가 결과를 토대로 고민 없이 의사결정을 하는 실수를 범하지 않도록 주의한다.

평가 결과를 일반화하거나 이를 바탕으로 미래를 예측하지도 않도록 한다. 긍정적인 반응이 다수여도 프로덕트 출시 후에 사용자들이 해당 콘셉트를 좋아하고 실제로 프로덕트를 사용할지 알 수 없다. 콘셉트 평가는 탐색적 리서치와 평가적 리서치의 중간적 성격을 갖고 있다. 프로덕트 개발 중간 단계에서 다음 단계 전략을 짜기 위해 사용자 의견을 청취할 때 쓸모 있다. 따라서 리서치 질문 역시 사람들이 '왜' 그렇게 생각하는지 본질적인 문제에 집중해 작성하면 보다 유의미한 인사이트를 얻을 수 있다.

콘셉트 평가는 주로 사용성 테스트와 비슷하게 참가자에게 프로덕트 아이디어나 콘셉트를 보여 주며 대화를 진행하는 것이 일반적이다. 평가 대상으로 하는 내용과 범위는 매우 다양하다. 아이디어를 간단하게 한두 이미지로 구현하거나 와이어프레임을 제작한다. 또는 텍스트로 이루어진 가치 제안Value Proposition을 바탕으로 리서치를 실시하기도 한다.

게릴라 사용성 테스트Guerrilla Usability Testing

리서치 유형	샘플링	소요시간
태도적 vs. 행동적 질적 vs. 양적 탐색적 vs. 평가적	5+명	1~3일

예약 확인 페이지에 문구 하나를 추가했다. 사용자가 오해 없이 잘 이해하는지 알고 싶다. 오류 화면에 새롭게 들어간 아이콘이 있다. 사용자가

디자인한 의도대로 받아들이는지 궁금하다. 이럴 때 몇 주씩 기다려서 리서치를 진행할 시간이 없다면 게릴라 사용성 테스트가 적절하다. 공원이나 길거리와 같은 장소에서 지나가는 사람들을 대상으로 간단하게 리서치를 실시한다(이러한 이유로 인터셉트 리서치Intercept Research라 불리기도 한다). 사람들에게 잠깐 시간을 내달라고 요청한 후 리서치 목적을 설명한다. 참가 동의를 얻은 다음 리서치를 하고 끝난 후에는 소정의 증정품이나 기프트 카드를 전달한다. 프로덕트 사용자가 많이 방문하는 오프라인 장소를 찾으면 참가자 모집에 유리하다. 비즈니스 유저가 사용하는 프로덕트라면 관련 분야 컨퍼런스에서 참가자를 모집하는 것도 추천한다. 게릴라 사용성 테스트의 가장 큰 장점은 리서치 준비에 드는 시간을 절약하고 하루 이내에 필요한 데이터를 수집할 수 있다는 점이다. 또 리서치 경험이 없거나 프로덕트를 사용해 본 적이 없는 사람들의 솔직하고 생생한 피드백을 들을 수 있는 것도 매력적이다.

주의할 점과 팁

게릴라 사용성 테스트가 가지는 한계도 인지해야 한다. 먼저 참가자 조건을 설정할 수 없기 때문에 특정 사용자를 대상으로 하는 리서치는 불가능하다. 또 복잡한 작업 흐름이나 인터랙션이 포함된 평가도 적합하지 않다. 따라서 제대로 된 콘셉트 평가나 사용성 테스트가 필요하지만 시간이 없다는 이유로 게릴라 테스트를 진행하지 않도록 주의한다.

휴리스틱 평가Heuristic Evaluation

리서치 유형	샘플링	소요시간
태도적 vs. 행동적 질적 vs. 양적 탐색적 vs. 평가적	5+명	1주

휴리스틱 또는 발견법이란 시간적 제약이나 불충분한 정보로 인해 합리적인 판단을 내릴 수 없거나 체계적인 판단이 굳이 필요하지 않을 때 빠르게 사용할 수 있는 간편 추론의 방법이다. 휴리스틱 평가란 사용성 측면에서 이런 휴리스틱이 준수되고 있는지 테스트하는 것이다. 실제 사용자가 아니라 내부나 외부에서 미리 선정된 평가자가 참여한다. 평가자는 주로 사용성 전문가로 UX 디자인 원칙User Experience Design Principles에 따라 프로덕트를 테스트한다. 프로덕트가 최상의 사용자 경험을 전달하는지, 프로덕트에 내재된 약점이 있는지 꼼꼼하게 살핀다.

많이 쓰이는 UX 디자인 원칙으로 제이콥 닐슨Jakob Nielsen의 10가지 사용성 휴리스틱이 있다.[1]

1. 시스템 가시성

   디자인을 보면 무슨 일이 일어나고 있는지 사용자가 항상 알 수 있어야 하며 시스템 상태 관련 피드백은 적절한 시간 내에 이루어져야 한다.

2. 시스템과 실제 세계의 조화

   디자인은 사용자의 언어로 표현되어야 한다. 내부에서 사용하는 전문 용어를 피하고 사용자에게 친숙한 단어와 문장, 콘셉트를 사용하자.

---

[1] Jakob Nielsen, "Usability Heuristics for User Interface Design", *NN/g*, *https://www.nngroup.com/articles/ten-usability-heuristics/*

실제 사용되는 관례를 따라 자연스럽고 논리적인 순서로 정보를 배열한다.

3. 사용자 선택권 및 자유도

   사용자는 실수로 원하지 않는 버튼을 누를 수 있다. 이럴 때 복잡한 절차 없이 빠져나올 수 있는 '비상구'가 필요하다.

4. 일관성과 표준

   프로덕트에서 사용하는 단어나 액션은 동종 산업 내 관습적으로 쓰이는 내용을 따른다. 사용자로 하여금 그 의미를 고민하게 하지 않는다.

5. 오류 방지

   좋은 오류 메시지를 전달하는 것도 중요하지만 그보다 오류가 발생하지 않도록 사전에 방지하는 편이 낫다. 오류가 빈번하게 생기는 환경을 없애거나 사용자가 특정 행동을 취하기 전에 확인을 받고 넘어간다.

6. 기억보다 인지

   사용자가 기억에 의존해야 하는 일을 최소화하자. 프로턱트 내 여러 장소에 흩어져 있는 정보를 기억하지 않아도 되도록 디자인 요소를 사용하고 해당 옵션을 가시화한다. 정보는 필요할 때 쉽게 다시 볼 수 있어야 한다.

7. 유연성과 효율성

   빈번하게 사용하는 기능을 단축키로 제공하면 숙련된 사용자의 작업 속도를 높일 수 있다. 이는 사용자에게 선택권을 줌으로써 초보 사용자와 숙련된 사용자 둘 다 만족시키는 설계이다.

8. 아름답고 심플한 디자인

인터페이스에 불필요하거나 관련 없는 정보를 넣지 않는다. 화면에 추가되는 모든 정보는 핵심적인 정보와 경쟁하며 그 가시성을 떨어뜨린다.

9. 사용자가 에러를 인지하고, 진단하고, 빠져나오게 돕기

에러 메시지는 이해하기 쉬운 언어로 표현되어야 하며(에러코드 사용 금지) 해당 문제를 정확하게 나타내고 해결책을 제시해야 한다.

10. 도움말 및 참고문서

시스템에 추가 설명이 필요하지 않다면 가장 좋겠지만, 사용자가 태스크를 마칠 수 있도록 도와주는 문서(도움말, 고객센터)를 제공해야 할 수도 있다.

주의할 점과 팁

실제 사용자를 대상으로 하는 리서치가 아니라는 사실을 명심하자. 따라서 단독으로 사용하기보다는 사용자 리서치를 하기 전과 후에 보완적인 기법으로 활용하는 게 좋다.

3부

UX 리서치
프로젝트 가이드: 후반전

후반전은 본격적으로 득점을 올리는 시간이다. 실전에서 바로 활용할 수 있도록 UX 리서치 프로젝트의 시작부터 끝까지 단계별로 안내한다. 여기서 다루는 리서치 준비, 샘플링과 참가자 모집, 데이터 수집, 데이터 분석, 인사이트 공유, UX 워크숍 내용을 충분히 익히고 실행하면 UX 리서치 프로젝트의 에이스가 될 수 있다.

17장

리서치 준비하기

모든 프로젝트는 리서치 계획서를 쓰면서 시작된다

리서치 준비 단계에서는 크고 작은 해야 할 일이 많은데 일반적인 내용은 다음과 같다.

1. 리서치 계획서 작성하기
2. 킥오프 미팅하기
3. 사전 준비 활동(선택사항)
4. 디스커션 가이드 쓰기

모든 프로젝트는 리서치 계획서를 만들면서 첫발을 뗀다. 한두 시간 내에 이루어지는 간단한 게릴라 사용성 테스트부터 여러 문화를 아우르는 글로벌 에스노그라피까지 모든 프로젝트는 리서치 계획서를 채우면서 모양새를 갖춘다. 리서치 계획서는 주로 리서처가 작성하며 팀과 협의하에 리서치 목표, 리서치 질문, 리서치 방법, 참가자 모집 계획, 예상 결과물 등 관련 내용을 구체적으로 명시한다.

　왜 리서치 계획서를 반드시 써야 할까? 리서치 계획서는 프로젝트 기간 동안 리서처에게 등대와 같다. 프로젝트를 진행하다 보면 다양한 변수와 예기치 않은 상황으로 인해 집중이 흐트러지기 쉬운데 그럴 때마다 리서치 계획서에 작성한 리서치 목표와 질문을 보며 중심을 잡을 수 있다. 실제로 주니어 리서처 시절 필드에서 자료를 수집할 때, 엄청난 정보량에 압도되거나 리서치 주제와 관계없는 흥미로운 데이터에 집중력이 흐려지는 일이 많았다. 이때 리서치 계획서를 기준으로 삼으면 불필요한 시간과 에너지 낭비를 피할 수 있다.

　리서치 계획서의 또 다른 중요한 역할은 프로젝트가 올바른 방향으로 진행될 수 있도록 팀원 및 이해관계자들과의 소통에 필요한 도구가 되는 것이다. 따라서 리서치 계획서를 작성한 후에는 관련된 모든 사람에게 전달하고 꼭 피드백을 받도록 한다.

리서처마다 계획서를 작성하는 스타일이 다른데 정해진 답이 있지는 않다. 어떤 리서처는 문서 한 장에 간략하게 내용을 담는 것을 선호하고 어떤 리서처는 여러 장에 걸쳐 구체적이고 세세하게 정리하는 것을 좋아한다.

다음은 리서치 계획서에 기본적으로 포함되는 정보이다.

[리서치 계획서] 프로젝트 이름

프로젝트 날짜

리서처 이름

배경

리서치를 시작하게 된 배경은 무엇이며 왜 리서치가 필요한지 설명한다. 프로덕트 전략이나 디자인 방향, 기존 리서치 등 관련 자료가 있다면 요약하여 기재한다. 프로젝트의 당위성을 논리적인 흐름에 맞게 잘 정리하면 나중에 결과 리포트를 작성할 때 시작 부분에 활용할 수 있다.

비즈니스 목표

프로덕트 팀이 추구하는 목표가 무엇인지, 달성하고자 하는 성과 지표가 있는지, 어떤 비즈니스 문제를 해결하고자 하는지 적는다. 팀 OKR이 있다면 그것과 연결해 목표를 제시한다.

리서치 목표

리서치를 통해 궁극적으로 얻고자 하는 성과가 무엇인지 목표를 세운다. 최종적인 결과물을 염두에 둔다는 점이 다음 항목인 리서치 질문과 다르다.

리서치 질문

프로젝트에서 가장 중요한 항목으로 리서치 목표보다 세부적으로 쓴다. 리서치에서 대답하고자 하는 핵심 질문을 담는다. 리서치 계획서의 뼈대가 되는 요소인만큼 충분한 시간을 들여서 적고 프로젝트 팀과 함께 리뷰한다. 리서치로 얻은 대답이 프로덕트 의사결정에 어떤 영향을 미치는지 생각하면서 작성하면 필요한 질문을 놓치지 않을 수 있다.

리서치 기법

여러 리서치 기법 중 어떤 방법을 선택하여 리서치를 진행할 것인지, 필요하다면 왜 그러한 기법을 선택했는지 간략하게 근거를 설명한다. 해당 기법의 한계점을 적기도 하는데 이는 이해관계자들과 리서치 결과물에 대한 기대치를 맞추는 데 도움이 된다.

참가자 모집 방법과 기준

구체적인 샘플링 숫자와 조건, 참가자 모집 계획을 명시한다. 몇 명의 참가자를 어떤 방식으로 모을 것인지, 어떤 조건을 가진 참가자가 필요한지, 참가자 내부에 세부 그룹이 필요한지 자세히 기록한다. 어느 지역에서 리서치를 진행하는지, 글로벌 리서치의 경우에는 해당 나라와 그 나라를 선택한 이유를 간략하게 적는다.

프로젝트 일정

전체적인 진행 일정을 정리한다. 킥오프, 체크인 미팅, 참가자 모집 시작, 프로토타입 전달, 필드워크, 최종 리포트 발행 등 주요 일정을 적어 두면 효율적으로 프로젝트를 추진하는 데 유용하다.

다음은 선택적으로 들어가는 내용이다.

예상 결과물

리서치가 끝나고 공유되는 결과물이 어떤 내용과 형식을 취하는지 미리 정리하면 프로젝트가 경로를 이탈하지 않고 계획대로 진행될 확률이 높아진다. 또한 결과물에 대한 사전 협의가 이루어지면 팀에 필요한 인사이트를 집중적으로 찾을 수 있다. 만약 리서치 프로젝트에 이해관계자의 승인이나 협조가 필요한 상황이라면 예상 결과물에 대한 정보를 앞서 제시한다.

분석 계획

데이터를 어떻게 분석할지 구상하면 전체 프로젝트를 보다 효율적으로 운영할 수 있다. 특히 설문조사와 같은 양적 리서치에서는 분석 계획을 자세하게 적을수록 불필요한 문항을 줄이고 효율적인 리서치를 할 수 있다.

가설

리서치 실행 전 도출한 가설이 있다면 리서치 계획서에 적고 결과가 나온 후 검증한다. 기존 리서치, 다른 팀 프로젝트의 인사이트나 행동 데이터 분석, 고객 센터에서 얻은 정보 등을 이용하여 가설을 세울 수 있다. 필요하다면 가설 수립을 위한 워크숍을 진행한다.

프로젝트 팀 구성과 역할

프로젝트가 커질수록 역할 분담이 필요하다. 누가 무엇을 담당하고 언제 협업이 이루어지는지 구체적으로 적는다. 글로벌 리서치나 컨텍스추얼 인쿼리와 같이 참가자를 방문하는 리서치 기법은 반드시 구성원의 역할과 책임을 나누도록 한다.

이해관계자

프로젝트에 관여하는 사람이 누구인지 정리한다. 각자에 해당되는 리서치 프로젝트의 책임 수준을 표시하기도 한다. 상황에 따라 RACI(Responsible: 실무자, Accountable: 의사결정자, Consulted: 조언자, Informed: 보고 대상자)에 맞추어 정리한다.

커뮤니케이션 계획

프로젝트가 장기로 진행되거나 여러 단계로 이루어져 있다면 커뮤니케이션 계획을 세운다. 급박한 개발 환경에서 이러한 계획은 이해관계자들이 적재적소에 리서치를 활용할 수 있게 돕는다.

예산

예산 승인이 필요할 때는 프로젝트 비용이 얼마나 드는지 명시한다.

킥오프 미팅으로 프로젝트 출발 알리기

프로젝트 팀과 이해관계자를 모아 킥오프 미팅을 진행하면서 공식적으로 프로젝트의 출발을 알린다. 주로 프로덕트 매니저, 디자이너, 데이터 사이언티스트 등 프로덕트와 관련된 이해관계자들을 초대한다. 미팅의 목적은 크게 두 가지이다. 하나는 멤버들 모두 리서치 목표와 질문을 이해하고 동의하는지 확인하는 것이다. 각자 팀이나 역할, 관심사에 따라 추가적인 요청사항이나 강조하는 리서치 질문이 있기도 한데 이는 기록했다가 리서치에 반영한다.

킥오프 미팅의 또 다른 역할은 리서치 프로젝트를 홍보하는 데 있다. 미팅에 모인 사람들은 프로덕트 방향을 결정하는 이들이다. 리서치에서 도출된 인사이트를 프로젝트에 반영하기 위해서는 먼저 이해관계자들을 리서치 결과물로 설득해야 한다. 리서치의 시작 단계부터 이들을 프로젝트에 참여시키면 리서치 결과물의 신뢰도와 활용도를 끌어올릴 수 있다.

보다 단단한 리서치를 위한 활동

기존 리서치 통합하기

전혀 새로운 분야를 리서치하는 것이 아니라면 조직에 축적된 정보가 있을 것이다. 새로운 리서치 프로젝트를 시작하기에 앞서 이미 알고 있는 것과 모르는 것을 구분하는 작업이 필요하다. 그래야만 바로 옆 팀에서 혹은 몇 년 전 다른 리서처가 연구한 주제를 힘들게 반복하는 일을 피할 수 있다. 새로운 조직에 들어갔거나 팀이 바뀐 경우라면 더욱 긴요한 작업이다.

특정 주제에 대해 리서치 계획을 세우기 전에 최근 몇 년간 어떤 리서치 프로젝트가 진행되었는지, 다른 팀 리서치에서 해당 주제와 관련해 얻을 만한 인사이트가 있는지 모든 자료를 모아 검토한다. 궁금한 점을 리서치 질문 형태로 만들어 이에 답하면서 인사이트를 통합하면 효과적이다. 모은 자료를 토대로 1~2장짜리 문서나 짧은 슬라이드로 내용을 요약 정리하고 팀과 공유한다.

가설 세우기

이전 리서치나 데이터 분석을 통해 알려진 사용자 행동 패턴이 있다면 이를 가설로 세워 리서치 종료 후 검증하는 단계를 가진다. 또 직관적인 프로덕트 전략이나 기발한 아이디어가 있을 때 리서치에서 도출된 인사이트가 이를 뒷받침하는지 알아보는 것도 좋은 방법이다.

만약 리서치 목적이 인과관계를 밝히는 실험 연구라면 시작 단계에서 반드시 가설을 먼저 세운다. UX 리서치 기법 중에서는 설문조사가 대표적이다.

데이터 사이언티스트가 주로 실행하지만 A/B 테스트도 인과관계 리서치에 들어간다. 이 기법은 과학적 리서치의 진행 방식을 따르는데 가설을 설정한 후 가설에 사용된 개념을 측정하는 변수를 정한다. 실험이 끝나면 변수 간의 관계를 규명하고 결론을 도출한다.

데스크 리서치

경쟁사, 타깃 소비자, 트렌드 분석 등 주제와 연관된 다차원적 자료를 취합하면 보다 수월하게 리서치 방향을 잡을 수 있다. 예를 들어 온라인 협업툴에 관한 리서치를 진행한다면 먼저 직장에서의 협업이 어떻게 변화했는지, 다른 경쟁 서비스는 어떻게 협업을 수월하게 하는지, 또 전문가들은 10년 후 협업 비즈니스를 어떻게 내다보는지 등 배경지식이 되는 자료를 모은다. 리서치 주제가 새로운 영역이거나 개발 프로덕트가 전문지식을 필요로 하는 엔터프라이즈 소프트웨어라면 더욱 쓸모 있는 정보를 취합할 수 있다.

데스크 리서치는 현장에서도 큰 도움이 된다. 아는 만큼 보이기 때문에 사용자에게 질문을 던지기 전에 최대한 많은 배경지식을 쌓고 현장에 가면 사용자와 훨씬 수월하게 대화할 수 있다.

문헌 연구

문헌 연구를 통해 리서치 디자인, 가설 수립, 데이터 수집 등 리서치 과정에서 참고할 만한 내용이 있는지 알아보자. 탐색적 리서치라면 적용 가능한 사회적 이론이 있는지 찾아본다. 행동경제학, 소비자 심리학, 경영학, 사회학, 인류학, HCI 분야에서 수차례 실험과 검증을 거친 이론에 기대는 것이다.

스포티파이에서 일할 때, 사용자들이 어떠한 패턴으로 스포티파이를 습관처럼 매일 사용하게 되는지 리서치한 적이 있다. 행동 설계 연구에서 자주 인용되는 니르 이얄Nir Eyal의 훅 모델Hook Model은 계기Trigger - 행동Action - 보상Reward - 투자Investment 네 가지 단계를 반복하면서 새로운 습관이 자리 잡는 과정을 설명한다. 문헌 연구로 알게 된 훅 모델을 바탕으로 스포티파이의 특정 요소들이 각 단계에서 사람들을 어떻게 움직이는지 밝혀 냈다.

이해관계자 인터뷰

보통 조직 내에 리서치 주제와 사용자 그룹에 대한 전문지식을 가지고 있는 사람들이 있다. 이들을 사전 인터뷰해서 정보를 수집하면 실제 사용자를 만나기 전에 귀중한 정보를 얻을 수 있다. 예를 들어 세일즈나 마케팅 직원에게는 타깃 사용자 그룹과 비즈니스 성과지표 관련 데이터를, 고객서비스 직원에게는 고객들이 자주 하는 요청이 무엇인지 들어 볼 수 있다.

리서치 주제가 복잡하고 광범위할 때도 이해관계자 인터뷰를 시도해 보자. 사용자의 불만을 알고 싶다면 주요한 소비자 접점을 담당하는 이해관계자들을 만나 본다. 광대한 리서치 주제를 구체적이고 뾰족하게 가다듬을 수 있다.

사용자 공감 워크숍

사용자 공감 워크숍은 주로 리서치 종료 후 도출된 인사이트를 바탕으로 진행되는 경우가 많지만 리서치 시작 전에 이루어지기도 한다. 여러 팀의 이해관계자에게 사용자와 관련된 단편적인 정보들이 흩어져 있을 시 다

같이 모여서 그 조각들을 맞춰 보는 시간을 갖는다. 이때 워크숍의 목적은 사용자에 대해 알고 있는 영역과 모르는 영역을 구분하여 리서치 질문을 구체화하고 필요하다면 사용자에 관한 가설을 세우는 것이다.

어떤 사용자 그룹을 리서치 대상으로 해야 할지 확실하지 않을 때에도 사용자 공감 워크숍이 유용하다. 현재 파악한 내용을 바탕으로 임시적인 타깃 사용자를 브레인스토밍 한 뒤에 그중에서 주력해야 하는 소그룹을 선택한다.

세부 문서 준비하기

이제 실제 필드워크에서 어떻게 리서치를 진행할지 구체적인 그림을 그려야 할 차례다. 질적조사라면 디스커션 가이드를, 양적조사라면 설문 문항을 준비한다.

다음은 리서치 기법에 따라 준비해야 하는 문서다.

리서치 종류	리서치 기법	준비사항
질적 리서치	심층 인터뷰, 컨텍스추얼 인쿼리	디스커션 가이드
	다이어리 스터디	다이어리 작성법, 과제
	카드소팅	테스트용 카드, 디스커션 가이드
	에스노그라피, 사용자 참여 디자인	관찰 가이드, 디스커션 가이드
	사용성 테스트	태스크 목록, 디스커션 가이드
양적 리서치	설문조사	설문조사 문항
	총괄적 사용성 테스트	태스크 목록, 벤치마크, 평가지표

표 17-1 리서치 기법과 준비사항

디스커션 가이드 작성 요령

자주 쓰이는 디스커션 가이드 작성법을 좀 더 자세히 알아보자. 디스커션 가이드는 리서치 진행 과정에서 참고하는 문서로 인터뷰 질문, 태스크, 참고 사항을 적어 둔다. 인터뷰 방식과 순서를 고려하여 작성하고 파일럿 테스트를 통해 수정한다.

대표적인 UX 리서치 기법인 인터뷰와 사용성 테스트에서 참고하는 디스커션 가이드는 다음과 같은 요소로 구성된다.

도입: 인터뷰에 들어가기 전 준비사항과 참가자에게 전달해야 하는 내용을 미리 적어 두어 빠뜨리지 않도록 한다.

- 인터뷰 준비를 위한 체크리스트
    - : 비밀유지계약서 확인
    - : 레코딩에 참가자 동의 얻기
- 참가자 전달 사항
    - : 리서처와 관찰자 소개
    - : 리서치 목적과 내용, 세션 시간
    - : 기타 사항(솔직하게 인터뷰에 임해 달라고 부탁한다, 평가적 리서치에서 참가자는 평가 대상이 아님을 강조한다.)
    - : 시작 전 질문 받기

배경 인터뷰: 본격적인 주제에 들어가기에 앞서 라포르를 쌓기 위해 배경 인터뷰를 짧게 진행한다.

- 직업, 가족관계, 취미, 최근 관심사 등 참가자를 파악할 수 있는 질문을 던진다. 이때 불편하게 느낄 수 있는 개인적인 내용은 묻지 않는다.

- 주제와 관련된 가벼운 개인적인 질문은 괜찮다.

중심 주제와 질문: 부문별로 나누어 흐름에 맞추어 진행하며 리서치 기법에 따라 진행 방식이 달라진다.

- 탐색적 리서치는 보편적인 질문에서 시작해서 세부적인 내용으로 진행한다. 인터뷰의 흐름이 자연스럽고 논리적으로 이어지도록 한다.
- 평가적 리서치는 시나리오와 태스크를 전달한 후 관찰한다. 태스크 중간 혹은 완료 후에 참가자 행동에 대해 추가 질문한다.

마무리
- 마지막으로 전체적인 평가와 의견을 듣는다.
- 관찰자가 전달한 질문을 물어본다.
- 리서처에게 궁금한 점이 있는지 확인한다.
- 참가자에게 감사 인사를 전한 후 참가 인센티브를 지급한다.

자연스러운 질문의 힘

리서치로 사용자를 알아 가는 과정은 소개팅에서 상대를 살피는 것과 매우 비슷하다! 이는 질적 리서치인 인터뷰뿐만 아니라 양적 리서치인 설문조사도 마찬가지이다. 전체적인 흐름이 어색하지 않고 원활하게 구성되도록 신경 써야 하고 어떤 질문을 던져 원하는 데이터를 끌어낼 것인지 고민이 필요하다.

두 사람 A와 B가 소개팅을 목적으로 만났다. 카페에 먼저 와 있는 B를 발견한 A가 인사를 건네면서 자리에 앉는다. 서로 가볍게 통성명을 하고 대화를 시작한다. A가 묻는다. "연봉이 얼마나 되세요?" B는 당황스럽다.

만난 지 몇 분 되었을까? 이름 외에 아는 것도 별로 없는 사람에게 연봉을 말하고 싶지 않다.

필드워크 구성 팁 1: 개인적이거나 민감한 주제는 참가자와 충분히 라포르를 쌓은 후에 질문한다. 참가자가 처음부터 리서처에게 마음을 열고 깊은 대화나 사적인 이야기를 나눠 줄 거라고 기대하지 말자.

A는 계속 묻는다. 커피를 좋아하는지, 종교는 있는지, 부지런한 편인지 두서없이 질문한다. B는 계속 당황스럽다.

필드워크 구성 팁 2: 인터뷰 질문은 전체 주제에 맞게 체계적으로 구성한다. 주제와 관련이 없는 질문은 피하고 질문과 질문이 자연스럽고 매끄럽게 이어지게 한다.

A가 다시 묻는다. "주말에는 무얼 하면서 시간을 보내시나요?" 드디어 소개팅에서 주고받는 평범한 질문이 나왔다. B는 최근 주말을 떠올려 본다. 지난주에는 교외에 나가서 친구들과 패러글라이딩을 했고 그 전 주말에는 밀린 빨래를 하며 넷플릭스에서 영화를 봤다. "아, 네. 그냥 이것저것 하면서요." A는 생각한다. 이제 어떻게 대화를 이어 가야 하지? 잠시 침묵이 흐른다.

필드워크 구성 팁 3: 상황을 일반화하는 대답을 유도하는 질문을 피하고 구체적인 사건 중심으로 물어보자. 어떻게 질문하는지에 따라 대답의 깊이가 달라진다.

18장

샘플링과
참가자 모집하기

누구를 리서치할 것인가?

이제 리서치에 참여할 사용자를 모을 차례다. 참가자 모집은 시간이 많이 걸리기 때문에 충분한 여유를 가지고 진행해야 한다. 리서치 기법과 참가자 조건에 따라서 최소 1~2주, 길게는 3~4주 정도 소요된다. 만약 리서치 오퍼레이션 팀이 있다면 준비 과정에 많은 부분 도움을 받을 수 있다. 참가자 모집은 누구를, 몇 명이나, 어떻게 모을지 순서대로 정리하면 수월하다. 질적 리서치와 양적 리서치의 모집 방식이 다르지만 참가자 기준을 정하고 샘플링 수를 결정하는 과정은 공통적이다.

어떤 사용자 그룹을 대상으로 리서치를 진행할지 생각해 보고 이해관계자들과 협의하여 결정한다. 프로젝트 주제에 따라 타깃 그룹의 세부사항을 나열한 후 참가자 조건으로 설정한다. 행동적 리서치는 참가자 모집이 쉬운 편이다. 사용자 의견을 듣는 것보다 프로덕트를 경험하는 행동을 직접 관찰하는 데 목적이 있기 때문에 기본적인 조건만 만족한다면 세부사항을 소상하게 규정할 필요가 없다. 반면 심층 인터뷰나 다이어리 스터디처럼 참가자가 기술하는 내용에 의존하는 태도적 리서치는 샘플링 기준을 조금 더 신중하게 고민해야 한다. 샘플링 그룹이 전체 사용자를 완벽하게 대표하는 것은 불가능하지만 타깃 사용자 그룹을 최대한 대변할 수 있게 설정한다.

참가자 조건

프로덕트 경험 여부와 행동 유형: 참가자가 현재 프로덕트를 어떻게 사용하고 있는지(혹은 사용하고 있지 않은지)를 보여 주는 행동 정보는 참가자를 구분 짓는 가장 좋은 기준이다. 신규 가입자, 충성 고객, 해지 고객, 특정 페이지 방문자, 특정 기능 사용자 등 현재 행동에 따라 다양하게 구분한다. 이메일 마케팅을 자동화하는 엔터프라이즈 솔루션에 관하여 리서치한다면 먼저 관련 업무를 담당하는 비즈니스 사용자 중 5년 이상 해당 프로덕트를 사용한 사람을 참가자 후보로 선정한다. 그런 뒤에 그중에서도 애널리틱스 대시보드를 일주일에 한 번 이상 사용하는 사람으로 범위를 좁혀 나간다.

테크놀로지와 디바이스 종류: 모바일, 노트북, TV, 게임 콘솔, 스마트 디바이스 등 주제에 맞는 기기와 시스템을 사용하는 사람을 모집한다. 모바일이라면 iOS와 안드로이드로 분류한다. 또 원격으로 이루어지는 리서치는 참가자가 해당 소프트웨어를 지원하는 환경을 갖추고 있는지 확인해야 한다.

리서치 주제에 대한 흥미: 주제와 관련한 평소 태도와 행동에 따라 참여 여부를 결정한다. 사진을 편집하는 앱에서 새로운 소셜미디어 연동 기능을 리서치한다면 평상시에 찍은 사진을 어떻게 보관하고 공유하는지 물어보고, 답변에 따라 기준에 맞는 참가자를 추린다.

관련 분야 전문가: 프로덕트에 전문적인 지식을 가지고 있는 사람은 보통의 사용자 그룹을 대표하기 어렵다. 따라서 해당 산업이나 테크 관련 종사자, 리서치 및 광고 마케팅 전문가는 모두 제외한다.

추가 고려 사항

인구 통계 특성: UX 리서치는 마케팅 리서치와 달라서 나이, 성별, 지역, 교육 수준 및 소득과 같은 인구통계학적 특성보다는 사용자 행동에 더 큰

의미를 둔다. 미국 서부에 사는 20대 고졸 남성과 한국에 거주하는 40대 대졸 여성의 서비스 구독 해지 경험에 과연 큰 차이가 있을까? 게다가 질적 리서치는 이러한 차이를 밝히는 데 적합하지 않다. 따라서 참가자가 일부 특성에 몰리지만 않도록 균형 있게 조절한다. 물론 10대 청소년의 카메라 앱 사용법이나 동남아시아 문화의 부동산 거래 유형 등과 같이 리서치에 따라 인구통계학적 특성이 중요한 때도 있다.

의사소통 성향: 오랜 시간에 걸쳐 기준에 적합한 참가자를 찾았는데 인터뷰에서 계속 "예", "아니요", "잘 모르겠는데요"라고 단답형으로만 대답한다면 난감할 것이다. 반대로 주제에 벗어난 이야기를 장황하게 늘어 놓는 것도 곤란하다(한번은 참가자에게 자기소개를 부탁했는데 끝나고 나니 15분이 지나 있었다). 이런 상황을 방지하기 위해 사전 조사를 하는데 스크리너 마지막에 서술형 질문을 넣기도 하고(내 인생에서 영화란? 이상적인 휴가는 어떤 모습인가요?) 자기소개 셀프 비디오를 미리 요청하거나 사전에 통화하며 의사소통 스타일을 파악한다.

리서치 참여 경력: 인센티브를 목적으로 아르바이트처럼 계속해서 리서치에 참여하는 사람들이 있다. 잘못된 것은 아니지만 리서치에 자주 참여하지 않은 지원자에게 보다 진정성 있는 답변을 들을 수 있기 때문에 반복적으로 리서치에 참여하는 사람은 선호하지 않는다. 필요하다면 최근 비슷한 주제의 리서치 경험이 있는 참여자는 걸러내도록 한다.

샘플링, 몇 명이 필요할까?

"8명이 참가한 리서치 결론을 일반화할 수 있나요?", "사용성 테스트에는 최소 몇 명의 참가자가 필요한가요?"

UX 리서치를 하면서 자주 듣는 질문이다. 리서치 주변 관계자들이 가장 궁금해하는 내용이기도 하다. 적정한 샘플 크기는 프로젝트 성격마다 다르고 정해진 답은 없지만 고맙게도 수많은 연구 결과를 기반으로 한 '업계 가이드라인'이 있다. 궁금증을 참기 어려운 분들을 위해 결론을 먼저 말하고 자세한 내용은 뒤에 설명하겠다. 이는 어디까지나 가이드라인이기 때문에 참고하는 차원에서 알아 두고 각각의 프로젝트 목적, 성격, 환경에 맞게 세부사항을 결정하자.

샘플 크기 퀵 가이드라인[1]

- 평가적 리서치는 기존 리서치 데이터를 토대로 한 최소 참가자 수 벤치마크 정보가 있다.
  - : 형성적 사용성 테스트는 5명의 사용자면 충분한 경우가 대부분이다. 시간과 비용에 제한이 있는 게 아니라면 보통 5~8명 정도 모집한다.
  - : 총괄적 사용성 테스트의 최소 참가자 수는 20명이다.
  - : 아이트래킹의 최소 참가자 수는 39명이다. 안정적인 히트맵을 도출하기 위한 수치이다.
  - : 카드소팅의 최소 참가자 수는 15명이다.

- 탐색적 리서치는 참가자에게서 새로운 정보가 나오지 않는 데이터 포화Data Saturation에서 멈추는 게 원칙이다. 기존 프로젝트 경험에 비추어 참가자 수를

---

1 Jakob Nielson, "How Many Test Users in a Usability Study?", *NN/g*, *https://www.nngroup.com/articles/how-many-test-users*

유연하게 조정한다.

: 심층 인터뷰의 최소 참가자 수는 보통 8~12명이다. 참가자 그룹이 여럿이라면 각 그룹당 8~12을 모집한다.

: 포커스 그룹 디스커션의 최소 참가자 수는 그룹당 5~8명이다. 보통 3~5개 그룹 규모로 진행한다.

• 양적 리서치의 샘플링은 통계적 유의성Statistical Significance과 응답률Response Rate을 고려해서 설계한다. 표본 크기 계산기를 이용하면 손쉽게 최소로 필요한 응답자 수를 구할 수 있다.

샘플 크기와 대표성은 왜 중요할까? 물론 리서치 대상 집단(모집단Population)에 해당되는 구성원 모두에게 물어본다면 가장 이상적일 것이다. 이를 전수조사라고 한다. 하지만 현실적으로 그렇게 하기 어렵기 때문에 해당 그룹을 대표하는 사람들(표본집단Sample)을 뽑아 그 데이터를 바탕으로 결과를 추론한다. 따라서 샘플 크기에 합당한 근거가 있어야 리서치의 타당도가 높다고 할 수 있다.

하지만 UX 리서치는 전통적인 형태의 리서치와는 방식과 목적이 다르다는 점을 기억하자. 트래비스와 호지슨은 《UX 리서치》에서 우리에게 중요한 점은 대표 표본을 선정하는 것이 아니라 대표성을 띤 리서치를 수행하는 것이라고 말한다. UX 리서치에서는 오랜 시간을 들여 대표 표본을 정확하게 지정하는 것보다 효율적인 표본 추출을 통해 신속하게 결과를 내고 이를 프로덕트에 반영하는 게 중요하다는 뜻이다.

따라서 UX 리서치에서는 샘플링 기준을 전통적인 리서치에 비해 유연하게 조정하는 편이다. 디지털 프로덕트 개발은 한 번에 끝나지 않고 반

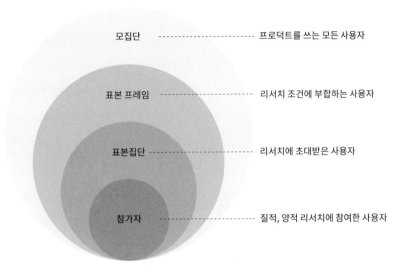

그림 18-1 UX 리서치 샘플링의 원리

복적인 디자인 과정을 거치는데 리서처들은 이러한 반복적인 디자인 프로세스의 힘에 기대 보다 융통적으로 프로젝트를 진행한다.

지금부터는 리서치 종류와 기법에 따른 샘플 크기 가이드라인을 자세히 살펴보겠다.

평가적 리서치 샘플 크기

문제점을 발견하기 위한 사용성 테스트에는 매직넘버 5가 존재한다. "정말 5명이면 충분할까?" 대답은 "많은 경우에 그렇다"이다. 참가자 5명이면 웹사이트, 솔루션, 모바일 앱 등 프로덕트 종류에 관계없이 인터페이스에 존재하는 문제점의 85%를 발견할 수 있다. 사용성 분야에서 권위 있는 전문가인 제이콥 닐슨은 1993년도 논문을 통해 참가자가 한 명씩 늘어날 때마다 사용성 테스트로 밝혀낼 수 있는 문제점의 수가 어떻게 변

하는지 밝혔다.[2]

　아래 그래프에서 보듯이 참가자가 5명이 될 때까지는 발견된 사용성 문제가 증가하다가 그 이후부터 곡선이 완만해진다. 이 그래프를 보고 15명을 리서치해서 문제점을 모두 찾으면 완벽하겠다고 생각할 수 있지만 테스트에 들어가는 비용과 시간을 고려하면 그다지 좋은 선택이 아니다. 여섯 번째 참가자부터는 앞에 5명에게서 발견된 문제가 반복해서 나타나고 새롭게 드러나는 문제는 점점 줄어들기 때문이다. UX 분야 내에서도 매직넘버 5에 의문을 제기하는 의견이 있다. 5명 넘게 테스트를 진행했을 때 새로운 문제점이 계속 드러났다는 것이다. 그러나 개발 프로세스 중간에 프로덕트 방향성을 잡는 것이 리서치 목적이라면 완벽한 한 번의 사용성 테스트보다 개발을 진행하면서 여러 차례 반복하는 테스트가 훨씬 유용하다.

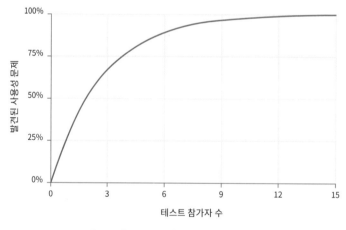

그림 18-2 참가자 수에 따른 사용성 문제 발견 비율

2　Jakob Nielson, "Card Sorting: How Many Users to Test", *NN/g*, *https://www.nngroup.com/articles/card-sorting-how-many-users-to-test*

다른 성격 혹은 행동 성향을 가진 여러 그룹이 리서치에 참가할 때는 그룹당 참가자 수가 5명보다 적은 3~4명이 적당하다고 닐슨은 조언한다. 여러 그룹 사이에 공통적으로 겹치는 부분이 있고 각 그룹의 특정 행동을 관찰하기에도 3~4명이면 충분하다는 것이다.

물론 매직넘버 5가 적용되지 않는 예외의 경우도 있다. 5명이라는 숫자만 기억하고 모든 리서치에 이 룰을 적용해서는 안 된다. 각각의 리서치 기법이 가지는 특성을 기반으로 목표로 하는 오차범위와 신뢰수준을 고려하여 샘플 크기를 정한다.

- 사용성 기준Usability Benchmark에 맞추어 평가하는 총괄적 사용성 테스트의 최소 참가자 수는 20명이다.
- 아이트래킹에서 게이즈 플롯을 밝히는 것은 5명의 참가자로 가능하다. 하지만 안정적으로 히트맵을 도출하기 위한 최소 참가자 수는 39명이다.[3]
- 카드소팅의 최소 참가자 수는 15명이다. 사용성 테스트처럼 5명의 참가자를 대상으로 하는 경우 0.75의 상관관계가 있고 15명을 대상으로 하는 경우 0.90의 상관관계에 도달할 수 있다.[4]

탐색적 리서치 샘플 크기

탐색적 리서치(심층 인터뷰, 컨텍스추얼 인쿼리 등)에는 평가적 리서치와 다르게 명확한 샘플 크기 가이드라인이 존재하지 않는다. 데이터 포화 지점까지 리서치를 진행하는 게 원칙이다. 다만 해당 지점을 미리 예측

3　Jakob Nielson, "How to Conduct Eyetracking Studies?", *NN/g, https://www.nngroup.com/reports/how-to-conduct-eyetracking-studies*
4　Jakob Nielson, "Card Sorting: How Many Users to Test", *NN/g, https://www.nngroup.com/articles/card-sorting-how-many-users-to-test*

하기 어렵기 때문에 리서치 질문과 프로젝트 성격에 따라 8~12명 내에서 리서치하는 것이 일반적이다. 이는 동일한 한 집단을 연구할 때 적용되는 사항이다. 다른 성격을 가진 여러 그룹을 리서치한다면 참가자 수는 그만큼 배로 늘어나야 한다. 다이어리 스터디는 장기간에 걸쳐서 진행되므로 낙오자가 생기는 점을 감안해 필요 인원의 10~15%의 참가자를 추가로 모집한다.

양적 리서치 샘플 크기

양적 리서치에서 가장 자주 쓰이는 설문조사 기법의 경우 아래 과정을 거쳐 표본 크기를 결정한다. 크게 두 가지, 최종적으로 얻고자 하는 응답자 수와 리서치 방식에 따른 응답률을 참고하여 계산한다.

1. 모집단의 크기를 파악한다.
2. 리서치 결과가 얼마나 정확해야 하는지 고려하여 신뢰수준과 오차범위를 결정한다.
3. 위 정보를 바탕으로 표본 크기를 계산한다.
4. 마지막으로 설문조사 응답률을 예상하여 몇 명에게 설문조사를 의뢰해야 할지 계산한다(예를 들어 필요한 응답자 수가 1,000개라고 하자. 그리고 지난번 비슷한 조건의 이메일 설문조사에서 설문에 응했던 사람들의 비율이 2%였다면 원하는 응답자 수를 얻으려면 50,000명에게 설문조사 이메일을 보내야 한다).

신뢰수준과 오차범위는 통계적 유의성에 기반한다. 통계적 유의성이란 리서치 결과가 단순한 우연이 아니라 확률적으로 의미가 있는 것을 뜻한다. 이것을 유의확률P-value[5]로 나타내는데 예를 들어 95%의 유의확률이라고 하면 5%의 확률로 실험 결과가 단순히 우연일 수 있다는 뜻이다. 보통 이 오차는 5%를 넘어가지 않도록 한다. 표본 크기를 구하는 공식은 다음과 같다.

$$표본\ 크기 = \frac{\dfrac{z^2 \times p(1-p)}{e^2}}{1 + \left(\dfrac{z^2 \times p(1-p)}{e^2} \right)}$$

N = 모집단 크기　　　e = 오차 한계(십진수 형식의 백분율)　　　z = z점수

표본 크기 공식

다행히 공식을 몰라도 괜찮다! 웹에 검색하면 표본 크기를 자동으로 알려주는 계산기를 어렵지 않게 찾을 수 있다.[6] 계산기에 모집단 크기, 신뢰수준, 오차범위를 넣으면 표본 크기를 바로 알 수 있다.

리서치 참가자 모집하기

리서치 참가자를 얼마나 효율적으로 모을 수 있는지에 따라 프로젝트 속도가 결정된다. 프로젝트 목적과 참가자 조건에 맞추어서 다양한 방법으로 사람을 모으는데 자주 사용되는 몇 가지 방법을 소개하겠다.

기존 사용자 이메일로 초청하기

참가자 조건에 프로덕트와 관련된 구체적인 행동이 포함되어 있다면(최근 한 달간 이커머스 사이트에서 특정 상품군을 지속적으로 구매한 소비

5　유의확률은 측정된 통계치와 같거나 더 극단적인 결과가 표본에서 관측될 확률이다.
6　*https://ko.surveymonkey.com/mp/sample-size-calculator*

자) 스크리너에만 의존해서는 참가자를 모집하기 어렵다. 특정 기준에 해당되는 사용자 리스트를 얻을 수 있다면 데이터 사이언티스트와 협업하여 사용자 목록을 받는다. 보통 이메일이나 앱 메시지를 보내 리서치 프로젝트에 초대한다. 사용자의 프라이버시를 보호하기 위해 마케팅이나 리서치 이메일에 수신 동의한 사람에게만 연락한다.

참가자 프로그램

많은 글로벌 기업이 자체적으로 참가자 모집 프로그램을 운영하고 있다. 구글 리서치Google Research에서는 상시적으로 참가자를 모집하는데 프로젝트가 시작되면 리서처들이 프로그램에 소속된 지원자들에게 연락한다. IBM의 스폰서 유저 프로그램Sponsor User Program은 단기 계약처럼 운영되는데 모집이 까다로운 비즈니스 사용자 대상의 장기 리서치를 할 때 유용하다. 리서치 프로젝트 기간 내내 정기적인 미팅을 열어 리서치를 진행하고 참가자는 그 대가로 개발된 프로덕트를 미리 써보거나 요금 할인 혜택을 받는다.

리쿠르팅 에이전시와 온라인 플랫폼

가장 빠르고 편한 방법이다. 참가자 조건을 명확하게 정리해 전문 에이전시에 의뢰한다. 온라인 리크루팅 플랫폼도 사용하기 수월한 편이다. 스크리너를 이용해 리서치 조건에 적합하지 않은 사람은 거르고 조건에 맞는 지원자만 남길 수 있다. 프로필을 확인한 후 샘플링 계획에 맞추어 프로젝트에 초대한다. 만약 브랜드나 프로덕트의 이름을 밝히지 않는 블라인드 리서치라면 리쿠르팅 에이전시를 통해 참가자를 모집하도록 하자.

스크리너 쓰기

스크리너Screener는 조건에 부합하는 리서치 참가자를 선정하기 위해 사용하는 설문조사로 지원자 가운데 원치 않는 대상자를 거르는 필터 역할을 한다. 참가자 조건 관련 문항을 질문지로 구성해 다수의 참가자 후보에게 보낸다. 각 문항마다 리서처가 원하는 대답이 정해져 있기 때문에 프로그램을 사용해 오답을 고른 사람은 탈락시키고 조건에 부합하는 사람만 남긴다.

참가자 안내

참가자가 결정되면 정해진 커뮤니케이션 채널을 통해 다음과 같은 리서치 세부사항을 전달한다. 보통 이메일이나 문자 메시지를 사용하며 전화나 모바일 메신저를 쓰기도 한다.

- 리서치 날짜, 시작 시간, 종료 시간
- 리서치 장소
- 사용하는 툴이나 플랫폼에 대한 상세한 설명(원격 인터뷰)
- 리서치 주제
- 리서치 진행자(모더레이터나 담당자 이름을 공유하면 좋다)
- 준비 내용(인터뷰 사전 과제)
- 비밀유지계약Non-Disclosure Agreement, NDA
- 레코딩 관련 공지

노쇼 방지

참가자 모집이 끝났다고 해서 안심하기는 아직 이르다. 참가자가 리서치 당일에 나타나지 않을 수 있기 때문이다. 이를 방지하기 위한 팁을 소개한다.

- 리서치 하루나 이틀 전에 이메일이나 문자, 전화를 통해 참석 여부를 확인한다.
- 메일을 보낼 때는 리서처나 리쿠르팅 담당자의 실명을 사용해 스팸 메일처럼 보이지 않도록 한다.
- 리서치 랩 약도와 오는 길을 설명하고 헤맬 때를 대비해 미리 담당자 연락처를 알려 준다.
- 리서치 장소가 참가자의 집인 컨텍스추얼 인쿼리의 경우에는 더욱 꼼꼼하게 준비사항을 확인한다.
- 중요 프로젝트라면 백업 참가자를 모집해 만약의 사태에 대비한다.

참가자 보상

리서치 참가자들에게 리서치에 들인 시간과 노력에 대한 감사의 표현으로 선물이나 인센티브를 제공한다. 요즘은 일반적으로 디지털 상품권을 지급한다. 금액은 프로젝트 내용과 참가자에게 요구되는 사항에 따라 유동적으로 책정한다. 리서치 랩에서 이루어지는 인터뷰보다 참가자의 집이나 사적인 공간을 이용하는 컨텍스추얼 인쿼리일 때 인센티브가 높다. 또한 쉽게 만날 수 없는 사용자나 전문가 인터뷰일 때도 인센티브가 올라간다. 비즈니스 사용자들은 법적인 문제로 금전적 인센티브를 받지 못하는 때도 있으니 미리 알아보는 것이 좋다. 이럴 경우에는 리서치 참여 조건으로 해당 프로덕트를 일정 기간 무료로 제공하기도 한다.

인센티브만큼 리서치에 참가하는 사람들에게 감사하는 마음을 갖는 것도 중요하다. 참가자의 시간과 노력을 존중하는 자세를 갖춰야 한다. 한 조사[7]에 의하면 참가자들은 리서치에 응하는 이유를 1. 흥미로워서 2. 새로운 분야를 배울 수 있어서 3. 주제에 관심 있어서 4. 프로덕트에 의견을 반영하기 위해서 5. 금전적 보상 때문에 순으로 꼽았다. 금전적인 인센티브만이 동기가 아니라는 이야기다. 보상을 한다고 해서 고용인의 자세를 가져서는 안 된다. 사람들이 시간을 투자해서 리서치 문항에 답하는 노력에 고마워하는 마음을 가져야 한다.

리서치 윤리

리서처는 연구 내용과 참가자의 권리를 지키는 한편 이를 명확하게 알려야 하는 의무가 있다. 과거 심리학, 사회학, 인류학 등 사회과학 분야의 리서치 프로젝트에서 참가자가 심리적으로 고통받거나 참가자의 프라이버시가 침해되는 사례가 있었다. 따라서 의료 및 인문사회과학에서는 사람을 대상으로 리서치를 시작하기 전에 반드시 임상연구윤리센터Institutional Review Board, IRB에서 연구계획을 승인받는 것을 원칙으로 한다.

디지털 분야에서 이루어지는 UX 리서치는 상대적으로 참가자의 권리가 침해될 위험이 낮은 편이다. 그렇지만 UX 리서치 역시 사람을 상대로 하기 때문에 반드시 참가자 보호에 대한 내용을 숙지하도록 한다. 특히 사회적 약자를 대상으로 하는 때에는 각별히 주의를 기울여야 한다. 어린

---

7 Annelies Verhaeghe and Liesbeth Dambre, "What can participants tell us about the state of market research?", *InSites Consulting, https://insites-consulting.com/what-can-participants-tell-us-about-the-state-of-market-research*

이나 청소년을 대상으로 리서치할 때는 반드시 보호자와 함께 해야 하며 어린이의 인지발달에 영향을 미칠 수 있는 요소를 모두 검토한다.

미국 테크 기업에서는 리서처를 포함하여 리서치에 참여하는 모든 직원이 의무적으로 '리서치 윤리' 수업을 들어야 한다. 특히 구글에서는 리서치 윤리를 대단히 중요하게 여긴다. 참가자와 프로덕트 팀의 이해관계에 차이가 발생했을 때 어떻게 행동해야 할지 확실하지 않다면 언제나 참가자의 이익을 우선시하라고 안내한다.

리서치 윤리는 조직마다 세부사항이 다르지만 다음 내용은 공통적인 항목으로 반드시 지켜야 한다. 참가자의 권리를 중요하게 여기는 주요 테크 회사에서는 이를 위반하는 경우 해고 사유가 될 수 있을 정도로 엄중하게 처리하는 편이다.

위험요소를 인지하고 사전에 방지한다. 참가자가 어떤 형태로든 피해를 입어서는 안 된다. 리서치가 미치는 장기적인 위험 역시 고민한다. 위험요소의 성격은 다양한데 신체적이거나(달리는 차 안에서의 인터뷰) 심리적인(관찰자들 앞에서 창피함을 느끼는 질문) 부분을 모두 고려해야 한다. 또한 개인정보가 새어 나가는 프라이버시 침해가 발생하지 않도록 주의한다.

숨기지 않는다. 리서치 목적과 의도를 사전에 참가자에게 거짓 없이 밝힌다. 참가자의 솔직한 의견을 듣기 위해 리서처의 직업이나 회사 이름을 바꾼다거나 원래 리서치 목적과 다르게 내용을 설명하는 일이 없게 한다.

참가자의 의사를 존중한다. 참가자는 언제든지 리서치를 중단할 수 있다. 그 누구도 리서치 참여를 강요받아서는 안 된다. 리서치 당일에 참가자가 세션 녹화를 꺼려한다면 리서처는 참가자의 의사를 존중해 녹화하지 않고 리서치를 진행하며 참가자에게 이에 따른 불이익을 주어서는 안 된다.

참가자 프라이버시를 보호한다. 데이터를 수집할 때 이메일, 주소, 전화번호와 같은 개인식별정보Personal Identifiable Information, PII를 묻지 않는다. 참가자 모집 시 연락을 위해 수집한 것은 괜찮지만 필드워크에서는 이를 문의하지 않는다. 주민등록번호, 여권번호, 신용카드 정보와 같은 기밀개인정보Sensitive Personal Identifiable Information, SPII는 절대 수집하지 않도록 주의한다.

참가자 데이터를 신중하게 다룬다. 필드워크가 끝난 후 수집한 데이터는 어떻게 처리해야 할까? 먼저 리포트에 참가자의 신분이 노출되지 않도록 한다. 가짜 이름을 사용하면 참가자를 유추하기 어렵다. 사진, 동영상, 녹취록 등 필드워크에서 수집한 데이터는 리서처 관리하에 신중하게 공유한다. 또한 프로젝트가 끝나고 일정 시간이 지나면 데이터를 폐기하여 참가자 정보가 유출되는 사고가 생기지 않도록 미연에 방지한다.

19장

데이터 수집하기

리서치 세션 준비

드디어 모든 준비를 마치고 리서치를 하러 현장에 출동할 차례다. 리서치 프로세스에서 가장 역동적인 과정이다. 현장은 사내에 위치한 리서치 랩일 때도 있고 참가자 집이나 학교, 카페, 자동차 안일 때도 있다. 또 길거리에서 즉석으로 참가자를 섭외하거나 가끔은 멀리 해외에 있는 사용자를 만나러 팀원들과 여행을 떠나기도 한다. 그곳이 어디이든 프로덕트에 영감을 주는 사람들을 만나는 건 설레는 일이다. 늘 예상하지 못했던 답변과 행동으로 리서처와 팀에 새로운 사실을 깨우쳐 준다.

19장에서는 참가자를 직접 만나는 질적 리서치 필드워크와 고려사항을 주로 다룬다. 설문조사, A/B 테스팅과 같은 양적 리서치는 참가자를 직접 만나지 않고 데이터 수집 역시 비교적 간단하기 때문에 이 장 뒷부분에서 간략하게 다룬다.

파일럿 테스트는 필수

준비된 디스커션 가이드를 바탕으로 모의 인터뷰를 진행한다. 대화가 자연스럽게 흘러가는지, 참가자가 태스크를 잘 이해하는지, 시간이 적절하게 분배되는지 등 전체적으로 리서치를 점검하는 중요한 시간이다. 파일럿 테스트가 끝나고 수정 사항을 반영할 수 있도록 실제 인터뷰 전에 충분한 시간을 두고 진행한다.

인터뷰 참가자가 참석한 가운데 파일럿 테스트를 실시하면 가장 좋지만 어려울 때는 조직 내 사람에게 부탁하기도 한다. 이때는 같은 프로덕트 팀에서 일하는 동료가 아닌 다른 직군이나 부서 사람을 섭외한다.

레코딩 기기 준비하고 시험하기

인터뷰를 모두 진행했는데 기기 문제로 녹화가 되지 않았다면 리서처에게 이만큼 악몽 같은 일은 없을 것이다. 특히나 예전에는 캠코더로 인터뷰를 녹화했기 때문에 외장하드와 배터리를 따로 챙기고 녹화가 잘 되었는지 중간중간 확인하느라 번거로웠다. 다행히 요즘은 다양한 온라인 레코딩 툴이 있고 사용하기도 쉬워서 부담이 많이 줄었다.

어떤 기기나 툴을 사용할지 결정하고 난 후에는 반드시 여러 번 테스트해서 녹화하는 법을 미리 숙지한다. 실제 리서치가 이루어지는 장소의 구조를 고려하여 카메라 위치와 동선도 미리 정해 둔다.

팀 역할 분담하고 템플릿 준비하기

리서처의 지휘 아래 각자 역할을 구분하고 해야 할 일을 정리한다. 모더레이터가 정해지면 주요 사항을 기록하는 노트테이커Note Taker를 결정하는데 세션이 많을 때는 돌아가면서 한다. 참가자 관찰이 필요한 경우에는 비디오를 녹화하고 사진 찍는 사람을 따로 지정한다.

미리 노트테이킹 템플릿을 만들면 리서치 중간에 효율적으로 내용을 기록할 수 있다.

현장 속으로

오픈 마인드

참가자를 만날 때는 상대를 판단하지 않고 열린 마음으로 대해야 한다. 문화인류학의 기본 개념인 문화 상대주의Cultural Relativism를 실천하는 것이다. 한 사람의 신념, 가치, 라이프스타일은 그가 속한 문화를 바탕으로 이해해야 하며 자신을 기준으로 판단해서는 안 된다. 반대 개념인 자민족 중심주의Ethnocentrism를 생각하면 이해하기 쉽다. 낯선 관습이나 행동을 볼 때 "~해서는 안 된다" "왜 ~하는지 모르겠다"라고 생각하는 것이 그 예다. 나를 기준으로 상대를 바라보면 옳고 그름을 가리게 되고 자칫 문화 우월주의나 섣부른 편견에 빠지기 쉽다. 다름을 인정하고 최대한 참가자 입장에서 생각하는 자세를 갖는 것이 중요하다.

참가자와 라포르 형성하기

모르는 사람과 장시간 대화하는 일은 크게 외향적인 사람을 제외하고 누구에게나 어색하게 마련이다. 만나자마자 리서치 주제와 관련된 핵심 질문을 던지면 참가자는 경직된 상태에서 대답하게 되고 속 깊은 이야기를 나누기 힘들다. 따라서 참가자와 친밀도를 쌓으며 신뢰관계를 만드는 과정이 필요하다. 지금까지 셀 수 없이 많은 인터뷰를 진행하면서 배운 점은 이 라포르의 효과가 엄청나다는 것이다. 먼저 가벼운 잡담이나 농담, 일상적인 대화를 주고받으면서 참가자가 리서치 환경에 편안해지도록 하자. 이때 포인트는 참가자에 대한 관심이다. 누구나 나에게 주의를 기울이는 이에게 마음을 열기 쉽다.

노트 기록과 사진, 영상 촬영

필드워크에서 녹음이나 녹화를 하지 않고 기억에 의존하여 데이터를 분석하겠다는 자만을 부리는 것은 절대 금물이다. 반드시 기록하자. 모더레이터가 인터뷰를 진행하며 동시에 노트까지 적기는 쉽지 않기 때문에 노트테이커를 지정해서 일을 분담하면 수월하다. 참가자를 사진과 동영상으로 기록하여 추후 리서치 결과를 발표할 때 활용하자. 참가자의 음성이나 실제 행동을 기록한 비디오를 공유하면 보는 사람들로 하여금 참가자의 스토리와 페인 포인트에 훨씬 더 공감하게 만들 수 있다.

토크쇼 진행자가 된 것처럼

누가 인터뷰하는지에 따라 대화의 깊이가 크게 달라진다. 숙련된 리서처도 늘 피드백을 받고 공부하는 부분이 바로 인터뷰 기술이다. 인터뷰어는 토크쇼 진행자라고 생각하자. 유명한 토크쇼를 보면서 진행자가 어떻게 질문하고 대화를 이끌어 나가는지 살펴보면 배울 점이 많다.

침묵을 두려워하지 말자

인터뷰는 친구와 나누는 사적 대화가 아니다. 일상에서는 내가 한마디 하면 상대방도 한마디 하는 게 보통이지만 리서치에서는 참가자에게 초점을 맞추어야 한다. 따라서 리서처는 인터뷰 시작 부분에 라포르를 쌓기 위해 대화를 나누거나 본격적인 인터뷰 질문을 던지는 때 이외에는 최대한 말을 아껴야 한다.

참가자의 생각과 의견이 중요하므로 전문가에게 배우는 학생의 자세로 대화에 임하자. 리서처가 적게 말할수록 참가자는 자유롭게 대화를 주도한다. 대화가 끊긴다고 침묵을 어색해하지 말고 참가자가 충분한 시간을 두고 생각하고 대답할 수 있게 기다린다.

다른 사람이 아닌 참가자의 생각

간혹 참가자 중에서 본인이 아닌 다른 사람을 대신해서 설명하는 경우가 있다. "저는 이런 앱을 다루는 게 익숙해서 쉬웠지만 그렇지 않은 사람은 사용하기 조금 어려워 보여요." 혹은 프로덕트에 관한 조언을 제공해야 한다고 생각해서 자신의 감정과 생각을 전달하지 않고 객관적인 평가를 시도하기도 한다. "저라면 그 기능보다는 이 요소에 더 집중하겠어요." 이런 때에는 참가자에게 리서치 목적을 다시 한번 짚으면서 참가자 본인이 어떻게 느끼는지 알고 싶다고 재차 문의한다.

참가자가 질문하면 나중에 대답한다

사람들은 프로덕트를 보면 어떻게 작동되는지 그 원리를 궁금해하고 질문하기 시작한다. 또 과제를 하는 참가자가 감을 못 잡고 계속 헤맬 때는 답답한 마음에 힌트를 주고 싶어지기도 한다. 하지만 참가자의 질문에 바로 답하거나 추가 설명을 제공하면 참가자가 어떤 부분에서 어려움을 겪는지 배우는 기회를 놓치게 된다. 특히 평가적 리서치를 할 때 이러한 함정에 빠지기 쉬운데 리서치 중간에는 내용을 설명하거나 태스크를 돕지 않는다. 참가자의 궁금증과 관련 행동을 관찰하면 그들의 기대와 멘탈모델을 파악하는 데 큰 도움이 된다.

만약 참가자가 "이럴 때는 어떻게 해야 하나요?"라고 물으면 "그럴 때는 어떻게 해야 한다고 생각하세요?"라고 역으로 질문해서 참가자의 생각을 끌어낸다. 참가자가 알고 싶어 하는 내용은 평가가 끝나고 세션 끝 무렵에 대답하여 평가에 영향을 미치지 않도록 한다.

구체적인 답변 이끌어 내는 법

리서치 참가자들이 처음부터 상세하고 통찰력 있는 대답을 건네리라고 기대하지 말자. 왜 그렇게 생각하는지, 최근 경험은 어떠했는지 물어보면서 특정 주제를 파고들어야 한다. 참가자가 "예전에는 친구들과 같이 쇼핑하는 때가 많았는데 이제는 혼자 하는 게 더 편해요"라고 말하면 언제부터 그랬는지, 왜 그렇게 느끼는지 질문한다. 참가자가 이유를 잘 설명하지 못한다면 요즈음 혼자 쇼핑한 경험과 친구와 함께 쇼핑한 경험을 자세히 알려 달라고 한 후 답변에 따른 추가 질문을 던진다.

불확실성 없애기

확실하지 않은 부분을 되짚는 것은 좋은 습관으로 보다 정확하게 참가자의 생각을 들을 수 있다. 다시 질문하면 많은 경우 그전에 참가자의 말을 제대로 이해한 게 아니었다는 것을 알게 된다. "운동을 시작하기 전에 애플 뮤직에서 음악을 재생한다고 하셨죠?", "아니요, '런데이'를 켤 때는 애플 뮤직을 듣는데 산에 올라갈 때는 다운로드한 음원을 듣습니다."

참가자의 언어를 사용한다

테크나 UX 분야에서 전문적으로 쓰는 용어는 피한다. "아까 위에 있는 '햄버거 메뉴' 아이콘은 무엇을 기대하고 누르신 건가요?" 같은 식으로 질문하면, 보통은 알아듣지 못한다. 참가자들은 햄버거 메뉴가 무엇인지 모른다고 가정해야 한다. 참가자가 '이 막대기 모양'이라고 지칭하면 그다음 질문에 '이 막대기 모양은 무슨 뜻일까요?'라고 참가자의 단어를 그대로 따라 쓰면 좋다.

리서치가 끝난 뒤

세션 직후 디브리핑

사람의 기억은 유통기한이 매우 짧다. 아직 생생한 기억이 남아 있는 각 세션이 끝난 직후에 모더레이터, 관찰자, 노트테이커 모두 모여서 간단하게 리서치를 정리하는 디브리핑Debriefing 시간을 갖는다. 방금 전 세션의 하이라이트는 무엇인지, 눈에 띄었던 부분이 있는지, 다음 세션에 수정해야 하는 요소가 있는지 논의한다. 공유한 사항은 기록했다가 데이터 분석 때 활용한다.

현장에서 결론 내리지 않기

디브리핑을 하다 보면 단편적인 데이터에 집중해 성급하게 결론을 내리는 경우가 흔하게 발생한다. 처방약 관리 서비스에서 리서치를 진행했다고 하자. 참가자 A는 알러지 때문에 주기적으로 약을 먹는다. 그런데 A가 처방약을 새로 신청하는 걸 자꾸 잊어 버린다. 이를 관찰하고 처방약 신청 알림 서비스를 제공하자고 손쉽게 결론을 내는 식이다. 어떤 사용자에게는 처방약을 정해진 날짜에 배송하는 게 더 나은 해답이지 않을까?

또한 이해관계자가 일부 인터뷰만 관찰하고 나서 독자적인 결론에 다다르지 않도록 안내하자. 이는 눈을 가린 채 코끼리의 다리만 만지고 나무통과 비슷하다고 결론 내리는 것과 같다. 리서치에 참가한 모든 사람을 종합적인 디브리핑 세션이나 인사이트 공유 미팅에 초대한다.

리서치 관찰자가 해야 할 일

프로젝트 팀원들이 리서치에 동행하거나 현장을 관찰하는 것은 환영할 일이다. 디자이너, 프로덕트 매니저, 개발자 등 프로덕트 이해관계자를 모두 초대한다. 다음은 리서치 관찰자에게 공유하면 좋을 내용이다.

- 열린 마음으로 리서치에 임한다.

- 관찰하면서 얻은 단편적인 지식으로 성급한 결론을 내리지 않는다.
- 최대한 많은 노트를 적는다. 노트테이킹 템플릿이 있을 시 가이드라인에 맞춰서 기록한다.
- 참가자가 하는 말 이외에 행동이나 표정 역시 놓치지 않는다.
- 필요하면 사진을 찍거나 레코딩을 해서 리서처가 주 업무에 집중하게 돕는다.
- 리서치가 끝난 후 디브리핑, 인사이트 공유 미팅, 워크숍에 참여하여 인사이트를 도출하는 데 함께한다.

20장

데이터 분석하기

얕은 지식을 전달하는 리서치는 환영받지 못한다

필드 리서치가 다 끝났다면 잠시 한숨 돌려도 좋다. 그런데 리서치 필드워크가 끝나면 주변에서 결과가 어떻게 나왔는지, 어떤 인사이트를 찾았는지 물어보기 시작한다. 여기에 흔들려서는 안 된다. 데이터 분석이 끝날 때까지 기다려 달라고 정중히 요청하자. 예고가 될 만한 정보나 필드에서 있었던 인상적인 에피소드 한두 개 정도는 공유해도 괜찮다.

리서치의 모든 단계가 중요하지만 특히 데이터 분석은 인사이트의 깊이를 좌우하는 핵심 단계다. 리서처로 일하며 안타까울 때가 필드워크 종료 후 충분한 분석 시간 없이 데이터를 단순히 요약하는 수준에서 결론을 도출해야 하는 상황이다. 심지어는 인터뷰 리서치를 진행하고 나서 데이터를 되짚어 보며 분석하는 과정을 건너뛰고 필드에서 기록한 노트나 떠오르는 생각에 의존해 결론을 내리는 상황도 있다. 사용자의 행동이 어떤 의미인지 고민하고 '해석'하는 과정을 거치지 않는다면 겉핥기식 리서치가 되고 만다는 사실을 기억하자. 얕은 지식을 제공하는 리서치는 이해관계자들이 리서치를 유용하고 믿을 만하다고 더 이상 생각하지 않게 되는 결과를 초래할 수도 있다.

이 장에서는 질적 리서치와 양적 리서치의 데이터 분석 방법을 각각 설명하겠다. 질적 리서치 데이터 분석은 시간을 많이 요구하므로 넉넉한 일정을 확보하고 경험이 많지 않은 주니어 리서처라면 뒤에 설명하는 데이터 분석 과정을 참고해 추론 작업에 익숙해지도록 한다.

질적 데이터 분석은 센스메이킹이다

리서치가 끝나고 그간 취합한 방대한 데이터를 마주하면 압도당하기 쉽다. 초보 리서처 시절에는 심층 인터뷰 내용을 읽고 분류하는 작업에 생각보다 시간이 오래 걸려서 분석을 끝내기도 전에 프로젝트 발표가 코앞인 적이 많았다. '구슬이 서 말이라도 꿰어야 보배'라는 말처럼 인사이트를 추출하고 누구나 이해하기 쉽게 정리하지 않으면 앞서 했던 노력은 아무 소용이 없다.

리서치 계획서에 정리한 리서치 질문(참고: 5장 프로젝트 유형과 리서치 질문)은 데이터 분석 과정에서 든든한 길잡이가 된다. 많은 양의 데이터를 분석하다 보면 리서치 목적이 무엇이었는지 헷갈리거나 주제와 관계없는 흥미로운 디테일에 주의를 뺏기기도 한다. 분석과 인사이트 추출을 먼저 작성했던 리서치 질문에 대답하는 과정이라고 보면 이해하기 쉽다. 프로젝트 시작 단계에서 리서치 질문 작성에 신중을 기해야 하는 이유가 바로 여기에 있다.

단순 요약 말고 추론하기

리서치 분석은 사용자가 했던 말과 행동을 요약 정리하는 것이 아니라 의미를 찾고 해석을 부여하는 추론 과정이다. 클리퍼드 기어츠는 문화 해석은 자연과학에서의 '법칙을 추구하는 실험적 과학'이 아니라 '의미를 추구하는 해석적 과학'이 되어야 한다고 말했다. 만약 맞은편에 앉아 있는 사람이 한쪽 눈을 빠르게 감았다가 뜬다면? 단편적으로 보면 '흠, 저 사람 눈꺼풀에 경련이 일어났군' 하고 생각할 수 있다. 하지만 주변 환경을 파악하고 의도를 추측해 보면(내 뒤에 아기가 앉아 있다) 같은 행동을 아기의 웃음에 대답하는 윙크로 해석할 수 있다.

우리가 흔히 생각하는 것과는 다르게 사회과학은 물론 자연과학의 영역에서도 많은 경우 '진실'이 존재하지 않는다. 관찰과 실험으로 도출된

'결론'이 있을 뿐이다. UX 리서치 분석도 과학의 범주 안에서 논리 체계와 사고 과정을 따른다. 사용자 행동과 동기에 절대적 진실은 없다. 알맞은 연구 방법으로 모은 데이터를 증거로 삼아 합당한 결론을 추론할 뿐이다. 따라서 UX 리서치에서 결론은 옳거나 그른 게 아니라 논리적 타당성이 강하거나 약한 것으로 보아야 한다.

UX 리서치에서 사용하는 추론은 기본적인 논리학 형식을 따른다. 먼저 논리학에서의 논증 과정을 간략히 정리해 보자. 논리학의 두 가지 축은 연역법과 귀납법이다.

연역적 추론 Deductive Reasoning: 보편적인 사실에서 구체적인 사실을 추론한다. 유명한 예로 삼단논법이 있다. a) 사람은 누구나 죽는다 b) 소크라테스는 사람이다 c) 그러므로 소크라테스는 죽는다. 이 논리법은 명제가 참이어야 결론이 필연적으로 참이 되는 제약이 있다. 기존에 알고 있는 사실에서 벗어난 결론을 도출하기는 힘들다.

귀납적 추론 Inductive Reasoning: 구체적인 사실에서 결론을 추론한다. 쉬운 예로 셜록 홈즈가 펼치는 추리를 들 수 있다.[1] 처음 셜록 홈즈와 왓슨 박사가 만났을 때 홈즈는 왓슨 박사의 차림새와 그을린 얼굴, 팔의 상처 등의 사실을 바탕으로 그가 아프가니스탄에서 돌아온 지 얼마 안 되었다고 추론했다. 귀납법으로 도출된 결론은 근거에 따라 설득력이 약하거나 강할 수 있다.

귀추적 추론 Abductive Reasoning: 귀납법에서 조금 더 유연하게 결론에 도달하는 논증 방식으로 "최선의 설명에 근접하기 위한 추론"을 목표로 한다. 따

---

1 "Deductive vs. Inductive Reasoning: Make Smarter Arguments, Better Decisions, and Stronger Conclusions", *Farnam Street*, *https://fs.blog/2018/05/deductive-inductive-reasoning/#induction*

라서 필요한 모든 데이터를 수집하지 않았더라도 현재 취합한 데이터를 근거로 결론을 내린다. 빠르게 돌아가는 프로덕트 개발 환경에서 많이 활용된다.

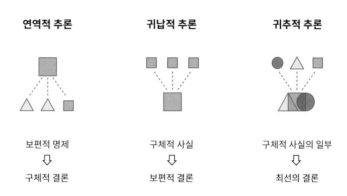

리서치 결론을 추론할 때는 알아내고자 하는 답과 리서치 기법에 따라 사용하는 논증법이 달라진다. 탐색적 리서치는 귀추법으로 결론에 도달한다. 리서치 주제가 '아티스트가 팬과 소통할 때 가장 필요한 도구는 무엇일까'라면, 컨텍스추얼 인쿼리를 통해 아티스트가 현재 팬과 소통하는 방식에서 불편함을 찾고 설문조사로 팬들이 원하는 기능을 조사한 후, 이러한 데이터를 바탕으로 가장 긴요한 도구가 무엇인지 추론한다.

평가적 리서치는 목적에 따라 연역법이나 귀추법을 따른다. '사람들이 이미 클릭했던 상품을 강조하는 개인화 이메일은 웹사이트 방문율을 높인다'라는 가설을 세우고 다양한 평가적 리서치를 사용하여 이를 증명하는 것은 연역 논증이다. 만약 테스트를 통해 프로덕트가 가지고 있는 사용성 문제를 도출한다면 이는 귀추법을 사용한 것이다.

질적 데이터 분석 4단계

다양한 경험적 데이터의 흐름을 꿰뚫는 능력을 센스메이킹Sense Making이라고 한다. 영어에서 '이치에 맞다', '타당하다'를 뜻할 때 'Make Sense'라고 하는데 이를 활용한 표현이다. 리서치에서는 데이터 수집이 끝난 후 복잡하고 분류되지 않은 정보를 의미가 통하도록 정리하고 추론하여 인사이트를 도출하는 과정을 센스메이킹이라고 한다.

센스메이킹에는 여러 가지 방식이 존재하지만 보통 다음의 네 단계를 거친다. 프로젝트 일정이 빠듯하거나 여러 프로젝트에 동시에 참여할 때는 단계적으로 데이터를 분석할 시간이 충분하지 않기도 하다. 데드라인을 엄수하는 일도 중요하지만 데이터를 분석할 때 약식으로라도 네 단계를 거치도록 노력한다.

- 1단계: 데이터 코딩하기
- 2단계: 패턴 찾기
- 3단계: 추론하기
- 4단계: 스토리 만들기

그림 20-1은 질적 데이터 분석 과정 가운데 데이터에서 코드로(코딩하기), 코드에서 카테고리로(패턴 찾기), 카테고리에서 테마와 인사이트로(추론하기) 데이터가 추상화되는 과정을 잘 설명해 준다.[2]

1단계: 데이터 코딩하기

질적 리서치 분석에서 코딩은(컴퓨터 프로그래밍에서 말하는 코딩과는 다르다!) 무엇이며 어떻게 이루어질까? 먼저 '코드'는 리서치에서 수집한

---

2 Johnny Saldaña, *The Coding Manual for Qualitative Researchers*, SAGE, 2016;《질적연구자를 위한 부호화 지침서》, 신정

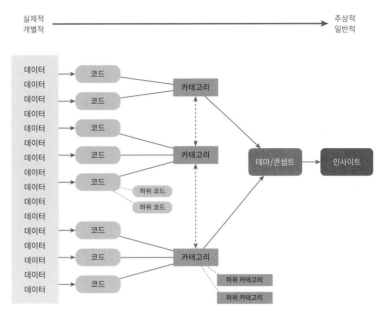

실제적
개별적

추상적
일반적

그림 20-1 질적 데이터 분석 과정

자료에서 눈에 띄는 부분을 표시할 때 해당 내용을 포괄하는 한 단어나 문구를 말한다. 코딩 과정은 데이터에 레이블을 붙이면서 분류하는 단순 작업이라기보다는 데이터에서 아이디어를 찾는 과정에 가깝다. 코딩은 한 번에 끝나기도 하지만 여러 번에 걸쳐 진행하기도 한다.

실제 코드를 적을 때 수십 가지의 다양한 테크닉이 쓰이는데 가장 많이 사용되는 방법은 두 가지이다.

1. 서술적 기법: 데이터 내용을 설명한다. '참가자가 온보딩 화면에서 취향 선택을 하지 않고 바로 앱을 실행'이라고 적은 노트가 있다면 서술적 기법에서는 이를 간단하게 〈취향 선택 스킵〉이라고 코드 표기한다.

2. 해석적 기법: 데이터를 분석하면서 의미, 가치, 감정 등 리서처의 주
   관적인 해석을 반영해 코드를 적는다. 서술적 기법에서 예로 든 노트
   를 해석적 기법으로 코딩하면 〈성급한 진행〉 혹은 〈온보딩 화면의 낮
   은 유용성〉이라고 적을 수 있다. 내용을 단순하게 요약하는 서술적
   기법에 비해 통찰력 있는 코딩이 가능하다.

데이터 분석에 능숙하지 않은 리서처라면 단계적으로 코딩을 시도해 보
는 것도 좋다. 먼저 서술적 기법으로 기본적인 코딩을 하여 반복되는 주
제를 찾은 다음 해석적 기법을 사용하여 참가자의 감정이나 노트의 문맥,
강조되는 상징적인 의미를 알아낸다.

2단계: 패턴 찾기

이제 코딩된 데이터를 상위 개념인 카테고리로 통합하는 과정을 실행한
다. 앞 단계에서 부여했던 코드를 바탕으로 데이터를 검토하면서 반복적
으로 일어나는 패턴을 인지하고 이를 통합하는 의미를 찾아낸다. 《질적
리서치 코딩 매뉴얼The Coding Manual for Qualitative Researchers》의 저자인 자니
살다나Johnny Saldana는 "양적 리서치는 평균값을 산출하고, 질적 리서치는
의미를 산출한다"라고 말했다. 또한 코딩의 목적은 단순히 리서치 데이
터를 요약하는 게 아니라 데이터의 통합적인 의미와 그것이 상징하는 바
를 찾는 데 있다고 조언한다. 따라서 서술적 기법뿐 아니라 해석적 기법
역시 훈련하면 효과적으로 인사이트를 도출할 수 있다.

　패턴을 추출할 때는 각각의 데이터에서 비슷한 부분 외에 다른 부분 역
시 살피면 도움이 된다.[3] 패턴의 종류는 다음과 같다.

3　J. Amos Hatch, *Doing Qualitative Research in Education Settings*, State University of New
　York Press, 2002; 《교육 상황에서 질적 연구 수행하기》, 학지사

- 유사점Similarity: 비슷하게 일어나는가
- 차이점Difference: 어떠한 차이를 보이는가
- 빈도Frequency: 얼마나 자주 일어나는가
- 시퀀스Sequence: 특정한 순서대로 일어나는가
- 대응성Correspondence: 다른 행동이나 사건에 관련되어 있는가
- 인과Causation: 하나의 일이 다른 일에 원인을 제공하는가

3단계: 추론하기

발견한 패턴을 해석하며 의미를 부여하는 과정을 거쳐 인사이트를 도출한다. 질적 분석에서는 '왜'라는 질문을 던지며 데이터를 보다 상세하게 해석한다. 왜 특정 행동이 공통적으로 나타날까? 사람들이 그렇게 행동하는 이유는 무엇일까?

사람들이 TV나 아이패드와 같은 디지털 기기를 새롭게 구입하고 난 직후에 스트리밍 서비스에 가입하는 패턴을 찾았다고 하자. 인터뷰에서 얻은 데이터를 되짚어 보면 사람들의 소비 패턴과 관련된 멘탈모델을 밝혀낼 수 있다. 값비싼 가전제품을 구입하고 난 후에는 그 효용성을 극대화하기 위해 추가적인 소비를 합리화하는 경향이 있다거나, 이미 값비싼 비용을 치렀기 때문에 기준점 편향으로 인해 스트리밍 구독료를 저렴하게 느낀다고 해석할 수 있다.

이렇게 사용자 컨텍스트를 이해하면 데이터를 해석할 때 도움이 된다. 앞서 다뤘던 예시에서처럼 온보딩 화면에서 취향 선택을 하지 않고 바로 앱을 실행하는 행동이 많았다면 리서치 참가자 중에 신규 가입자와 재가입자 비율을 살펴보는 작업이 필요하다. 재가입자에게는 온보딩 페이지가 불필요하게 길다고 느껴질 수 있기 때문이다.

4단계: 스토리 만들기

인사이트를 도출했다면 마지막으로 가장 중요한 스토리텔링 전략을 세울 차례이다. 무슨 이야기를 어떠한 방식으로 전달할지 고민한다. 스토리는 흥미로운 서두와 핵심이 잘 드러나는 본문, 앞으로 무엇을 해야 할지 분명하게 제시하는 결말, 이렇게 세 파트로 전체적인 구성을 짜면 좋다. 핵심을 추릴 때는 리서치 프로젝트 결과를 CEO에게 세 줄로 요약하여 보고한다고 가정해 보자. 비즈니스 컨텍스트를 고려해 가장 중요도 높은 인사이트를 뽑는다.

다음으로 어떤 매체를 사용해 효과적으로 설득력 있게 스토리를 전달할지 계획을 세운다. 사용자의 페인 포인트가 주된 내용이라면 인터뷰 내용을 편집하거나 사용자가 주인공인 시나리오로 영상을 구성하는 방법이 있다. 사용자 경험에 대한 전반적인 이해도를 높일 때는 사용자 여정 지도로 흐름을 전달한다. 어떤 시장을 중점적으로 공략할지 결정해야 하는 상황에서는 시장별 차이점을 시각적으로 보여 주는 도표 및 그래프가 가장 효과적이다(참고: 21장 인사이트 공유하기)

양적 데이터 분석은 관계 분석이다

양적 리서치의 분석 과정은 앞에서 설명한 질적 리서치와 크게 다르지 않다. 전체적으로 가공되지 않은 데이터를 정리하고 분류한 후 도표나 차트로 표현한다. 리서치 목적에 맞추어 질문에 대답하기 위해 데이터로 스토리를 엮어 가는 과정이다. 다만 샘플 크기에서 질적 데이터와 크게 차이가 나기 때문에 데이터 클리닝과 분류 과정이 복잡하다. 엑셀이나 SPSS, R, 태블로Tableau 등 데이터 분석 툴을 사용한다. 이제 양적 리서치의 대표적 기법인 설문조사를 중심으로 분석 과정을 차례대로 살펴보겠다.

가설과 검증

귀납법이나 귀추법을 따르는 심층 인터뷰, 다이어리 스터디와 같은 리서치 기법은 정해진 범위 내에서 데이터를 모아 패턴을 찾는다. 하지만 설문조사는 보편적인 명제 즉, 가설을 먼저 세우고 그 가설과 설문조사의 실제 응답 결과가 같은지 다른지 확인하는 연역 추론의 과정이다. 따라서 설문조사에 귀추법으로 접근하면 설문 문항이 장황해지고 분석 과정 역시 비효율적일 확률이 높다.

 '모바일 앱에서 북마크 페이지를 방문하는 사용자들은 전체적인 프로덕트 만족도가 높을 것이다'라는 가설을 세웠다고 하자. 이를 검증하려면 어떻게 해야 할까? 설문지에 만족도 문항을 만들고 설문조사 결과와 사용자 방문기록을 비교하여 결론을 도출한다. 만족도를 알아보는 다양한 질문을 설문지에 넣은 후 응답 데이터에서 패턴을 찾는 것이 아니라 검증할 패턴을 정한 후 문항을 설계하는 것이다(예외적으로 개방형 질문을 통해 일부 귀납 추론을 하기도 한다). 그렇기 때문에 설문조사 문항은 반드시 사전에 결정된 질문만 포함한다. 이때 프로젝트 준비 단계에서 작성한 분석계획서가 중요한 길잡이 역할을 한다.

 설문조사 결과를 해석하려면 기본적인 통계 지식이 필요하다. 통계는 데이터를 가지고 산출하고자 하는 결과물과 목적에 따라 크게 두 가지로 구분된다. 하나는 주어진 데이터 안에서 결론을 내는 기술 통계학Descriptive Statistics이고 다른 하나는 주어진 데이터를 기반으로 모집단에 대한 일반화를 시도하는 추론 통계학Inferential Statistics이다.

기술 통계학

수집한 표본 내 데이터Sample Data를 요약해서 표현하는 통계 기법이다. 결과물은 간단하게 도표나 그래프와 같은 차트로 정리한다. 기술 통계의 목적은 수집한 데이터의 대푯값을 알아내는 데 있다. 이는 두 가지 영역으로 나눠지는데 데이터의 중심경향치Central Tendency와 분산도Variation로 표현한다.

중심경향치

1,000명을 대상으로 수집한 설문조사 데이터가 있다. 어떻게 대푯값을 유의미하게 나타낼 수 있을까? 중심경향치는 이와 관련 있는 통계 기법이다. 평균값Mean, 중앙값Median, 최빈값Mode이 여기에 속한다.

설문조사 결과를 분석할 때는 표본 내에서 한 가지 변수의 특성을 요약하는 일원분석Univariate Analysis을 하기도 하지만 2개 이상의 변수 간 특성을 비교하는 교차분석Cross-Tabulation Analysis을 할 때 의미 있는 결론을 도출하기 유리하다. 예를 들어, 최근 광고의 유용함을 묻는 설문조사 질문은 다음과 같이 결과를 산출한다.

이 광고가 정보를 얻는 데 도움이 되나요?

	전체 응답자	
예	33%	492
아니요	59%	886
확실하지 않음	8%	122
총계	100%	1,500

여기에 연령, 지역, 앱 사용 시간과 같은 세 가지 변수를 사용해 설문에 응답한 사람을 그룹으로 나누어 분석하면 어떤 사람에게 광고가 정보를 얻는 데 도움이 되지 않았는지 쉽게 알아챌 수 있다.

이 광고가 정보를 얻는 데 도움이 되나요?

응답자 그룹	예	아니요	확실하지 않음	총계
A그룹	285	420	24	729
	39%	58%	3%	100%
B그룹	176	89	64	329
	53%	27%	19%	100%
C그룹	31	377	34	442
	7%	85%	8%	100%
총계	492	886	122	1,500

분산도

중심경향치는 많은 양의 데이터를 요약할 수 있다는 큰 장점이 있지만 세부적인 내용을 설명하지는 못한다. 그림 20-2는 데이터를 비교하거나 이를 토대로 결론을 내리기 위해서는 데이터가 분산되어 있는 정도, 즉 데이터 값이 넓게 퍼져 있는지 좁게 뭉쳐 있는지 반드시 확인해야 한다는 것을 시각적으로 보여 준다.

　새로운 프로덕트를 얼마나 인지하고 있는지 서로 다른 두 나라 사용자들에게 물어보았는데 모두 50이라는 평균값이 나왔다고 하자. 하지만 데이터를 자세히 살펴보니 한 곳은 프로덕트를 전혀 모르는 사람부터 많이 아는 사람까지 다양하게 분포되어 있지만 나머지 한 곳은 중간 정도의 인지도를 가진 사람이 대부분이었다. 이렇게 데이터가 어떻게 분포되어

있는지 보여 주는 통계치가 바로 분산도이고 대표적인 종류로 표준편차
Standard Deviation가 있다.

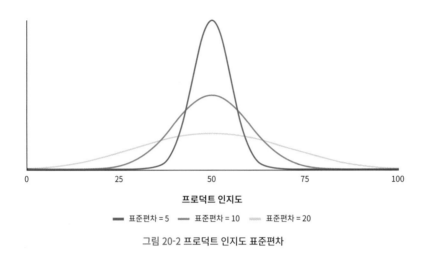

그림 20-2 프로덕트 인지도 표준편차

추론 통계학

표본 내 데이터Sample에서 얻은 결과를 근거로 삼아 모집단Population 결과
를 추론한다. 선거를 앞두고 하는 여론조사가 대표적이다. 투표권을 가
지고 있는 모든 사람을 조사하기 어렵기 때문에 통계적으로 유의미한 숫
자의 표본을 추출하여 리서치를 진행하고 그 데이터를 바탕으로 전체 의
견을 예측한다.

  프로덕트 개발 환경에서 자주 사용되는 추론 통계학 기법으로는 군집
분석Cluster Analysis, 가설검정Hypothesis Testing, 회귀분석Regression Analysis 등이
있다. 기술 통계학은 그래프와 도표가 주요 결과물인 반면 추론 통계학은
확률 분석이 주를 이룬다. 통계학을 전문적으로 공부한 UX 리서처가 이
러한 기법을 사용하여 연구하기도 하지만 대부분 데이터 사이언티스트
가 담당한다.

양적 데이터 분석 4단계

설문조사의 데이터 수집이 끝났으면 이제 도구를 사용하여 데이터를 해석하고 도출된 결론을 바탕으로 스토리를 만든다. 데이터 분석은 리서치 질문을 다시 살펴보면서 스토리의 윤곽을 잡는 것부터 시작한다.

1단계: 정리하고 합계 내기

가장 먼저 해야 하는 일은 설문조사 데이터를 한데 모아 정리하고 합하여 계산하는 것이다. 우선 미완성 응답과 스크리너 필터에 걸리는 응답을 제외한다. 전체 설문에 끝까지 대답한 총 응답자 수, 각 질문의 응답자 수, 각 대답의 응답 수를 체크하여 본격적인 분석 준비를 한다. 온라인 설문조사나 통계분석 툴을 사용하면 자동으로 계산되어 편리하다.

2단계: 쪼개서 분석하고 변수 간 관계 비교하기

65%의 응답자가 새로 출시된 기능에 만족한다고 대답했다. 이 결과는 긍정적인 것일까 아니면 부정적인 것일까? 비교 대상 없이는 앞선 질문에 답을 내기 어렵고 실행 가능한 인사이트 역시 도출하지 못한다. 설문 데이터 분석은 다양한 각도에서 변수들의 관계를 비교할 때 유의미한 결과를 끌어낼 수 있다. 이때 유용한 것이 바로 교차분석이다. 엑셀에서 많이 사용하는 피벗 테이블Pivot Table을 생각하면 이해하기 쉽다. 예를 들어, 전체 만족도보다는 연령대로 나누어진 여러 그룹 중 특정 그룹의 만족도가 낮은지 높은지, 어떤 세부적인 요인이 만족도에 영향을 미치는지 파악하는 것이 훨씬 더 유용한 데이터이다. 이렇게 다양한 컨텍스트를 고려하여 데이터를 쪼개 분석하는 것이(영어에서는 Slice and dice라 표현한다) 양적 데이터 분석의 핵심이다.

3단계: 데이터 시각화하기

데이터 분석을 마치고 인사이트를 도출했다면 이해하기 쉽도록 다양한 데이터 시각화 툴을 사용하여 표현한다. 일반적으로 다음과 같은 시각화 도구들을 주로 활용한다.

- 구성 시각화: 전체와 부분의 구성을 시각적으로 표현한다. 예시 파이/원 그래프, 막대 그래프, 누적 막대 그래프
- 비교 시각화: 여러 가지 변수를 비교한다. 예시 막대 그래프, 선 그래프, 방사형 차트
- 관계 시각화: 데이터 간 유사성과 상관관계를 표현한다. 예시 산점도, 버블 차트

4단계: 스토리 만들기

질적 분석과 마찬가지로 전체적으로 전달하고자 하는 메시지가 무엇인지 고민하여 결과 리포트를 작성한다. 시각화된 데이터를 순서대로 나열하는 것이 아니라 가장 핵심이 되는 인사이트를 부각하기 위한 이야기 흐름과 구성을 따른다. 리서치 질문에 답하는 큰 그림에서 시작해 세부적인 인사이트로 내용을 전개하면 집중도와 전달력을 높일 수 있다.

차트와 그래프를 넣었으니 듣는 사람들이 내용을 쉽게 이해할 것이라고 넘겨짚지 않아야 한다. 리포트의 각 장에는 데이터에 함의된 의미를 설명하는 인사이트를 간결하게 적는다.

행동 데이터를 적극 활용하자

UX 리서치에서 실행하는 설문조사는 마케팅, 여론조사 등의 영역과는 다르게 프로덕트 내에서의 사용자 행동 데이터를 기반으로 한다. 한 달에 20회 이상 자사 앱을 방문하는 파워 유저를 대상으로 설문조사를 하거나 메뉴 설정에서 언어를 거주 국가의 언어와 다르게 변경해서 쓰는 사용자를 찾아 의견을 묻는다. 행동 데이터에는 사용자가 프로덕트를 이용하는 수많은 행동이 기록되어 있기 때문에 미리 세운 가설검정에 적절한 데이터를 선택해서 분석에 활용한다.

비밀번호 공유를 금지하는 새로운 규정을 사용자가 어떻게 받아들이는지 알아보는 설문조사라면 프로덕트 사용기간, 평균 사용시간, 모바일 기기 사용 여부, 특정 페이지 방문 여부 등 다수의 사용자 행동 데이터를 변수로 삼아 분석할 수 있다. 다만 이러한 행동 데이터는 개인정보 보호규정을 준수하는 범위 내에서 이용해야 한다.

21장

인사이트 공유하기

인사이트의 조건

리서처로 일하면 '인사이트'라는 말을 계속해서 듣고 또 자주 사용하게 된다. UX 분야뿐만 아니라 비즈니스 전반에 걸쳐 빈번하게 보이는 단어다(이 책을 출간하는 출판사 이름도 인사이트이다!). 그런데 우리는 인사이트를 제대로 사용하고 있을까? 이 장에서는 인사이트란 무엇이며 어떻게 발견하고 이를 효과적으로 전달하는지 다룬다. 또한 리서치 리포트를 작성하고 관리하는 방법도 알아보겠다.

인사이트는 우리말로 '통찰'이라고 번역되는데 "예리한 관찰력으로 사물을 꿰뚫어 봄"을 뜻한다. UX 리서치에서 인사이트는 사용자 행동, 니즈, 동기에 대해 전에 없던 이해와 해석을 제공한다. 이러한 인사이트는 프로덕트 개발에서 아이디어를 도출하거나 의사결정을 내릴 때 중요한 근거가 되므로 신중하게 작성해야 한다. 단순히 관찰한 내용을 정리하거나 일부 데이터에서 나타나는 패턴은 인사이트로 보기 어렵다.

좋은 인사이트의 조건은 무엇일까? 아래 네 가지 질문을 기준으로 인사이트를 발전시켜 보자.

- 새로운가
- 생각하게 만드는 힘이 있나?
- 실행 가능한가
- 이해하기 쉽고 기억에 오래 남는가

1. 새로운가?

좋은 인사이트라면 새로운 정보를 전달해야 한다. 리서치에서 발견한 내용이 이미 알고 있는 데이터를 다시 확인하는 데 그친다면 힘들게 리서치

할 필요가 없을뿐더러 프로덕트가 앞으로 나아가는 데도 도움이 되지 않는다. 다만 새로운 정보는 여러 가지로 정의할 수 있다. 기존에 전혀 모르던 내용일 수도 있고, 알고는 있었지만 익숙해서 간과한 내용일 수도 있다. 혹은 너무나 당연해서 관심을 갖지 않던 주제였는데 리서치를 통해 새롭게 재정의되기도 한다.

예를 들어 인스타그램 사용자들이 릴스 추천 기능에 불만이 있다고 하자. 이러한 단편적인 사실은 인사이트가 되기 어렵다. 하지만 사용자 행동을 관찰해 사용자들이 알고리즘 추천 정확도를 높이기 위해 분야별로 여러 개 계정을 만들어 사용하는 것을 발견했다면? 인사이트를 찾기 위해서는 표면적인 분석에 그치지 말고 현상을 다양한 각도로 들여다보아야 한다.

2. 생각하게 만드는 힘이 있나?

의미 있는 인사이트를 만들기 위해서는 리서치 참가자에게 들은 정보를 바탕으로 섣부르게 결론을 내리면 안 된다. '왜'라고 계속 질문하며 근원적인 이유를 탐색하자. 멤버십 서비스 가격을 인상하는 과정에서 사용자 의견을 물었더니 거의 모든 사람이 가격 인상에 반대했다. 이때 리서치를 활용해서 사용자들이 멤버십 인상을 왜 불공정하다고 느끼는지, 왜 구독 취소를 고려하게 되는지, 그럼에도 왜 아직 구독 취소를 하지 않았는지 등을 구체적으로 파고들면 숨겨진 이유에 접근할 수 있다. 리서처는 이러한 보물찾기를 통해 인사이트를 발굴한다.

3. 실행 가능한가?

리서치 결과를 공유하는 시간, 프로덕트 팀과 이해관계자들이 모두 미팅

룸에 모여서 리서처의 프레젠테이션을 듣고 있다. "이 프로젝트를 통해 우리 사용자들이 현재 이렇게 프로덕트를 사용하고 있다는 것을 밝혔습니다. 그리고 사용자들은 이러한 불만사항을 이야기했고…." 발표를 듣는 이해관계자들의 머릿속에 한 가지 질문이 떠오른다. "그래서 이제 뭘 해야 하지?"

리서처의 역할은 팀이 데이터에 근거한 의사결정을 하도록 인사이트를 제공하는 것이다. 따라서 좋은 인사이트는 팀의 장단기 전략에 결정적인 영향을 미칠 수 있도록 우선순위를 분명히 하여 다음 단계를 구체적으로 드러내야 한다. 실행 가능하다고 해서 해결책이나 아이디어를 말하는 게 아니다. 그것은 리서처뿐만 아니라 여러 팀원이 함께 고민해야 하는 일이다. 실행 가능한 인사이트는 구체적인 사용자 문제를 밝히고 프로덕트가 나아가야 하는 방향을 제시해서 이해관계자들이 함께 전략을 세울 수 있도록 돕는 역할을 한다.

4. 이해하기 쉽고 기억에 오래 남는가?

리서치 결과 발표 후 하루가 지났다. 발표 내용을 퀴즈로 내면 몇 명이나 정답을 맞힐까? 길고 장황한 프레젠테이션이나 텍스트로 빼곡한 리포트는 내용을 기억하기 쉽지 않다. 인사이트는 결국 프로덕트 전략을 결정하는 데 힘이 되어야 하므로 이해하기 쉽고 기억에 오래 남을수록 더 큰 영향력을 발휘할 수 있다.

이를 위해서 인사이트를 짧고 간결하게 표현하는 연습이 필요하다. 어려운 표현은 피하되 내용을 함축하는 단어를 고른다. 슬라이드로 프레젠테이션을 할 때에는 해당 슬라이드 내용을 한 문장으로 요약해 발표를 듣는 사람들이 디테일한 부분에 집중하지 않아도 핵심이 무엇인지 알 수 있게 한다. 그리고 프로젝트를 아우르는 전체적인 주요 인사이트를 3~5개 정도로 추려서 리포트 제일 앞이나 뒤에 핵심 포인트로 정리한다. 이는 브레인스토밍이나 전략회의에서 리서치 내용을 되짚어야 할 때 유용하게 사용된다.

객관적인 데이터와 주관적인 해석

리서처의 관점

보통 리서치 결과 리포트 마지막에 리서처 제안을 넣는다. 프로덕트 팀에 새로운 아이디어를 전달하거나 팀이 고민하고 있는 지점과 연결되는 방향을 제시한다. 기존 콘셉트나 디자인 수정을 권고하기도 한다.

　제안 사항을 작성할 때는 리서처의 관점이 반드시 필요하다. 리서처는 늘 객관적이어야 한다고 많이 생각하는데 그렇지 않다. 데이터 분석에서 강조한 내용처럼 리서치 결과는 '진실'이 아니라 합리적으로 추론된 '결론'이다. 따라서 사용자 의견이나 행동을 단순히 요약해서 객관적으로 전달하는 것이 아닌 리서처의 관점으로 결과를 해석하는 과정이 필요하다. 관점을 가지려면 해당 분야 지식이 있어야 하므로 사전에 비즈니스 맥락, 프로덕트 상황, 팀의 향후 계획 등 배경 지식을 많이 쌓는 게 좋다. 그래야 유용한 인사이트를 발견할 수 있다. 이러한 이유로 팀에 소속되어 일하는 리서처가 컨텍스트를 고려한 해석을 끌어내는 데 유리하다. 기업들이 자체적으로 풀타임 리서처를 고용하고 각 프로덕트 팀에 배치하는 이유이기도 하다.

　한 리서처가 사용자의 계정 보안 인식을 조사하기 위해 인터뷰를 진행했다. 대다수의 참가자가 자신의 개인정보가 들어 있는 계정 보안은 매우 중요하며 기업이 개인정보가 노출되지 않도록 여러 가지 수단을 써서 철저하게 관리해야 한다고 입을 모았다. 그런데 인터뷰를 진행한 리서처에게는 이전에 로그인 과정을 다룬 사용성 테스트를 했던 경험이 있었다. 사람들이 얼마나 빨리 로그인을 하고 싶어 하는지, 추가적인 검증 과정을 얼마나 불편하게 여기는지 잘 알고 있었다. 따라서 사용자 인터뷰 내용 중 계정 보안이 중요하다는 의견을 '현재의 로그인 절차를 더 복잡하게 만들지 않으면서' 보안도 철저해지기를 바라는 것이라고 해석할 수 있었다.

리포트에 리서처의 관점을 싣는다고 해서 데이터를 무시하고 주관적으로 해석하거나 원하는 방향으로 입맛에 맞게 바꾸어서는 결코 안 된다. 데이터 수집과 분석은 최대한 편향 없이 객관적으로 진행하되 인사이트를 도출할 때는 리서처의 전문 지식과 경험을 적극적으로 활용한다.

리서치 리포트 작성 단계

인사이트와 제안 사항을 정리했다면 이제 리서치 리포트를 작성할 차례다. 다음 단계를 거쳐 리포트를 완성하자.

1. 메인 포인트(인사이트)와 리서처 제안을 먼저 개요로 정리한다.
2. 문서 형식을 선택한다. 프레젠테이션을 위한 슬라이드를 만드는 것이 일반적이지만 워드와 같은 문서 형태도 효과적이다.
3. 개요와 전체적인 내러티브를 구성하고 내용을 작성한다.

다음과 같은 내러티브 방식을 활용하면 내용을 효과적으로 표현하는 데 유리하다.

- 선형 내러티브: 주로 사건이 일어난 순으로 서술한다. 사용성 테스트에서 참가자들이 평가했던 프로토타입의 작업 흐름을 시작부터 끝까지 순서대로 보여 주면서 각 단계의 문제점을 제시한다.
- 비선형 내러티브: 메인 포인트를 따라 서술하는 방식이 대표적이며 중요한 인사이트부터 차례로 소개한다.
- 인터랙티브 내러티브: 대화식의 서술로 질문(리서치 질문)과 대답(리서치 인사이트)을 번갈아 가면서 보여 준다. 또는 중간에 퀴즈를 내서 청중의 관심을 끌기도 한다.
- 모험 내러티브: 문학에서 자주 사용하는 내러티브로 UX 리서치에서는 사용자가 주인공인 이야기로 인사이트를 전달한다. 이렇게 하면 사용자 문제에 효과적으로 공감을 불러일으킬 수 있다.

리포트가 완성되면 이제 팀과 이해관계자에게 리서치 결과를 공유한다. 따로 리서치 결과 공유 미팅을 잡기도 하고 기존에 있는 팀 미팅 시간에 전달하기도 한다.

비즈니스 액션을 끌어내는 스토리텔링

리서처의 역할은 이해관계자들이 인사이트를 근거로 프로덕트 의사결정을 할 수 있도록 돕는 것이다. 모든 사람이 한눈팔지 않고 리서처가 전달하는 내용에 집중할 수 있다면 이상적이겠지만 현실은 그렇지 않다. 분주하게 일하는 이해관계자들이 리서치 내용에 온전히 집중하는 것은 매우 어려운 일이다. 이러한 상황에서 어떻게 하면 리서치 결과를 효과적으로 공유할 수 있을까? 이는 리서처들에게 늘 고민거리이다.

리서치 결과를 이야기로 푸는 일은 리서치를 수행하는 능력만큼 중요하다. 스토리텔링을 잘하려면 청중에 맞추어 내용을 설득력 있게 전달하는 것이 중요하다. 이러한 설득의 과정은 광고로 메시지를 전달하고 물건을 홍보하는 것과 비슷하다. 이해하기 쉽게, 머릿속에 남도록, 말을 줄이고 임팩트 있게 전달하는 것이 효과적이다. 무엇보다 프레젠테이션 후에 무엇을 해야 하는지 다음 단계가 분명히 보여야 한다. 효과적인 스토리텔링을 위해 리서처들이 고려해야 하는 사항을 살펴보자.

짜임새 갖추기

잘 짜인 스토리에는 짜임새가 있기 마련이다. 리서치 리포트도 이와 같은 구성을 따르면 청중 입장에서 이해하기 편하다.

- 서론: 프로젝트 배경, 해결해야 하는 문제점, 리서치 프로젝트 목표, 리서치 질문을 소개한다.
- 방법: 어떤 접근을 통해 리서치 질문에 대답했는지, 사용한 리서치 기법은 무엇이며 참가자 샘플링 수와 조건은 어떠한지 전달한다.
- 결과: 리포트에서 핵심이 되는 부분으로 리서치에서 배운 내용을 정리한다.
- 토론: 리서치 인사이트를 토대로 앞으로 프로덕트가 고려해야 할 사항, 제안 사항, 실행 내용을 정리한다.

청중에 따라 설명과 형식을 다르게

리서치 결과를 발표하고 공유하는 미팅에 참석하는 사람들은 누구인가? 미팅에는 참석하지 않지만 추후 리포트를 읽는 독자는 누구인가? 리서치 리포트는 함께 일하는 팀원들을 위해 매우 디테일하게 50장짜리 슬라이드로 정리하기도 하고 다른 팀의 이해관계자들을 위해 간략하게 10장짜리 슬라이드로 요약하기도 한다. C 레벨을 위해 핵심만 전달하는 1장짜리 워드 문서를 작성할 때도 있고 엘리베이터에서 만난 임원에게 30초 이내로 리서치 내용을 설명하기도 한다. 사내 뉴스레터에 단 한 문장으로 3개월 간의 리서치 프로젝트를 공유할 때도 있다.

핵심적인 내용을 추리는 것도 중요하지만 읽는 이에 따라 설명과 형식이 다른 리포트를 만드는 것도 필요한 스킬이다. 같은 프로덕트나 UX 팀에 배포하는 리포트에는 전문용어를 사용해도 괜찮지만 맥락을 잘 알지 못하는 다른 팀에 전달하는 리포트에는 전문용어는 피하고 리서치 배경과 문제점을 충분히 설명한다.

생생하게 보여 주기

리서치 결과물을 텍스트 형태로만 전달하지 않고 이미지로 함께 표현하면 보는 사람의 흥미를 자극하고 이해를 돕는다. 먼저 리서치에서 얻은 시각적 자료를 활용하는 방법이 있다. 참가자가 프로덕트를 사용하면서 겪는 불편함을 보여 주는 사진이나 주요 인터뷰 장면을 편집한 비디오 클립을 프레젠테이션에 넣으면 청중의 주의를 끌 수 있을 뿐만 아니라 듣는 사람들이 사용자의 페인 포인트에 공감하기도 쉽다. 여러 가지 도구나 프레임워크를 사용하여 인사이트를 전달하는 방법도 있다. 사용자 여정 지도와 멘탈모델 등을 통해 사용자 스토리를 공유하면 리서치 인사이트를 생생하게 드러낼 수 있다.

리서치 아카이브

프로젝트 결과를 공유한 뒤 반드시 해야 하는 일이 있다. 바로 리서치 결과물인 리포트와 인사이트가 담긴 문서를 모두가 열람할 수 있는 장소에 저장하는 것이다. 리서치 인사이트는 사용자 행동과 니즈에 관한 귀중한 자료이므로 한 번 보고 끝내는 것이 아니라 사내 아카이브에 보관해 계속 참고할 수 있게 한다. 새로운 프로젝트를 시작할 때 아카이브에 들어 있는 기존 리서치 프로젝트를 먼저 공부하는 습관을 들이도록 하자. 이미 연구된 주제를 반복하는 일을 피하고 기존의 인사이트를 토대로 프로젝트를 더 알차게 구성할 수 있다. 또한 다양한 프로젝트를 열람하면서 서로 다른 리서치 방식과 인사이트 도출 과정을 배울 수 있다. 이러한 크로스 폴리네이션Cross Pollination[1]은 리서치의 퀄리티를 높이는 지름길이다.

대부분의 기업은 인사이트 아카이브나 리서치 아카이브를 운영한다. 조직마다 아카이브를 관리하는 방식은 다르지만 정해진 가이드라인에 맞게 리서치 자료를 한곳에 저장해 관련 주제를 알고 싶은 누구라도 유용하게 사용할 수 있게 한다. 구글의 리서치 아카이브에는 UX뿐만 아니라 마케팅, 데이터 사이언스, 테크놀로지 등 다양한 팀에서 진행한 방대한 양의 리서치 결과물이 모두 담겨 있어 전 직원이 언제든 찾아볼 수 있다. 큰 테크 회사에서는 인사이트 라이브러리안Insight Librarian을 고용하기도 하는데 전사적 리서치 결과물을 정리하고 관리하는 일을 한다.

---

1 식물이 곤충이나 바람, 물에 의해 다른 개체의 꽃가루를 이식받아 수분하는 것을 뜻한다. 자신의 분야 이외에 다른 영역에서 아이디어를 차용하는 것을 비유적으로 이를 때 쓰이기도 한다. 여기서는 사내 여러 팀이 각각의 프로젝트를 통해 배운 인사이트와 노하우를 서로 공유하는 일을 말한다.

리서치 결과를 효과적으로 표현하게 도와주는 도구들

인사이트를 전달할 때 사용하는 데이터 시각화 도구에는 무엇이 있을까? 양적 리서치라면 그래프와 도표 등을 주로 활용해 리서처의 해석과 결론을 뒷받침한다. 질적 리서치는 프로젝트 성격마다 선택하는 도구가 매우 다양하다. 일반적으로 참가자의 말이나 글을 인용하거나 인터뷰 하이라이트 비디오를 자주 쓰는데 사용자 경험을 통합적으로 표현하기 위해서 사용자 여정 지도나 멘탈모델을 사용하기도 한다. 실무에서 자주 이용하는 시각적 도구를 좀 더 알아보자.

사용자 여정 지도 User Journey Map

경험지도라고도 하며 사용자가 목적을 달성하기 위해 거치는 일련의 과정을 시각적으로 보여 주는 인포그래픽이다. 총체적인 관점에서 사용자 경험을 볼 수 있다는 것이 가장 큰 장점이다. 조직이 커질수록 전체적인 그림이 아니라 각자 맡은 업무 중심으로 사용자를 이해하기 때문에 이런 입체적인 시각적 표현이 중요하다. 한눈에 사용자 경험을 파악할 수 있으면 현재 개선이 필요한 부분이 어디인지, 협업해야 하는 사항은 무엇인지 빠르게 알 수 있다.

사용자 여정 지도는 프로젝트 목표에 따라서 구성이 달라지는데 일반적으로 포함되는 요소는 다음과 같다.[2]

주인공: 여정 지도에서 주인공은 주로 프로덕트의 대표 사용자다. 경우에 따라 여러 사용자 그룹을 한데 모아 하나의 주인공으로 만들기도 하고 각

---

2 Sarah Gibbons, "Journey Mapping 101", *NN/g, https://www.nngroup.com/articles/journey-mapping-101*

사용자 그룹당 여정 지도를 따로 만들기도 한다. 그림 21-1에서는 '친구의 추천으로 프리미엄 음악 스트리밍 서비스에 가입하는 사용자'가 주인공이다.

시나리오: 주인공의 목표나 니즈에 따라서 특정한 시나리오가 펼쳐진다. 새로 직장을 옮기면서 음악을 더 자주 듣게 된 사용자가 프로덕트 사용법을 익히는 과정은 어떠할까? 이러한 대략의 시나리오를 여정 지도의 제목이나 도입부에 명시한다.

여정 단계: 구매 여정에서 일어나는 일을 각 단계별로 정리하는데 내용은 시나리오에 따라서 달라진다. 그림 21-1에서는 발견하기, 가입하기, 사용하기, 검토하기, 업그레이드하기로 단계를 나눴다.

행동과 감정변화: 단계별로 주인공의 행동과 심적 태도, 감정 변화를 정리해서 기록한다.

터치 포인트와 채널: 구매 여정에서 프로덕트 안과 밖에 사용자와 어떠한 접점이 생기는지 작성한다.

인사이트와 기회: 여정 지도를 그리면서 도출된 인사이트와 발견한 기회를 적기도 한다.

사용자 여정 지도

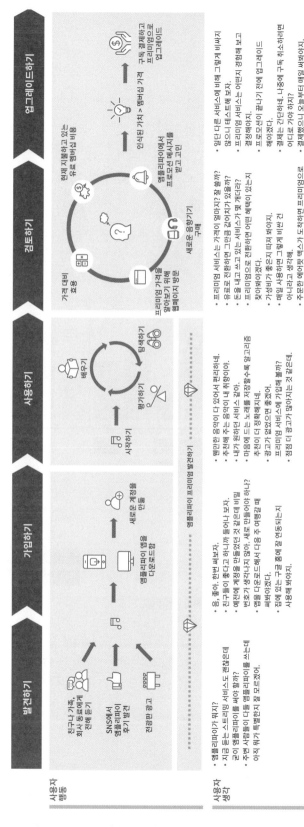

	발견하기	가입하기	사용하기	검토하기	업그레이드하기
사용자 행동	친구나 가족, 회사 동료에게 전해 듣기 / SNS에서 앰플리파이 후기 발견 / 전광판 광고	앰플리파이 앱을 다운로드함 / 새로운 계정을 만듦	시작하기 / 배우기 / 탐색하기 / 평가하기	가격 대비 효용 / 프리미엄 가격을 알아보기 위해 결제페이지 방문 / 새로운 음원 듣기기 구매 / 앰플리파이에서 프로모션 메시지를 받고 로그인 / 현재 지불하고 있는 유료 멤버십 비용 / 인식된 가치 > 멤버십 가격	구독 결제하고 프리미엄으로 업그레이드

> ······ 앰플리파이 프리미엄을 발견하기 ······

사용자 생각

발견하기
- 앰플리파이가 뭐지?
- 지금 듣는 스트리밍 서비스도 괜찮은데 굳이 앰플리파이를 써야 할까?
- 주변 사람들이 다들 앰플리파이를 쓰는데 아직 뭐가 특별한지 잘 모르겠어.

가입하기
- 음, 좋아. 한번 써보자.
- 친구들이 좋다고 하니까 들어나 보자.
- 예전에 계정을 만들었던 것 같은데 비밀번호가 생각나지 않아. 새로 만들어야 하나?
- 앰플 다운로드에서 다음 주 여행갈 때 써봐야겠어.
- 집에 있는 구글 홈에 잘 연동되는지 사용해 봐야지.

사용하기
- 웬만한 음원이 다 있어서 편리하네.
- 추천해 주는 음악이 내 취향이야.
- 내가 원하는 서비스 같아.
- 마음에 드는 노래를 저장할수록 알고리즘 추천이 더 정확해지네.
- 광고가 없으면 좋겠어.
- 프리미엄 서비스에 가입하면 좋을까?
- 점점 더 광고가 많아지는 것 같은데.

검토하기
- 프리미엄 서비스는 가격이 얼마지? 잘 쓸까?
- 유료로 전환하면 그만큼 값어치가 있을까?
- 돈을 내고 쓰고 있는 서비스가 몇 개더라?
- 프리미엄으로 전환하면 어떤 혜택이 있는지 찾아봐야겠어.
- 가성비가 좋은지 먼저 따져봐야지.
- 매일 사용하는 서비스가 그렇게 비싼 건 아니라고 생각해.
- 주문한 에어팟 맥스가 도착하면 프리미엄으로 업그레이드해야 겠다.

업그레이드하기
- 일단 다른 서비스에 비해 그렇게 비싸지 않으니 테스트해 보자.
- 프리미엄 서비스는 어쩐지 경험해 보고 결정해야지.
- 프로모션이 끝나기 전에 업그레이드해야겠다.
- 결제는 간단하네. 나중에 구독 취소하려면 어디로 가야 하지?
- 결제했으니 오늘부터 매일 써야세.

인식된 가치

업그레이드 분기점 / 평가하기 / 사용 분기점 / 업그레이드 분기점

터치 포인트

발견하기
- 입소문
- 친구의 앱
- 친구의 플레이리스트
- 전광판
- 음악 블로그
- 소셜미디어에 올라온 포스트

가입하기
- 앱스토어
- 홈페이지
- 회원가입 페이지

사용하기
- 온보딩
- 홈, 검색, 라이브러리
- 나만을 위한 추천
- 프리미엄 페이지
- 아티스트 페이지
- 플레이리스트
- 팟캐스트와 비디오

검토하기
- 웹페이지
- 프리미엄 페이지
- 이메일
- 앱 메시지

업그레이드하기
- 결제 페이지
- 결제 확인 이메일

그림 21-1 앰플리파이 프리미엄을 구독하는 사용자 여정 지도

멘탈모델Mental Model

인디 영Indi Young이 소개한 멘탈모델은 앞에 소개한 여정 지도와 비슷하지만 사용자 심리 상태를 중점적으로 다루는 점이 특징이다. 일정 시간 동안 사용자가 프로덕트를 접하면서 직관적으로 떠오른 생각과 느낌, 판단에 주목한다. 아래 예시에서는 아침에 일어나서 출근 준비하는 과정을 나열했다. 준비하기, 잠 깨기, 먹기, 출근하기 네 가지 카테고리로 나뉘어 있다. 시간 순서를 따라가는 여정 지도와 다르게 비슷한 행동을 같은 카테고리로 나눈다.

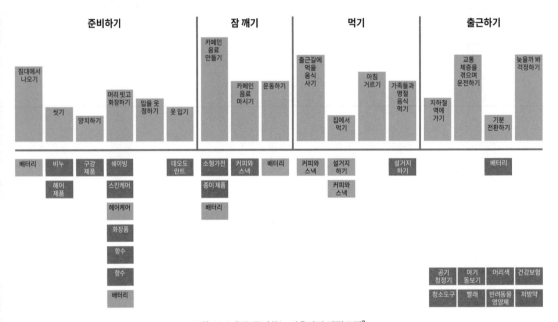

그림 21-2 출근 준비하는 사용자의 멘탈모델[3]

---

3 Indi Young, *Mental Models: Aligning Design Strategy with Human Behavior*, Rosenfeld Media, 2008; 《멘탈모델》, 인사이트

JTBD Jobs-to-be-Done 프레임워크

JTBD 프레임워크는 사용자가 궁극적으로 달성하려고 하는 바를 파악할 수 있게 돕는 도구로 사용자의 다양한 목표, 특히 아직 충족되지 않은 니즈 Unmet Needs에 집중한다. 비슷한 도구로 CUJ Critical User Journey, 핵심 사용자 여정가 있다. 하버드 비즈니스 스쿨의 마케팅 교수인 테오도르 레빗 Theodore Levitt은 사용자 니즈를 이렇게 표현했다. "사람들은 드릴을 사고 싶어 하는 것이 아니라 벽에 구멍을 내고 싶은 것이다."[4] 요지는 프로덕트가 제공하는 기능이 아니라 사용자가 얻고 싶어 하는 최종 결과에 주목해야 한다는 것이다.

이러한 사용자 니즈를 파악하기 위해서는 당연히 사용자를 대상으로 리서치를 먼저 실시해야 한다. 리서치가 끝난 후 인사이트를 바탕으로 JTBD를 활용해 전략을 세우면 그 효과가 배가 된다.

상황   동기   기대 결과

그림 21-3 운동화를 구매하는 소비자의 JTBD

디자인 원칙 Design Principles

리서치 결과물로 프로덕트 디자인 원칙을 작성하기도 한다. 디자인 원칙에는 지키고자 하는 가치와 신념을 담는다. 최상의 사용자 경험을 제공하

---

4 Clayton M. Christensen, Scott Cook and Taddy Hall, "Marketing Malpractice: The Cause and the Cure", *Harvard Business review*, *https://hbr.org/2005/12/marketing-malpractice-the-cause-and-the-cure*

되 디자인 과정에서 조심해야 하는 내용을 되새긴다. 이러한 원칙은 여러 팀원을 결속하는 역할을 한다. 리서치 프로젝트의 결과를 참고해 프로덕트 디자인이 나아가야 할 방향을 고민해 보자. 사용자가 겪는 페인 포인트나 근본적인 니즈에 초점을 맞추는 게 좋다. 디자인 원칙은 리서치 종료 후 워크숍을 통해 팀원들과 함께 정리하기도 한다.

디자인 원칙은 개별적이기도 하고 포괄적이기도 하다. 프로젝트별로 세부적인 원칙을 세우기도 하고, 프로덕트 분야를 아우르는 원칙을 정하기도 한다. 생성형 AI를 이용한 이미지 생성툴을 개발하는 프로젝트에서 리서치 참가자들이 무분별하게 생성된 이미지가 사람들에게 혼동을 줄 수 있는 점을 염려했다고 하자. 이럴 때는 '사람들이 생성형 AI 결과물이 실제가 아니라는 것을 쉽게 알 수 있게 할 것'이라는 세부 원칙을 정할 수 있다.

전체 프로덕트에 적용되는 포괄적인 디자인 원칙을 세우는 경우도 있다. 구글 AI팀에서는 인공지능 분야의 여러 이슈를 고려해 '책임감 있는 AI에 대한 7가지 디자인 원칙'을 세웠다. 프로덕트에 AI를 적용하는 팀은 디자인 과정에서 다음 원칙을 위반하지 않았는지 자기검열하는 과정을 반드시 거친다.

1. AI로 사람과 사회를 돕는다.
2. 불평등한 편견을 만들거나 강조하는 일을 피한다.
3. 안전을 우선으로 개발하고 테스트한다.
4. 사람에 대한 책임을 진다.
5. 프라이버시를 존중한다.
6. 과학적 엄밀함을 높은 수준으로 추구한다.
7. AI 기술을 적용할 때 위의 원칙을 지킨다.

퍼소나Personas

퍼소나는 사용자 니즈와 특성을 기준으로 나눈 사용자 대표 그룹을 말한다. 각 퍼소나 그룹은 행동 패턴, 목표와 동기, 태도, 배경 등을 공유한다. 불특정 다수를 대상으로 프로덕트를 만들면 기획이 막연해진다. 모든 유형의 사용자를 이해하는 것 역시 불가능하다. 개발 초기에 리서치를 실시해 퍼소나 그룹을 정의하고 개발 기간 동안 지속적으로 이를 사용하는 것을 추천한다.

퍼소나를 활용하면 실제 사용자를 구체적으로 파악하고 공감대를 형성할 수 있다. '당신은 프로덕트의 사용자가 아니다'라는 명제를 프로덕트 팀에 계속해 일깨워 준다. 또 다른 장점은 다양한 사용자 그룹을 이해하게끔 도와주는 것이다. 동일한 특징을 가진 하나의 그룹이 아닌 여러 사용자 그룹을 염두에 두고 프로덕트를 디자인하면 미처 생각하지 못한 요소까지 고려할 수 있다. 다만 퍼소나를 제대로 정의 내리기 위해서는 많은 양의 리서치가 필요하므로 신중하게 선택하도록 한다.

퍼소나와 마케팅에서 자주 사용되는 세그먼트Segment는 어떻게 다를까? 나이, 성별, 지역, 사회적 특성 등 인구 통계적인 정보가 기준이 되는 세그먼트와 다르게 UX 리서치에서 사용하는 퍼소나는 사용자 니즈와 컨텍스트, 동기, 행동 정보 등을 주요 기준으로 삼는다. 퍼소나를 만들기로 했다면 활용 범위를 먼저 결정한다. 아직 사용자가 많지 않은 작은 스타트업에서는 동일한 퍼소나를 회사에서 개발하는 전반적인 프로덕트에 적용할 수 있다. 이미 사용자가 많은 큰 조직이라면 전체 조직보다는 각 팀이나 프로덕트에 맞는 퍼소나를 만드는 편이 낫다.

그림 21-4 음악을 듣는 특성에 따라 나눈 스포티파이의 퍼소나 이미지[5]

5   Mady Torres de Souza, Olga Hörding and Sohit Karol, "The Story of Spotify Personas", *Spotify Design*, h*ttps://spotify.design/article/the-story-of-spotify-personas*

22장

UX 워크숍

UX 리서치는 팀 스포츠이다

팀원들과 관계자에게 리서치 결과를 공유했다. 이제 프로젝트의 대장정이 끝난 걸까? UX 리서치 프로젝트는 혼자 하는 개인 플레이가 아니라 팀 스포츠이다. 리서치 인사이트를 프로덕트 전략과 방향에 적극적으로 반영하기 위해서 아직 해야 할 과제들이 남아 있다.

이 장에서는 리서치에서 얻은 인사이트를 토대로 UX 워크숍에서 함께 전략을 세우는 과정과 워크숍에 쓰이는 도구를 소개한다. UX 워크숍은 프로덕트 문제를 해결하고 새로운 디자인 방향을 잡기 위해 집중적으로 협업하여 결과를 도출한다. 현업에 바쁜 이해관계자들을 한자리에 모아서 정해진 시간 안에 아이디어를 모으고 개발 우선순위를 정리하기도 한다. 발제자의 발표를 듣는 형식이 아니라 참가자들이 직접 브레인스토밍이나 의사결정에 참여해서 목표를 함께 달성한다.

UX 워크숍은 목적에 따라 종류가 다양한데 그중 대표적인 다섯 가지 유형을 소개한다. 닐슨노먼그룹에서 정리한 유형을 바탕으로 수정했다.[1] 프로젝트 목적과 타임라인에 따라 여러 가지 유형을 합쳐서 실시하는 사례도 많다. 리서치 프로젝트가 끝난 후 리서처의 주도 아래 사용자 공감 워크숍을 열거나 디자인 팀과 협업하여 아이디어 워크숍과 우선순위 워크숍을 함께 진행하기도 한다. 요구사항에 따라 워크숍 시간을 정하는데 간단하게 2~3시간 할 때도 있고 하루나 이틀이 걸리기도 한다. 워크숍을 열기로 했다면 충분한 준비 기간을 갖고 계획을 세운다.

---

1 Kate Kaplan, "5 UX Workshops and When to Use Them: A Cheat Sheet", *NN/g*, *https://www.nngroup.com/articles/5-ux-workshops*

종류	목적	언제 사용하면 좋을까
사용자 공감 워크숍	리서치에서 도출된 인사이트를 근거로 사용자 니즈를 파악한다.	• 리서치 인사이트를 바탕으로 사용자 문제에 공감대를 형성하고자 할 때 • 사용자 니즈, 행동, 동기를 명확하게 알고자 할 때
아이디어 워크숍	다양한 이해관계자들이 모여서 빠르게 아이디어를 브레인스토밍하고 결과를 도출한다.	• 프로덕트 방향을 함께 고민하고자 할 때 • 특정한 디자인 문제에 아이디어 브레인스토밍이 필요할 때 • 디자인 팀 이외에 다른 이해관계자의 관점이 요구될 때
가설 생성 워크숍	프로덕트와 사용자에 관련된 여러 가설을 세운다.	• 기존에 알고 있는 지식을 공유하고 사용자 페인 포인트나 아이디어를 검증하는 가설을 세울 때 • 리서치 인사이트를 바탕으로 A/B 테스트에 사용할 가설을 설정할 때
우선순위 워크숍	어떤 기능을 우선적으로 개발할지 순서를 정한다.	• 프로덕트 로드맵을 작성하기 위해서 개발 항목들의 중요도를 결정할 때 • 해당 프로젝트가 조직 내 다른 기획이나 작업과 어떻게 연결되는지 이해가 필요할 때
디자인 리뷰 워크숍	디자인 콘셉트를 함께 리뷰하면서 사용자 니즈에 부합하는지 의논한다.	• 디자인 콘셉트가 사용자 니즈에 부합하는지 확인하고자 할 때 • 디자인 팀 이외에 다른 이해관계자의 평가가 필요할 때

표 22-1 UX 워크숍 종류

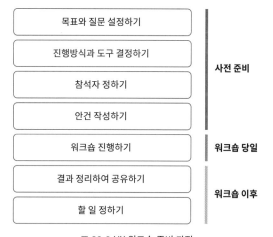

표 22-2 UX 워크숍 준비 과정

사전 준비

프로덕트 개발은 숨 가쁘게 돌아간다. 참석자 모두의 시간을 낭비하지 않으려면 워크숍을 통해 성취하고자 하는 정확한 목표와 사용 도구, 일정 등을 미리 정하고 반드시 피드백을 받도록 한다.

목표와 질문 설정하기: 워크숍의 궁극적인 목표와 대답을 얻으려는 질문이 무엇인지 정리한다. 리서치에서 얻은 인사이트를 전달하고 사용자 문제에 공감대를 형성하거나, 이미 인지하고 있는 사용자 문제를 바탕으로 새로운 아이디어를 도출하는 것을 목표로 할 수 있다. 리서치 인사이트를 현재 진행하고 있는 프로덕트 개발에 어떻게 적용할 것인지 고민하거나 개발 우선순위를 조정하기도 한다. 워크숍의 목표는 주로 다음 항목 중 하나의 카테고리에 속한다.

- 프로덕트 방향 합의하기
- 주제를 깊게 이해하고 공유하기
- 새로운 아이디어나 패턴 만들기
- 여러 팀의 관계 강화 혹은 협업 의논하기

진행방식과 도구 결정하기: 워크숍을 오프라인에서 할지 온라인에서 할지 정한다. 대면으로 진행한다면 워크숍 장소의 크기, 동선, 필요한 장비 등을 꼼꼼하게 체크한다. 온라인으로 실시할 때는 필요한 소프트웨어를 미리 파악하고 워크숍 전에 파일럿 세션을 해봄으로써 당일에 문제가 생기지 않도록 한다.

다양한 브레인스토밍과 의사결정 도구 중에서 워크숍 목표를 달성하기 위한 최적의 방법이 무엇인지 고민해 본다. 뒤에 나오는 'UX 워크숍에서 사용하는 도구들'에서 자주 쓰이는 툴 몇 가지를 안내한다.

참석자 정하기: 먼저 워크숍 성격에 따라 누가 필요한지, 인원은 몇 명이 적당한지 파악한다. 예를 들어 디자인 리뷰 워크숍이라면 리서치, 디자인, 프로덕트 매니저가 필수로 참석해야 하고 개발 우선순위를 정리하는 자리라면 엔지니어가 반드시 있어야 한다. 어느 정도 직위까지(매니저, 디렉터 레벨) 워크숍에 초대할지 역시 결정한다. 리더급이 워크숍에 참여하면 의사결정을 효율적으로 할 수 있다는 장점이 있다. 그렇지만 브레인스토밍과 아이디어 회의에서 다른 참가자들이 유연하게 의견을 내기 어려울 수 있으니 유의한다.

안건 작성하기: 큰 그림이 정해졌다면 이제 세부적인 안건을 작성하고 준비사항을 꼼꼼하게 체크한다. 미리 시뮬레이션도 해본다. 참석자가 많으면 소규모 그룹으로 나누어 진행하고 소규모 그룹에서 의논한 결과를 전체 그룹에 발표하는 자리도 필요하므로 워크숍 시간을 여유 있게 계산한다.

다음 예시는 사용자 공감과 아이디어 워크숍을 3시간 정도 일정으로 진행하는 경우 각 안건과 그에 따라 시간을 분배한 내용이다.

1. 프로젝트 소개와 워크숍 목표 공유(10분)
2. 참석자 자기소개 및 아이스브레이킹(15분)
3. 리서치 프로젝트 결과 공유(45분)
4. 질의 응답(15분)
5. 쉬는 시간(15분)
6. 어피니티 다이어그램(30분)

7. HMWHow Might We(20분)

8. 크레이지 8Crazy 8's(20분)

9. 마무리(10분)

워크숍 진행하기

진행자는 미리 준비한 안건에 맞게 워크숍의 전체적인 흐름을 주도하는
역할을 한다. 정해진 순서와 시간을 최대한 따르되 상황에 따라 자연스럽
게 프로그램을 조정하는 유연함이 필요하다.

워크숍 시작 전에 참석자가 지켜야 할 기본 규칙을 아래와 같이 미리
정해 두면 원활한 진행에 도움이 된다.

워크숍에 집중한다. 노트북 컴퓨터를 들고 와서 멀티태스킹을 하지 않도록
공지한다. 참가자들이 잡담을 하거나 집중을 잃지 않도록 효율적으로 계
획을 세우고 적절하게 시간을 분배한다.

정해진 안건과 시간을 따른다. 논의나 질의를 하다 보면 배정된 시간을 초과
할 수 있다. 워크숍의 최종 목표를 염두에 두고 계획한 타임라인을 따라
가도록 한다.

나쁜 아이디어는 없다. 워크숍은 생각의 범주를 넓히는 과정이다. 따라서
평가의 잣대를 내려놓고 모두의 의견을 존중한다.

먼저 포스트잇에 적는다. 워크숍은 서로의 생각을 나누는 것보다 아이디어
를 도출하는 데 더 큰 목적이 있다. 반드시 각자 생각한 아이디어를 포스
트잇에 적고 난 후 필요한 경우에 논의를 진행하자.

투표는 소신껏. 투표할 때는 의견을 교환하지 않고 각자 의사대로 실시한다. 모두가 평등하게 아이디어를 낼 수 있도록 익명으로 투표한다.

항상 사용자에게 집중한다. 중간에 본래 목적과 다른 방향으로 워크숍이 흘러갈 때도 있다. 리서처는 참석자들이 사용자 페인 포인트나 사용자 시나리오에 초점을 맞추게끔 돕는다.

결과 공유하고 할 일 정하기

워크숍이 끝난 후에는 도출된 결과와 논의 내용을 정리하여 참석자와 그룹 리더에게 전달한다. 프로덕트 로드맵과 개발 우선순위를 정했다면 팀의 OKR에 적용하도록 한다.

리서처는 이때 다음 리서치 과제를 구상하기도 한다. 워크숍 내용에 따라 리서치가 더 필요한 부분이 있는지 확인하고 다음 분기 계획에 반영한다.

UX 워크숍에서 사용하는 도구들

UX 워크숍에는 다양한 도구가 동원되는데 자주 쓰는 몇 가지를 소개하겠다. 구글을 비롯해 디자인 씽킹을 주도해 온 대표적인 테크 기업들이 워크숍 도구를 웹사이트에서 공유하고 있으니 참고하길 바란다.

- 구글 디자인 스프린트: *designsprintkit.withgoogle.com*
- 페이스북 씽크 키트: *facebook.com/business/m/thinkkit*
- IBM 디자인 툴킷: *ibm.com/design/thinking/page/toolkit*

어피니티 다이어그램Affinity Diagram

친화도 분석기법이라고도 하며 많은 양의 정보를 비슷한 성격끼리 모아 분류하고 패턴을 찾는 테크닉이다. 리서치에서 얻은 대량의 정보를 정리할 때 자주 사용한다. 워크숍에서는 여러 명이 함께 생각을 다듬거나 아이디어를 도출하는 브레인스토밍에 활용하면 좋다. 먼저 참가자 각자의 의견이나 아이디어를 포스트잇에 적어서 모두가 볼 수 있는 공간에 붙인다. 팀 전체가 모여 비슷한 성격을 가진 포스트잇끼리 한데 모으면서 패턴을 찾는다.

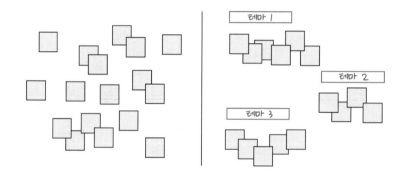

HMWHow Might We

HMW 질문법은 디자인 씽킹에서 아이디어를 촉발하기 위해 사용하는 문장 구조이다. 문제를 기회로 바꾸는 질문으로 브레인스토밍 하기 전에 전략의 방향을 잡는 역할을 한다. 보통 '어떻게 하면 00을 할 수 있을까?'라고 묻는 형식이다. 미래에 대한 상상을 목표로 하기 때문에 현재 상황에 얽매이지 않고 창의적인 아이디어를 끌어낼 수 있다. 예를 들어 사용자들이 넷플릭스에서 콘텐츠를 검색한 후 바로 감상하는 비율이 적다는 문제를 발견했다. HMW 질문법을 활용하면 사용자 페인 포인트를 기회를 찾

HMW 2

어떻게 하면

구매 고객이

환불과 교환 과정을

쉽게 마치도록

할 수 있을까?

HMW 1

어떻게 하면

사용자가 모바일 앱에서

현재 투자 상황을

정확히 분석하게

할 수 있을까?

HMW 3

어떻게 하면

사내 다른 조직에서

인사이트 아카이브를

활용하도록

할 수 있을까?

는 질문으로 바꿀 수 있다. '어떻게 하면 사용자가 넷플릭스 검색 결과에서 원하는 콘텐츠를 빠르게 선택하게 할 수 있을까?', '어떻게 하면 사용자가 검색 결과에 나열된 썸네일과 제목을 보고 콘텐츠를 쉽게 선택하도록 도울 수 있을까?' 여기서 중요한 점은 해결책을 제시하는 것이 아니라 기회를 탐색하는 방향을 잡는 것이다.

HMW를 워크숍에서 진행할 때는 주로 사용자 문제를 파악한 후 해결책을 찾는 브레인스토밍을 하기 전에 사용한다. 여러 개의 HMW 문장을 만든 후 논의를 거쳐 집중할 문장을 추리고 다듬는다. 선택한 HMW를 길잡이로 삼아 해결책을 고민한다.

HMW 질문은 다음과 같은 사항에 주의해서 작성한다.

- 리서치에서 발견한 사용자 문제를 기반으로 한다.
- 해결 방법이나 방향을 미리 가정하지 않는다.
- 범위가 너무 좁아지거나 넓어지지 않도록 한다.
- '어떻게 하면 ○○하지 않도록 할 수 있을까'와 같이 사용자의 행동을 제한하는 부정문보다는 긍정문을 사용한다.

크레이지 8Crazy 8's

구글 스프린트의 핵심적인 브레인스토밍 도구로 8분 안에 빠르게 8개의 아이디어를 스케치한다.[2] 순간적으로 떠오르는 첫 번째 아이디어를 넘어서 더 많은 아이디어를 내야 하는데 그 과정에서 생각의 범위가 확장되고 창의성이 올라가는 효과가 있다. 종이를 8칸으로 나누어 접고 한 칸에 하나씩 아이디어를 간단하게 그리거나 적는다.

예스 앤드Yes, And

하나의 아이디어를 생각한 후 가지치기하듯 비슷한 아이디어를 추가적으로 도출하는 브레인스토밍이다. 구글 디자인 워크숍에서 자주 사용한다. 먼저 워크숍에서 나온 여러 아이디어를 한곳에 모은다. 다른 사람의 아이디어를 지지하면서(yes) 나만의 생각과 아이디어를 덧붙인다(and). 브레인스토밍을 할 때는 열린 마음으로 상대방의 의견을 제한하지 않는 것이 기본 자세이다. 예스 앤드를 활용하면 다른 아이디어를 존중하면서

---

2   *https://designsprintkit.withgoogle.com/methodology/phase3-sketch/crazy-8s*

사고를 확장할 수 있다.

- 아이디어 1: 유튜브 쇼츠에서 크리에이터가 제품을 설명할 때 해당 정보를 하단에 보여 주면 어떨까요?
- 아이디어 1-1: 좋아요. 그리고, 최신 가격 정보도 추가하면 어떨까요?
- 아이디어 1-2: 좋아요. 그리고, 경쟁사의 비슷한 제품도 같이 노출하면 어떨까요?
- 아이디어 1-3: 좋아요. 그리고, 제품 링크를 걸어서 쉽게 구매하도록 만들면 어떨까요?

스토리보딩Storyboarding

스토리보딩은 사용자가 프로덕트를 경험하는 과정을 비주얼로 표현하면서 아이디어를 서술한다. 종이나 디지털보드를 이용해 새롭거나 개선된 사용자 경험을 그림, 말풍선, 간단한 설명으로 전달한다. 한 페이지짜리 웹툰을 간략하게 그린 것과 비슷하다. 그림은 스토리를 전달하기 위한 수단이므로 잘 그리지 않아도 된다는 점을 참가자에게 알린다. 크레이지 8 또는 다른 아이디어 기법보다 사용자와 컨텍스트를 자세히 다루는 것이 장점이다.

진행 방법은 다음과 같다.[3]

1. 스토리의 주인공을 설정하고 배경과 줄거리를 생각한다.
2. 사용자 페인 포인트에 집중하면서 그림, 말풍선, 설명글을 이용하여 스토리를 전개한다.

---

3 "Storyboards", *Enterprise Design Thinking*, https://www.ibm.com/design/thinking/page/toolkit/activity/storyboard

3. 스토리보드 하나를 그리는 시간은 최소 10~15분이다.

4. 완성된 스토리보드를 공유하고 필요하면 논의하는 시간을 갖는다.

우선순위 정하기Prioritization Activity

도출된 아이디어가 다수일 경우 검토해서 우선순위를 정한다. 참가자들의 합의를 이끌어 내는 방법으로 간단하게 투표를 하기도 하고 가치 할당이나 개발 노력 대비 임팩트를 고려하는 매트릭스를 만들기도 한다.

- 점 투표Dot Voting: 참가자들에게 정해진 숫자의 투표권을 주고 각자 우선하는 아이디어에 표시하게 한다. 투표에 주로 동그란 모양의 스티커를 사용해서 도트 보팅이라고 부른다.

- 가치 할당Value Assignment: 정해진 금액의 예산을 가정하고(예산이 100만 원이라면) 이를 어떤 아이디어에 얼만큼 할당할 것인지 정한다. 미리 종이돈이나 칩을 준비해서 쓰기도 한다.

- NUF 테스트: 각각의 아이디어를 새로운지New, 유용한지Useful, 실행 가능한지Feasible 세 가지 측면에서 평가한다.

- 개발 노력Effort×임팩트Impact 매트릭스: 2×2 그래프에 아이디어를 나열한 뒤 우선순위를 정한다. 사용자에게 얼마나 큰 영향력을 미치는

지 아이디어를 현실화하는 데 얼마나 많은 시간과 노력이 드는지 가늠해 본다. 임팩트는 크고 시간과 노력이 적게 드는 아이디어를 1순위로 한다.

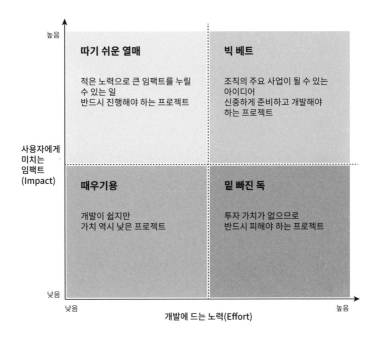

4부

UX 리서치
스킬 트레이닝

4부에는 리서치 스킬을 한 단계 업그레이드 할 수 있는 내용을 담았다. 먼저 질적, 양적 리서치의 단점을 보완하고 애자일 리서치를 수행하는 방법을 소개한다. 이해관계자와 원활하게 협업할 줄 알면 어디서든 환영받는 리서처가 될 수 있다. 리서치 과정에서 생겨나는 다양한 인지 편향에 빠지지 않도록 노력하면 그만큼 리서치 실력이 향상될 것이다. 마지막 27장에서는 리서처로서 자신만의 POVPoint of View 갖는 법을 다루었다.

23장

혼합적 리서치

가장 최신의 리서치 기법

최근 몇 년간 UX 리서치에서 가장 화두인 기법을 꼽으라면 바로 혼합적 리서치Mixed Methods일 것이다. 이름에서 힌트를 얻을 수 있듯이 혼합적 리서치는 하나가 아닌 복수의 리서치 기법을 사용하는데 보다 설득력 있고 확고한 결론을 도출하기 위해 트라이앵귤레이션Triangulation 전략을 취한다.

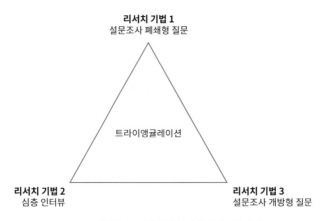

그림 23-1 트라이앵귤레이션을 활용한 혼합적 리서치 예시

트라이앵귤레이션은 사회과학에 근간을 두고 있는 전략적 리서치 방식으로 복수의 관점과 기법을 연구에 도입하여 리서치 질문에 답한다. 하나의 기법, 하나의 관찰자, 하나의 이론을 바탕으로 연구할 때 생기는 단점과 내재적 편향을 극복하고 리서치의 타당성과 신뢰도를 높이기 위해 쓰인다.

트라이앵귤레이션에는 크게 4가지 종류가 있다.[1] 1번과 2번은 데이터 수집, 3번과 4번은 데이터 분석과 관련 있다.

---

1 Norman K. Denzin, *Sociological methods: A Sourcebook*, Routledge, 2006

1. 데이터 트라이앵귤레이션: 다양한 유형의 데이터를 수집한다. 참가자 그룹을 다각화하거나 대상 지역을 확대하고 시간 간격을 두고 연구한다.
2. 방법론적 트라이앵귤레이션: 두 개 이상의 리서치 기법을 사용하여 데이터를 모은다. 혼합적 리서치가 여기에 해당된다.
3. 관찰자 트라이앵귤레이션: 두 명 이상의 리서처가 연구에 참여한다. 각자 연구 결과를 도출한 후 비슷한 점과 다른 점을 비교하며 결론을 완성한다.
4. 이론적 트라이앵귤레이션: 리서치 분석에 두 개 이상의 이론을 적용하여 연구 가설이 어떻게 입증되고 반박되는지 살펴본다.

편향은 줄이고, 신뢰도는 높이고

사람들이 건강한 식단을 유지하기 위해 무엇을 하는지 알아보는 리서치를 하려고 한다. 심층 인터뷰를 하면 참가자를 직접 만나서 자세한 내용을 들을 수 있는 장점이 있지만 인터뷰 당시 참가자가 떠올린 이야기, 즉 참가자의 기억에 의존한 이야기만 듣게 되는 단점도 있다. 이럴 때에는 다이어리 스터디로 참가자로 하여금 매 끼니 먹는 음식 사진과 정보를 기록하게 하면 실시간 사용자 행동을 확인할 수 있다. 혹은 설문조사를 통해 일반적인 의견을 수치화한 데이터를 에스노그라피에서 관찰한 내용과 결합할 수도 있다.

이렇게 혼합적 리서치는 한 가지 리서치 기법에만 의존하는 경우에 발생하는 단점을 극복하고 다양한 기법을 사용하여 데이터를 모음으로써 논리적으로 더욱 타당한 결론을 내릴 수 있게 도와준다. 혼합적 리서치로

얻을 수 있는 이점은 다음과 같다.[2]

1. 상호보완: 서로 다른 리서치 기법에서 얻은 데이터로 각각의 단점을 보완하여 주제를 심도 있게 연구할 수 있다.
2. 확장: 하나의 기법으로는 대답하기 어려운 리서치 질문을 던질 수 있다. 전체적인 리서치 주제의 범위가 확장된다.
3. 상호발전: 한 기법에서 얻은 결과를 정보로 활용해서 다른 리서치를 개선한다.
4. 리서치 유효성: 복수의 기법을 사용하여 도출된 인사이트는 리서치 신뢰도와 유효성을 높인다.
5. 제안: 한 리서치에서 도출된 데이터에 모순되는 내용이 다른 리서치의 결과로 나오면 새로운 문제점을 제시할 수 있다.

질적 리서치와 양적 리서치의 장단점

혼합적 리서치는 주로 질적 리서치와 양적 리서치를 함께 사용하는 경우가 많다.[3] 앞서 6장에서 다루었던 질적 리서치와 양적 리서치의 특징과 차이점을 다시 살펴보자.

	질적 리서치	양적 리서치
질문	왜, 무엇을, 어떻게	얼마나 많이
강조점	사용자 행동의 배경과 이유 분석	사용자 행동의 패턴화
목적	사용자 행동이 의미하는 바와 상징을 발견하고 이를 통한 새로운 이론 정립	인과관계에 대한 이해를 바탕으로 사용자 행동 가설 검증하기
결과물	텍스트 인사이트	숫자와 그래프 인사이트

2 Alan Bryman, "Mixed Methods, Sage Benchmarks in Social Research Methods" *SAGE Publications*, 2006
3 John W. Creswell and Vicki L. Plano Clark, *Designing and Conducting Mixed Methods Research*, SAGE Publications, 2006

질적 리서치는 사용자 스토리에 집중하면서 특정 행동의 이유나 배경을 알 수 있는 장점이 있으나 대규모의 사용자 그룹을 연구해서 결과를 일반화하기 어렵다. 반대로 양적 리서치는 사용자 행동을 수치로 패턴화하여 보여 주고 사용자 행동 가설을 검증하는 데 적합하다는 큰 강점이 있지만 그 이유나 배경을 밝히기는 어렵다. 따라서 두 종류의 리서치를 같이 사용하면 서로의 단점은 보완하고 장점은 살리는 시너지 효과가 나타난다.

조직의 구성에 따라 다르지만 질적 리서치는 주로 UX 리서처가 담당한다. 양적 리서치는 UX 리서처가 진행하기도 하고 데이터 사이언티스트나 양적 UX 리서처와 협업해 실시하기도 한다.

혼합적 리서치 설계 방법

리서치 기법을 섞는 방법은 다양하고 정해진 법칙이 있는 것은 아니다. 원하는 결과물과 리서치 질문에 맞추어 리서치를 설계한다. 실무에서 자주 사용하는 방식은 다음 세 가지이다.[4]

1. 설명적 순차 디자인Explanatory Sequential Design

   설명적 순차 디자인은 양적 리서치 결과를 설명하기 위해 인터뷰와 관찰을 사용한다. 인테리어 제품 웹사이트에서의 가구 구매 경험과 관련해 비교적 넓은 범위의 브랜딩 비교 스터디를 수행하려고 한다면? 먼저 설문조사를 실시하여 결과를 통계적으로 분석한다. 웹사이트에서 사용자가 겪는 경험을 세분화하여 사용자 태도를 측정하는 것이다. 이후 6~7명 가량의 참가자를 모집해 주로 사용하는 인테리어

---

4 Jeff Sauro, "3 Ways to Combine Quantitative and Qualitative Research", *Measuring U*, *https://measuringu.com/mixing-methods*

제품 웹사이트를 어떻게 생각하는지 심층 인터뷰로 들어 본다.

데이터 사이언티스트와 협업해 피트니스 앱 사용자 행동 데이터를 분석할 수도 있다. 우선 행동 데이터 분석 결과를 바탕으로 사용자 세그먼트를 나눈다. 각 그룹에 속한 사용자를 대상으로 다이어리 스터디를 실시하여 운동할 때 피트니스 앱을 어떻게 활용하는지 연구한다. 세그먼트별로 특징이 있다면 왜 그러한 패턴이 나타나는지 해석한다.

이렇게 설명적 순차로 리서치를 할 때는 앞서 설문조사에 응답한 참가자를 대상으로 질적 리서치를 뒤이어 실시하면 풍부한 스토리와 흥미로운 패턴을 발견하기에 유리하다.

2. 탐색적 순차 디자인Exploratory Sequential Design

탐색적 순차 디자인은 질적 연구에서 인사이트를 얻는 것에서 시작한다. 이를 바탕으로 양적 연구를 설계하여 전반적인 리서치 유효성을 높인다. A/B 테스팅을 하기 전에 질적 리서치로 사용성 테스트를 실시하는 게 대표적이다.

택시 호출 서비스 홈화면을 새롭게 디자인했다고 하자. A/B 테스팅을 하면 여러 가지 콘셉트 가운데 어떤 것이 가장 호출 수가 많은지 쉽게 알 수 있다. 하지만 그 전에 사용성 테스트로 사용자가 헷갈려 하는 부분을 미리 찾아 수정하면 불필요한 잡음을 최소화하여 콘셉트의 차이를 제대로 평가할 수 있다.

대규모 설문조사를 준비할 때 미리 간단한 인터뷰를 진행하여 문항의 흐름이 문맥에 맞는지, 이해하기 쉬운지 등을 체크하는 것도 탐색적 순차 디자인이다.

3. 수렴 병렬 디자인Convergent Parallel Design

양적 리서치와 질적 리서치를 각각 진행한 후에 결과 데이터를 비교하고 차이점을 확인한다. 리서치 주제가 뚜렷하지 않을 때, 해당 주제나 사용자 그룹 정보가 부족해서 기반적 연구가 필요할 때, 리서치를 순차적으로 진행할 시간적 여유가 없을 때, 이렇게 양적 리서치와 질적 리서치를 동시에 진행하기도 한다.

링크드인에 처음 가입한 사용자가 프로필을 만들고 서비스를 사용하는 여정을 리서치하려고 한다면? 다이어리 스터디로 사용자가 프로덕트를 배우는 과정을 조사하는 동시에 로그 데이터를 분석하여 사용자가 어떤 화면에 오래 머무르고 어떤 페이지에서 클릭을 많이 하는지 알아낼 수 있다.

다른 예로는 지역적 연구가 있다. 다양한 나라에서 사용하는 모바일 결제수단을 리서치한다면? 질적 리서치 팀은 결제 수단에서 서로 다른 행동 양식을 보이는 3개 국가에서 관찰 연구를 한다. 또 양적 리서치 팀은 8개 국가를 대상으로 같은 주제의 설문조사를 한다. 조사가 끝나면 두 팀이 한자리에 모여 결과를 분석한다. 비슷한 점과 다른 점을 비교하면서 의미 있는 인사이트를 도출한다.

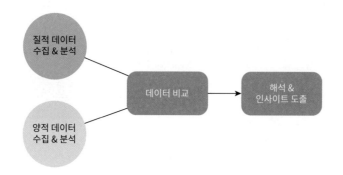

24장

애자일 리서치
Agile Research

"리서치 결과는 언제까지 전달하면 될까요?"

프로덕트 매니저나 디자이너와 미팅을 하면 마지막에 꼭 마감일을 묻는다. 어떤 대답을 듣게 될지 알지만 일단 질문한다. 그럼 대부분 예상한 대로 "최대한 빨리요!"라는 대답이 돌아온다.

소프트웨어와 하드웨어는 본질적으로 개발 과정이 다르다. 하드웨어 개발은 제조에 많은 비용과 시간이 들기 때문에 신중하게 의사결정을 내린다. 새로운 자동차 모델을 출시했는데 소비자가 원하지 않으면 엄청난 비용을 치러야 하기 때문이다. 따라서 관련 리서치 역시 시간이 걸리더라도 조심스럽고 꼼꼼하게 이루어진다. 반면에 소프트웨어 개발은 온라인에서 이루어지므로 생산 비용이 훨씬 적게 들고 작업 역시 한 번에 끝나는 게 아니라 여러 번에 걸쳐 프로덕트를 업그레이드하며 반복된다. 경쟁사들도 모두 같은 상황이다 보니 남들보다 빠르게 새로운 기능을 출시하고 지속적으로 업데이트해야 하는 부담이 있다.

소프트웨어 프로덕트와 관련된 UX 리서치 역시 신속함을 기본으로 한다. 그중에서도 더욱 빠르고 민첩하게 진행되는 리서치 프로젝트를 애자일 혹은 린 리서치라고 한다. 빠른 시일 안에 의사결정을 내려야 할 때, 한 명의 리서처가 여러 팀을 담당해서 한 프로젝트에 오랜 시간을 들일 수 없을 때, 피드백이 필요한 범위가 좁아 약식으로 진행할 때 등 애자일 리서치가 필요한 경우는 다양하다. 애자일 리서치는 주로 평가적 리서치에 쓰인다.

UX 리서치를 위한 애자일 도구들

구글벤처스 디자인 스프린트GV Design Sprint

디자인 스프린트는 5일간 설계, 프로토타입 제작, 테스트 과정을 통해 주요 비즈니스 문제를 집중적으로 해결하는 워크숍이다.[1] 끝도 없이 이어지는 미팅과 토론을 방지하기 위해 정해진 시간 안에 지름길을 이용해 새로운 해결책을 찾는다. 디자인 스프린트는 짧은 시간 동안 아이디어를 내고 사용자에게 바로 피드백을 받을 수 있어 여러 기업에서 즐겨 사용한다. 매일의 목표와 해야 하는 일이 정해져 있는데 그대로 적용하기도 하고 프로젝트에 따라 변형해서 사용하기도 한다.[2]

사전 준비: 스프린트 목표와 참가자를 결정한다. 필요하다면 화이트보드가 있는 미팅룸을 마련하고 충분한 양의 포스트잇, 펜, 종이, 투표를 위한 스티커, 간식 등을 준비한다. 스프린트가 온라인으로 이루어지는 경우에는 미리 시뮬레이션을 하여 진행에 필요한 툴을 익힌다.

월요일: 첫째 날은 문제를 이해하고 어떤 문제에 집중할지 정한다. 알고 있는 모든 문제점을 함께 나열한다. 이해관계자나 전문가의 의견을 들어보고 서로의 생각을 나눈 후 마지막으로 스프린트 기간 동안 해결하고자 하는 문제를 선정한다.

화요일: 둘째 날은 해당 문제를 푸는 해결책을 찾기 위해 다양한 브레인스토밍을 한다. 더 좋은 사용자 경험을 만들려면 무엇을 개선하면 좋을지

---

1   "The Design Sprint", *Google Ventures*, *https://www.gv.com/sprint*
2   Jake Knapp and John Zeratsky, *Sprint: How to Solve Big Problems and Test New Ideas in Just Five Days*, Simon&Schuster Audio, 2016; 《스프린트》, 김영사

생각하면서 아이디어를 스케치한다. 금요일에 있을 사용성 테스트 준비도 함께 시작한다.

수요일: 이 날 아침에는 전날 스케치했던 아이디어들이 쌓여 있어야 한다. 오전에는 어떤 아이디어가 장기적인 효과를 창출할지 고민하면서 베스트 아이디어를 추린다. 오후에는 그 아이디어를 모아서 사용자 스토리를 만든다.

목요일: 전날 만든 스토리보드를 바탕으로 주어진 시간 내에 최대한 사실적인 프로토타입을 제작한다. 다음 날에 실시할 사용성 테스트 준비를 마친다.

금요일: 마지막 날은 사용성 테스트로 사용자가 프로토타입을 어떻게 생각하는지 배우는 시간이다. 리서치를 마치면 다음 단계에서 무엇을 해야 하는지 그림이 그려질 것이다.

RITE Rapid Iterative Testing & Evaluation

RITE는 사용성 테스트를 진행하면서 반복적으로 디자인을 수정한다. 명백한 UX 문제를 찾았다면 테스트가 끝나고 결과 리포트가 나올 때까지 기다리지 않고 바로 수정한다. 여러 번 리서치하지 않아도 되므로 시간을 절약할 수 있다. 한 번의 사용성 테스트가 끝날 때마다 피드백을 받아 디자이너가 즉석에서 프로토타입을 수정한다. 수정한 버전으로 그다음 사용성 테스트를 진행한다.

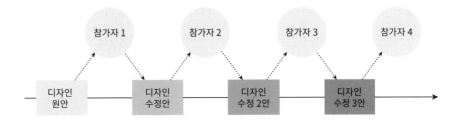

래피드 리서치Rapid Research

애자일 도구는 아니지만 사내 리서치 팀의 규모가 커졌을 때 활용하면 편리하다. 구글 및 빅테크 기업들은 조직 내에 래피드 리서치 팀을 따로 운영하는데 간단한 리서치 프로젝트를 수행하는 역할을 담당한다. 콘셉트 평가, 사용성 평가와 같이 프로덕트 개발 과정에서 빠르게 사용자 피드백이 필요할 때 리서치 프로젝트를 1~2주 안에 효율적으로 진행하는 컨설팅 조직이다.

주로 월요일에 킥오프 미팅을 하고 수요일에 필드워크를 진행하며 금요일에 리서치 결과를 보고한다. 일주일 안에 프로덕트 의사결정에 필요한 인사이트를 도출할 수 있는 것이 큰 장점이다. 사내 주요 프로젝트이거나 개발 기간이 긴 경우에는 매주 또는 매월 정기적으로 래피드 리서치를 실시하기도 한다.

주의할 점은 래피드 리서치라 하더라도 참가자 모집에는 시간이 오래 걸리기 때문에 1~2주 정도 여유를 갖고 미리 계획한다.

린 UX 원칙

개별 리서치를 잘하는 것도 중요하지만 장기적으로는 전체 조직과 UX 프로세스를 효율적으로 만드는 것이 더욱 중요하다. 《린 UX》에서는 조직에서 효과적으로 사용자 경험을 디자인하고 개발하는 데 기반이 되는 15 가지 원칙을 소개한다.[3] 그 가운데 UX 리서치에 도움이 되는 몇 가지를 알아보자.

교차기능팀Cross-Functional Team **갖추기:** 프로덕트 개발이 원활하게 이루어지기 위해서는 각 팀에서 일을 분담하고 업무가 끝나면 다음 팀으로 넘기는 게 아니라 처음부터 다양한 직군이 모여서 한 팀을 구성하는 환경이 조성되어야 한다. 기획, 소프트웨어 엔지니어, 디자인, 콘텐츠 전략, 마케팅, 프로덕트 매니지먼트, 리서치 등 여러 직군이 한 조직 안에서 일하거나 프로젝트 초기에 참여해야 한다.

산출물과 결과의 차이 이해하기: 리서치에서 궁극적으로 얻고자 하는 것은 단순한 산출물Outcomes이 아니라 그것으로 인해 변화가 일어난 결과Outcome임을 인지해야 한다.

문제에 집중하기: 사용자 문제에 열중하는 팀이 성과를 내기에 유리하다. 리서처는 팀이 어떠한 사용자 문제를 우선해야 하는지 방향을 제시하는 역할을 하며 이는 팀으로 하여금 자긍심과 주인의식을 갖게 한다.

지속적으로 발견하기: 프로덕트 개발 과정에서 정기적으로 리서치를 하며 사용자에게 지속적인 피드백을 받는다. 사용자가 프로덕트에서 어떻게 행동하는지, 왜 그렇게 행동하는지 관찰하면서 프로젝트 방향을 수정한다.

목표와 이해 공유하기: 팀이 공동의 목표를 받아들이는 것은 린 UX의 기본

3　Jeff Gothelf and Josh Seiden, *Lean UX: Applying Lean Principles to Improve User Experience*, O'Reilly Media, 2013

조건이다. 프로젝트 목표가 무엇인지, 왜 그러한 목표를 정했는지 충분히 공감해야 모두 함께 효과적으로 성과를 끌어낼 수 있다.

분석보다는 만들기: 프로덕트에 관한 여러 가지 의문은 토론이 아니라 사용자를 대상으로 테스트하는 과정에서 해결된다. 분석과 토론에 시간을 많이 쓰지 말자. 빨리 프로덕트를 만들어서 아이디어를 구체화는 편이 효율적이다.

실패를 두려워하지 않기: 첫 아이디어가 성공하는 일은 거의 없다. 대부분의 아이디어는 실패를 거듭하며 정확하고 견고해진다. 린 UX 조직은 실패에 너그러워야 한다. 끊임없이 도전하고 실험하고 실패가 두렵지 않은 환경에서 창의력이 생겨난다. 창의력이 있는 조직이 혁신적인 프로덕트를 만든다.

25장

이해관계자와
협업하기

리서치 시작 단계부터 지원 끌어내기

성공적인 UX 리서치 프로젝트의 조건은 무엇일까? 신중하게 결정된 리서치 기법과 질문, 꼼꼼한 데이터 수집과 분석, 사용자에 대해 몰랐던 사실을 깨닫는 아하 모먼트Aha Moment, 인사이트를 효과적으로 전달하는 스토리텔링, 이 모든 사항이 중요하다. 하지만 성공을 가늠하는 결정적인 요소는 바로 이것이다. '리서치 결과가 프로덕트 의사결정에 유효하고 신뢰성 있는 근거로 쓰이는가?' 프로덕트 의사결정의 범위는 매우 넓다. 프로덕트 버튼에 들어가는 문구나 비주얼 아이콘을 결정하는 것에서부터 프로덕트 개발을 계속할지 아니면 중단할지, 어떤 분야를 새로 개척할지 조사하는 것에 이르기까지 다양하다.

의사결정을 내리는 사람이나 팀이 현명한 결정Informed Decision을 할 수 있게 인사이트를 제공하는 것이 리서처의 목표이지만 현실은 만만하지 않다. 리서치 결과를 그저 '참고용'으로만 여기거나 이미 정한 방향으로 일을 추진하기 위해 인사이트를 선택적으로 고르기도 한다. 리서치의 타당성을 문제 삼으며 결과를 무시하는 경우도 있다. UX 성숙도가 낮은 회사일수록 리서치 결과를 오용하는 일이 자주 일어난다. 이러한 상황을 최대한 방지하려면 어떻게 해야 할까? UX 리서치는 리서처 혼자서 하는 일이 아니라 모두 함께 참여하는 팀 스포츠라는 것을 조직에 계속해서 상기시켜야 한다.

사용자 경험을 둘러싼 의사결정은 팀에서 협의하에 이루어지지만 주로 프로덕트 매니저와 디자이너가 주도하는 경우가 많다. 따라서 이들이 리서치 결과를 프로덕트 전략에 적극적으로 반영할 수 있도록 프로젝트 구상 단계에서부터 긴밀하게 논의한다. 이렇게 하면 서로 원하는 바가 달라서 불필요하게 시간을 낭비하는 일이 줄어들고 또 리서치 결과가 나왔을 때 이를 적극적으로 프로덕트에 반영할 확률이 높아진다.

이를 위해 리서치 준비단계에서 다음 내용을 구체적으로 협의한다.

- 리서치에서 배우고자 하는 내용이 무엇인지, 이를 참고해 어떤 프로덕트 결정을 내릴 계획인지 정확하게 파악하고 의논한다.
- 전체적인 리서치 목표를 바탕으로 리서치 질문을 같이 작성한다. 워크숍이나 미팅에서 해당 주제 관련 정보를 한데 모으고 궁금한 질문을 모두 적어 보는 시간을 갖는다.
- 리서치 계획서 작성 후 프로젝트에 참여하는 사람과 이해관계자 모두가 읽을 수 있도록 공유한다. 필요하다면 미팅을 열어 참가자 조건, 리서치가 이루어지는 국가나 지역, 타임라인 등 세부내용을 함께 확인한다.

필드워크는 같이 나간다

리서치 프로젝트가 리서처만의 업무라는 인식을 해소하는 것도 중요하다. 되도록 이해관계자들이 참석 가능한 시간에 필드워크를 진행하고 리서치 기간에는 모두가 리서처의 지휘 아래 각자 역할을 맡아서 프로젝트에 기여하도록 한다.

- 필드워크 스케줄이 정해지면 모두에게 캘린더 초대장을 보내고 이메일, 메신저, 미팅 등으로 계속해서 참여를 장려한다.
- 필드워크에 이해관계자들을 관찰자나 노트테이커로 참여하게 하여 사용자를 배우고 그들의 고충에 공감할 수 있도록 한다. 사내에 사용성

테스트 랩실이 있다면 가장 좋다. 촬영한 영상을 보는 것과 바로 옆방에서 실시간으로 사용자 목소리를 생생하게 듣는 것은 느낌이 다르다.

- 필드워크를 외부로 나간다면 역할을 좀 더 세분화한다. 노트테이커, 포토그래퍼, 비디오그래퍼를 미리 정하고 해야 할 일을 분담해 리서처는 필드워크에 집중할 수 있도록 한다. 해외 리서치라면 본 리서치 전에 미리 데스크탑 리서치를 실시하거나 문화체험을 하는 등 사전준비 사항이 늘어난다.
- 필드워크가 끝난 직후 디브리핑에서 팀원들과 배운 점과 느낀 점을 나누는 시간을 갖는다.

함께 문제를 해결한다

필드워크에서 발견한 인사이트를 바탕으로 머리를 맞대어 문제를 해결하기 위해 노력한다.

- 프로덕트 매니저와 디자이너 그 외 이해관계자를 모두 초대해서 인사이트를 공유한다. 리서치는 정답을 알려 주는 것이 아니기 때문에 인사이트를 토대로 어떻게 더 좋은 사용자 경험을 전달할지 고민하는 시간이 필요하다.
- 워크숍에서 장기적인 프로덕트 전략을 세우고 구체적인 아이디어를 발전시킨다.
- 리서치 인사이트는 개발 과정에서 우선순위를 정할 때도 참고한다.

리서치 프로젝트 우선순위 정하기

조직에 리서치 팀이 없어 솔로 리서처로서 혼자 여러 팀 업무를 하는 경우에는 리서치 프로젝트 제안이 쏟아져 들어온다. A팀은 이번에 출시할 기능의 사용성 테스트가 필요하고 B팀은 잠재 고객의 전반적인 소비 패턴이 궁금하고 C팀은 새로 바뀐 문구에 대한 피드백을 요청한다. 이럴 때 리서처는 어떻게 우선순위를 정해야 할까?

이해관계자와 계속해서 커뮤니케이션하면서 어떤 프로젝트가 가장 프로덕트에 영향을 미치는지, 리서치 결과가 의사결정에 얼마나 도움이 되는지, 데드라인이 언제인지 파악해서 중요도를 나눈다. 여러 리서치 프로젝트를 일정한 기간 단위(분기 혹은 월)로 나누어 미리 계획하는 것도 유용하다. 리서치 프로젝트는 필요할 때 요청하는 것이 아니라 개발 과정과 리서처 일정을 고려한 사전 준비가 뒷받침되어야 한다는 것을 알리자.

거절도 능력이다

의사결정이 필요할 때마다 매번 리서치를 할 수는 없다. 리서치의 목적은 모은 정보를 바탕으로 합리적인 의사결정을 돕는 것이지 의사결정을 대신하는 게 아니기 때문이다. 그런데 리서처가 팀에 있다는 이유로 무엇이든 사용자에게 물으려고 하는 사례가 자주 발생한다.

리서치 타당성이 낮은 때에는 프로젝트 제안을 거절해야 한다. 사용자의 전반적인 소비 패턴을 알아야 하지만 시간이 없으니 간단하게 설문조사를 하자거나 비용이 부족하니 해당 참가자 집단이 아닌 내부 직원을 대상으로 리서치를 하자고 하는 경우가 바로 그러하다.

리서처의 시간은 한정적이다. 리서처로 일하면서 잘 거절하는 것도 능력이라는 사실을 배웠다. 너무 많은 프로젝트를 동시에 진행하여 리서치의 퀄리티를 떨어뜨리는 것보다 중요한 프로젝트 하나를 제대로 완성하는 편이 조직에 훨씬 득이다.

26장

UX 리서처가 알아야 하는
인지 편향

인지 편향의 위험

"인간의 사고방식에서 흔하게 발생하는 오류와 편향을 더 잘 인식한다면 더 나은 결
정과 더 가치 있는 판단을 내릴 수 있다."

– 대니얼 카너먼Daniel Kahneman, 《생각에 관한 생각》

인간은 매일 의사결정을 내리는 과정에서 엄청난 양의 데이터를 받아들
이고 크고 작은 판단을 한다. 이 수많은 의사결정 과정을 효율적으로 운
영하기 위해 우리의 뇌는 본능적으로 인지 편향과 같은 자동화된 편법을
동원한다. 따라서 누구나 편향에서 자유로울 수 없다.

인지 편향Cognitive Bias이란 합리적인 판단이 아닌 개인적인 경험이나 감
정, 직관적 해석을 바탕으로 무의식적인 논리의 오류를 범하는 것을 뜻한
다. 첫 인상이 좋지 않았던 사람에게 실망하는 일이 생기면 그럴 줄 알았
다고 부정적 평가를 내리거나, 주변 사람에게 들은 내용을 바탕으로 가치
판단을 내리고 이를 사실인 것처럼 생각하는 것이 인지 편향이다.

이러한 현상이 왜 생기는지 대니얼 카너먼과 아모스 트버스키의 이론
을 살펴보자. 이들은 우리의 뇌가 매일의 의사결정에 어떻게 관여하는지
설명하면서 두 가지 체계를 이야기한다.[1] 시스템 1은 빠른 직관적 판단을
통해 무의식적으로 이루어지는 수많은 의사결정을 담당하고, 시스템 2
느리지만 이성적인 판단을 내리며 중요한 결정에 사용된다. 아침에 출근
하면서 마실 커피는 습관적으로 빠르게 결정하지만, 다음 주에 들어올 보
너스의 투자처는 각 금융상품의 장단점을 꼼꼼하게 따져서 신중하게 판
단한다.

---

1 Daniel Kahneman, *Thinking, Fast and Slow*, Farrar, Straus and Giroux, 2013; 《생각에 관한
생각》, 김영사

시스템 1
직관과 본능
95%
무의식
신속
연상
자동주행

시스템 2
이성적 사고
5%
노력
느림
논리적
우유부단

빠른 직관에 기반한 시스템 1에서 사용되는 의사결정 방법을 휴리스틱이라고 한다. 휴리스틱은 시간이나 정보가 충분하지 않거나 체계적이고 합리적인 사고가 굳이 필요하지 않을 때 의식적 추론을 거치지 않고 판단하는 사고 과정을 말한다. 이러한 추론은 빠르고 간편하다는 장점이 있지만 그 결과 다양한 생각의 함정에 빠지는 인지 편향을 불러일으킨다.

UX 리서치에서 인지 편향이 왜 중요할까? UX 리서치에서 잘못된 사용자 인사이트를 도출할 경우 프로덕트 개발에 치명적이기 때문이다. 이러한 손실을 피하려면 전반적인 리서치 과정에서 생겨날 수 있는 비합리적이고 비이성적인 사고를 줄이기 위해 노력해야 한다. 한마디로 손쉬운 의사결정을 지양하고 의식적으로 객관적인 데이터를 근거로 신중하게 판단을 내려야 한다.

인지 편향을 줄이는 방법은 어떠한 인지 편향이 존재하는지, 왜 그러한 인지 편향이 일어나는지 끊임없이 공부하는 것이다. 이 정도로 노력을 기울여야 리서치 준비와 필드워크, 분석 과정에서 더 객관적이고 정확한 판단을 내릴 수 있다.

심리학과 사회학에서 이야기하는 인간의 인지 편향을 추리면 백여 개가 훌쩍 넘는다. 이 중에서 올바른 UX 리서치를 수행하기 위해 꼭 알아야 할 7가지 인지 편향을 알아보자.

확증 편향Confirmation Bias

기존에 가지고 있던 의견이나 믿음과 일치하는 방향으로 새로운 정보를 해석하는 경향을 말한다. 확증 편향의 정도가 심하면 믿음에 반하는 근거가 명백하다 하더라도 데이터를 신뢰하지 않기도 한다. 한마디로 보고 싶은 것만 보고 듣고 싶은 것만 듣는 오류를 범하는 것이다. 요즘에는 일상적으로 각종 채널에서 알고리즘에 의해 개인화된 정보를 제공받는데 관심과 취향에 따른 맞춤 정보에 계속해서 노출되다 보니 필터버블에 갇혀 확증 편향에 빠지기가 더욱 쉬워졌다.

UX 리서치에서는 이러한 확증 편향이 주로 필드워크와 데이터 분석 단계에서 나타난다. 리서처가 옳다고 생각하는 방향에 맞추어 데이터를 끼워 넣거나, 가설에 대한 의견이 있을 때 가설 검증에 유리한 데이터에만 집중하는 식이다. 디자이너나 프로덕트 매니저는 리서치 프로젝트를 진행할 때 이러한 확증 편향에 빠지지 않도록 특히 주의해야 한다. 자신이 오랜 시간을 투자했던 프로덕트 제안이나 디자인 콘셉트에 유리한 쪽으로 데이터를 해석할 가능성이 있기 때문이다.

확증 편향에 대처하는 가장 좋은 길은 반대로 자신의 생각이 옳지 않다고 가정하고 정보를 수집하는 것이다. 확증 편향을 줄이기 위해서는 항상 열린 마음으로 반대되는 주장의 근거에 귀 기울여 합리적인 분석과 결정이 이루어지도록 해야 한다. 의식적으로 자신이 틀렸다고 가정하고 반대

주장을 증명하는 내용을 적극적으로 찾아보자.

혼자서 데이터를 분석하지 않고 팀과 함께 하는 시간을 갖는 것도 도움이 된다. 마찬가지로 팀원의 서로 다른 견해를 적극적으로 받아들인다. 리서치에 참여한 사람들의 의견을 모아 결론을 도출하고 기존 가설을 중립적으로 검토하는 시간을 갖는다.

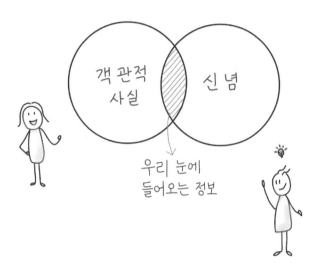

허위 합의 효과False Consensus Effect

나의 생각이나 의견은 보편적이기 때문에 다른 사람들도 나와 비슷한 생각을 할 것이라 믿는다. 허구성 일치 효과라고 부르기도 한다. 스스로의 판단력과 믿음을 지나치게 자신한다.

프로덕트를 개발하는 테크 회사에서 일하는 사람들이 본인도 사용자와 마찬가지로 프로덕트를 쓰기 때문에 사용자를 대변할 수 있다고 착각하는 경우가 여기에 해당된다. 리서처 자신이 프로덕트를 사용하면서 겪는 불편함을 실제 사용자들도 똑같이 느낄 것이라 여기는 것이다.

UX 리서치에서 중요하게 생각하는 문장인 '우리는 사용자가 아니다'를 기억하자. 프로덕트 팀이 개인적으로 경험하거나 깨달은 바가 있다면 이를 가설로 세워서 실제 사용자를 대상으로 리서치를 실시하여 검증하는 과정을 반드시 거쳐야 한다. 따라서 사용자 그룹 리서치를 게을리해서는 안 된다. 어떠한 사람들이 프로덕트를 사용하는지, 그들이 원하고 필요로 하는 것이 무엇인지 파악하기 위해 지속적으로 노력해야만 허위 합의 효과를 줄일 수 있다.

기준점 편향Anchoring Bias

처음에 접한 정보가 판단의 기준점으로 작용하여 다른 의사결정에 영향을 미치는 편향이다. 와인을 사러 갔는데 삼십 만원에 팔던 와인을 오만원으로 할인해 판매하고 있었다. 이전 가격을 알게 되자 갑자기 평소 선호도나 같이 할 음식과의 조화와 상관없이 그 와인이 더 좋게 느껴진다. 비싸다고 무조건 좋은 와인은 아닌데 말이다.

리서치 프로젝트를 할 때도 이렇게 기준점에 의한 편향이 생기지 않도록 주의해야 한다. 자율주행 차량에서 운전자들이 느끼는 만족도와 신뢰도를 조사하는데 일부 기능에서 사용자들이 극심한 불안과 불신을 보였다고 하자. 리서치 결과를 바탕으로 개선된 버전 2를 만들어 다시 리서치를 실행했는데 운전자들은 여전히 벤치마크보다 높은 불안을 표현했다. 하지만 버전 1의 리서치 결과를 기준점으로 보면 프로덕트 신뢰도가 매우 향상되었다는 잘못된 결론에 이를 수 있다.

가용성 편향Availability Bias

인간은 자연스럽게 쉽게 떠오르는 사례를 토대로 사고하고 의사결정을 내린다. 모든 데이터를 저장하기에는 우리 뇌에 한계가 있기 때문이다. 특정 사례들은 발생 빈도, 시기, 중요도에 따라 다르게 저장된다. 이를 감안하지 않고 먼저 떠오르는 경험이나 보기만으로 잘못된 판단을 내리는 것을 가용성 편향이라고 한다.

샌디에고 해변에서 일어난 인명 사고 데이터를 오랜 시간 분석했더니 상어의 공격으로 1명이 사망할 시 평균 10명의 익사를 막는 결과가 나타났다고 한다. 상어에게 공격 당한 사망자 뉴스의 파급력 때문에 바다 수영을 하는 사람이 줄어 자연스럽게 익사자도 감소한 것이다. 바닷가에서 사고는 언제나 발생하지만 상어의 공격과 같이 강렬한 사건은 사람들의 행동을 변화시킨다.

최근에 들었거나 자주 접하는 정보일수록 더 중요하다고 판단하기도 한다. UX 리서치에서는 후반부에 진행했던 인터뷰에서 들은 이야기를 초반 인터뷰보다 더 잘 기억하는 때가 많다. 또한 리서치 목표와 범위에

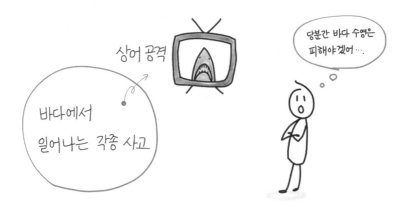

속하는 정보가 아님에도 불구하고 반복해서 해당 데이터를 접하면 리서치 주제에서 벗어나기 쉽다. 이러한 가용성 편향은 리서처가 아닌 다른 이해관계자에서 보다 쉽게 발견되는데 전체 리서치 세션에 참여하지 않고 일부 인터뷰만 관찰한 후에 단편적인 내용을 바탕으로 결론을 내리기 때문이다.

프레이밍 효과Framing Effect

같은 정보를 다르게 전달했을 때 표현 방식이 바뀌면 선택도 달라지는 인지 편향을 프레이밍 효과라고 한다. 상품으로 예를 들면 어떤 내용을 강조하는지에 따라 상품이 매력적으로 보였다가 반대로 매력적이지 않게 보이기도 하는 경우이다. '80% 무지방 요거트'와 '20% 지방 함유 요거트'는 동일한 상품이지만 소비자는 '지방 함유'라는 단어 때문에 후자를 선택하는 것을 꺼리게 된다.

프레이밍 효과가 나타나는 다른 사례는 부정적인 단어가 사용되는 때다. 대니얼 카너먼과 아모스 트버스키가 전망 이론Prospect Theory에서 설명한 손실 회피Loss Aversion 성향에 의하면 사람은 얻는 것에 대한 즐거움보다 잃는 것에 대한 두려움이 훨씬 더 크다. 따라서 '10% 확률로 사망할 수 있는 수술'이 '90% 확률로 생존할 수 있는 수술'에 비해 더 큰 공포를 불러일으킨다.

UX 리서치에서는 설문조사 기법을 사용할 때 프레이밍 효과가 가장 흔하게 발생한다. 질문에 어떤 단어를 사용하느냐에 따라 답변에 큰 영향을 미칠 수 있기 때문이다. "이 기능이 얼마나 안전하다고 생각하십니까?"라는 문항은 이미 '안전'이라는 단어를 포함함으로써 응답자가 긍정적인 방향으로 대답하도록 유도하고 있다. 반대로 "이 프로덕트의 불편한 점에 해당하는 항목을 모두 고르시오"와 같은 문항도 부정적인 응답을 끌어낼 수 있으므로 주의해야 한다. 설문조사 이외에 사용성 테스트나 인터뷰를 진행할 때에도 모더레이터의 단어 선택과 문장 표현에 프레이밍 효과를 일으킬 여지가 있지는 않은지 주의하도록 한다.

리서치 결과를 인사이트로 정리하여 공유할 때 역시 조심해야 한다. 'A 콘셉트가 세 번째로 좋은 평가를 받음'과 '네 개의 콘셉트 중 A 콘셉트가 두 번째로 낮은 평가를 받음'은 같은 결과를 다르게 표현한 예이다. 마찬가지로 신뢰도의 기준을 어디에 두느냐에 따라 '지난 신뢰도 설문조사에 비해 더 긍정적인 평가를 받았음' 또는 '오직 24%의 응답자가 브랜드를 신뢰한다고 대답했음'으로 쓸 수 있다. 이 역시 데이터를 받아들이는 사람의 판단에 영향을 미친다. 리서처는 확증 편향에 빠져서 본인의 주장과 가설에 맞게끔 리서치 결과를 프레이밍하여 표현하는 일이 없도록 경계해야 한다.

문화적 편향Cultural Bias

사람은 자신이 자란 환경과 문화에 익숙하기 때문에 그 범주에서 벗어난 다른 문화는 색안경을 끼고 보기 쉽다. 출신, 성별, 종교, 인종, 나이, 언어 등 다양한 문화적 백그라운드에 중립적인 태도를 가지기보다 스스로의 문화적 배경을 기준으로 선호나 비선호의 태도를 보이는 것을 문화적 편향 혹은 암묵적 편향Implicit Bias이라고 한다. 그 결과 다른 그룹에 대한 고정관념이 형성되고 이는 차별로 이어지기도 한다.

　문화적 편향은 글로벌 리서치를 수행할 때 나타나기 쉽다. 리서처가 자민족중심주의에 빠져서 다른 문화 현상을 특이하다고 여기거나 자신이 속한 그룹이 더 우월하다고 느끼는 경우에 해당한다. 보통 신용카드 사용이 보편적이지 않은 나라에서는 선불카드로 스트리밍 멤버십을 구독하는 사용자가 많다. 이 그룹을 리서치하기 위해 해당 국가에 방문하여 인터뷰를 진행하면서 "왜 쉽고 편한 신용카드를 사용하지 않고 불편하게 매번 선불카드를 구입하시나요?"와 같이 묻는다면 무례할 뿐만 아니라 중

공평한 심사를 위해 나무타기 시험을 실시하겠습니다.

립적이지 않다.

문화적 편향은 누구에게나 존재하고 자신이 속한 그룹을 기준으로 사고하는 것은 자연스러운 현상이다. 하지만 다양한 사람을 연구하는 UX 리서처는 반드시 스스로의 문화적 편향을 알아차리고 의식적으로 이를 무효화하는 과정을 거쳐야 한다. 새로운 문화를 연구하거나 익숙하지 않은 그룹의 사용자를 리서치한다면 해당 문화와 사용자 그룹을 미리 공부하는 것이 좋다. 사전 지식을 쌓으면서 의식적으로 내가 속한 문화와의 차이점을 인식하고 낯설게 느껴지는 부분에 익숙해지도록 노력한다.

여러 가지 응답 편향Response Bias

설문조사에서는 응답 항목에서 편향이 쉽게 발생한다. 이는 부정확하거나 정직하지 않은 응답에서 비롯된다.

묵인 편향 Acquiescence Bias: '예/아니오' 문항이나 태도나 의견의 척도를 재는 평정 척도 문항에서 질문에 동의하는 방향으로 대답한다. '나는 다른 사람들과 함께 보내는 시간을 즐긴다'와 '나는 혼자 있는 시간을 즐긴다'는 상반된 내용이지만 두 문장에 모두 그렇다고 답하는 것이다. 묵인 편향은 긍정적인 사람으로 보이고 싶은 욕구나 무의식적으로 부정적인 문장보다 긍정적인 문장에 집중하는 현상 때문에 나타난다.

사회적 바람직성 편향 Social Desirability Bias: 사회적으로 민감한 질문에 대답할 때 마음속에 있는 그대로를 솔직하게 표현하지 않고, 사회가 바람직하다고 생각하는 가치에 맞게 대답한다. 예를 들어 '일주일에 술을 얼마나 자주 마십니까?'라는 질문에 실제 마시는 횟수를 줄여 대답하는 경우가 그러하다. 소득이나 학력을 물어보는 질문에도 사실보다 부풀려서 대답한다.

질문 순서 편향 Question Order Bias: 질문 순서에 따라 응답자의 대답이 달라진다. 어떤 종류의 케이크를 좋아하는지 물은 후 바로 이어서 가장 좋아하는 디저트가 무엇인지 질문하면 케이크라고 답할 확률이 높아진다. 또 프로덕트에서 나타나는 에러에 관해 여러 질문을 한 후 마지막에 프로덕트 만족도를 물으면 평소 생각보다 부정적으로 답할 가능성이 있다.

응답자가 신중하게 생각하지 않고 부주의하게 대답하면서 생기는 편향도 있다. 척도를 묻는 질문에서 무조건 중간값을 택하는 중립적 응답Neutral Response이나 양쪽 끝에 있는 대답을 고르는 극단적 응답Extreme Response이 이에 해당한다.

이러한 응답 편향은 리서치 결과의 유효성에 크게 영향을 미친다. 따라서 설문조사 문항을 준비할 때는 전체적인 흐름을 고려하여 논리적으로 질문 순서를 정한다. 그리고 가능하다면 대답 내용을 임의적으로 배치해 순서로 인해 발생하는 편향을 줄이도록 한다. 건성으로 대답하는 응답자를 거르기 위해 질문 중간에 주의력 확인 질문Attention Check Question을 넣는 것도 하나의 방법이다. 무엇보다 설문조사 문항을 완성한 후에는 반드시 테스트를 해서 응답 편향을 유발하는 항목이 있는지 확인하는 것이 중요하다.

27장

리서처
슈퍼 파워

리서처의 관점

리서처로 일하다 보면 결과에 안주하지 않고 끊임없이 노력하게 된다. 리서치에는 정답이 없기 때문이다. 리서치를 통해 올바른 의사결정을 내리려면 부단히 공부하고, 다양한 프로젝트를 수행하면서 조직문화와 팀원들과의 관계를 고민해야 한다. 그 과정에서 자기 효능감을 얻고 스스로 발전할 수 있는 점이 UX 리서처라는 직업의 가장 큰 매력이라고 생각한다.

그렇다면 무슨 능력을 키우면 UX 리서처로 일하는 데 도움이 될까? 더 좋은 리서처가 되려면 어떻게 노력해야 할까? 만일 시간을 되돌려 과거의 나를 만날 수 있다면 해주고 싶은 조언을 정리해 보았다. 처음 에이전시에서 리서처로 일을 시작했을 때, 맨땅에 헤딩하던 주니어 리서처 시절, 갓 이직한 회사에서 리서처로서의 역할을 다시 정의하며 애쓰던 모습이 떠오른다. 그때의 나와 같은 시간을 보내고 있을 이들에게 들려주고 싶은 이야기다.

주니어 리서처로 일할 때 나만의 POV가 리서치 결과물에 잘 보이지 않는다는 피드백을 들었다. 처음엔 무슨 뜻인지 이해하기 어려웠다. 리서치는 객관적이어야 하지 않나? 리서치 보고서에 주관적인 생각을 넣어도 되는 걸까?

리서처에게 관점이란 의사가 내리는 진단과 비슷하다. 두통이 낫지 않아 병원에 갔다. 여러 가지 검사를 마치고 상담을 하는데 의사가 검사 결과를 설명한 후 두통의 원인을 두고 몇 가지 가능성을 이야기한다. 1. 단순 스트레스성 2. 편두통(추가 검사 필요) 3. 올바르지 않은 자세로 인한 척추 문제. 의사가 객관적인 검사 결과를 토대로 이렇게 진단해 주지 않으면 환자는 원하는 정보를 얻기 힘들다. 따라서 데이터와 경험에 근거한 의사의 '주관적인 견해'는 환자에게 꼭 필요한 진단서가 된다.

리서처의 역할도 마찬가지다. 객관적으로 리서치 결과를 전달하는데 그치는 것이 아니라 해당 분야의 전문성과 그간의 프로젝트 경험을 바탕으로 팀이 어느 방향으로 움직이면 좋을지 제시해야 한다. 사용성 테스트 결과 지표도 중요하지만 사용자 인터뷰에서 발견한 심리적 요인이 리서치 리포트를 더 빛나게 만든다.

리서처의 관점이 중요하다고 해서 모든 리서치 과정에 POV가 요구되는 것은 아니다. 리서치 전개와 분석은 객관적으로 진행하되 도출된 결과를 분석할 때는 주관적으로 해석한다. 앞 장에서 설명한 인지 편향에 빠지지 않았는지 주의하면서 리서치 질문을 계속해서 깊게 고민하다 보면 본인만이 제시할 수 있는 새롭고 가치 있는 관점이 떠오를 것이다.

모르는 것을 알고 싶은 마음

리서처가 하는 일을 한마디로 요약한다면 질문을 던지고 답을 찾아가는 일이라 표현할 수 있다. 호기심을 리서치 질문으로 정리하고 데이터를 연구해서 의미 있는 대답을 이끌어 내는 것, 그 결과를 바탕으로 계속해서 탐구하는 것이 리서처가 기본적으로 갖추어야 할 자세이다.

함께 일했던 한 리서처는 '메시징' 영역에서만 7년째 리서치를 하고 있었는데 비슷한 내용을 계속해서 연구하면 지겹지 않느냐는 내 질문에 자신은 아직도 이 주제에 궁금한 점이 너무나 많다고 대답했다. 사람들이 메시지를 접하는 방식이나 태도, 새로운 메시지 포맷에 따른 행동 변화 등 다채로운 주제를 리서치했는데 연구하면 할수록 알고 싶은 점이 더 많이 생겨난다는 것이다. 이렇게 모르는 것을 알고 싶은 마음으로 진정성 있게 연구하는 리서처가 좋은 결과를 내는 것은 너무나 당연하다.

《어떻게 질문해야 할까》의 저자인 워런 버거Warren Berger는 질문하지 않는다면 새로운 배움의 기회는 없다고 말하면서 혁신을 이루기 위해서는 더 '아름다운' 질문을 던질 줄 알아야 한다고 강조한다. 그런데 사실 좋은 질문을 하는 일은 생각만큼 쉽지 않다. 나 역시 시간에 쫓겨 이전 프로젝트에서 썼던 리서치 질문을 재탕한 적이 있다. 프로젝트를 힘들게 끝내고 나서야 팀이 답하고자 했던 질문이 그게 아니었다는 것을 깨달았다. 경험이 쌓이면서 알맞은 리서치 질문을 찾는 게 얼마나 중요한지 알게 되었다. 지적 호기심을 밑바탕으로 해당 분야 지식을 근원적으로 파고드는 훈련을 하면 프로덕트에 기여하는 좋은 질문을 향해 나갈 수 있다.

비즈니스 컨텍스트 파악하기

사람들이 어떻게 정신건강을 관리하는지 리서치를 진행한 적이 있다. 음악 스트리밍 서비스 시장에서 기회를 찾기 위해 비즈니스 전략팀과 합작한 프로젝트였다. 기존 사용자들 가운데는 이미 명상 음악이나 팟캐스트로 멘탈 관리를 하고 있는 사람이 많았기 때문에 새로운 기능인 '웰니스Wellness' 프로덕트에 호의적이었다. 프로덕트와 디자인 팀이 몇 달간 고민하여 내놓은 콘셉트 아이디어로 진행한 여러 번의 평가 리서치에서도 긍정적인 반응이 압도적이었다. 프로덕트 평가 결과만 놓고 보면 새로운 기능을 출시하는 게 회사에 득이었다. 그러나 프로덕트 개발은 잠정적으로 연기되었다. 이미 해당 시장에 명상 애플리케이션과 같은 웰니스 프로덕트가 자리 잡은 지 오래라 경쟁하여 이기는 게 쉽지 않았기 때문이다. 또한 개발 비용에 비해 신규 사용자 증가가 많지 않을 것으로 예측되었다.

기능을 유료로 제공하는 방안도 검토했지만 팬데믹으로 사람들의 지갑이 얇아진 탓에 좋은 타이밍이 아니었다.

그렇다면 이 프로젝트는 실패한 것일까? UX 리서치 프로젝트의 성공을 판단하는 기준 중 하나는 비즈니스 의사결정에 리서치 인사이트가 반영되었는지 여부이다. 리서치에서 배운 내용을 토대로 새로운 기능 출시를 결정할 때도 있지만 반대로 취소할 수도 있다(이로 인해 회사는 엄청난 비용을 아끼게 된다!).

이렇게 중요한 결정을 내리기 위해서는 다양한 근거가 필요한데 현재 비즈니스가 처한 상황을 정확하게 진단하는 게 무엇보다 중요하다. 해당 분야에 투자 유치가 얼마나 이루어지고 있으며 주요 트렌드는 무엇인지, 어떠한 경쟁 업체들이 얼마나 오랫동안 운영되고 있는지, 새로운 프로덕트의 시장 규모는 어떠한지 등 다양한 각도에서 맥락을 이해하는 게 핵심이다. 비즈니스 컨텍스트에 기반하지 않은 인사이트는 근시안적이고 추상적이며 이상적인 결론에 도달하기 쉽다.

UX 리서처로서 프로젝트마다 관련 컨텍스트를 모두 이해하는 것은 무리다. 현업에서 일하다 보면 리서치 업무만으로도 정신없이 바쁘기 때문이다. 작은 규모의 스타트업이라면 일하면서 자연스럽게 이러한 맥락을 이해하게 되기도 한다. 그런데 기업의 규모가 커지고 조직이 늘어날수록 관련 지식을 쌓기가 어려워진다. 좋은 방법 중 하나는 리서치와 디자인 조직 외에 비즈니스 전략과 마케팅, 영업 등 다른 팀에 아는 사람을 만드는 것이다. 서로 정보를 공유하고 주기적으로 대화하면서 비즈니스의 큰 흐름을 익히도록 한다. 평소에 틈틈이 일하는 기업이나 해당 업계에서 벗어나 전체적인 경제 사회 흐름에 관심을 갖고 공부하는 것도 큰 도움이 된다.

때로는 넓게 때로는 좁게 보는 유연함

리서치 프로젝트를 리드할 때는 거시적인 시각과 미시적인 시각을 자유자재로 활용하는 능력이 절실히 필요하다. 프로젝트 시작과 마무리 단계에서는 망원경으로 가고자 하는 목적지를 멀리 내다보아야 한다. 비즈니스 목적이 무엇인지, 리서치를 토대로 어떤 의사결정을 내리려고 하는지, 전체적인 프로덕트 전략과 리서치가 어떻게 연결되어 있는지 살피는 것이다. 맡고 있는 리서치 프로젝트만 생각하는 것이 아니라 전체적인 프로덕트 개발에서 리서치의 역할을 정의해야 하는데 이때 방향을 제대로 잡아야 배가 목적지에 도착한다. 반면 프로젝트 중간에는 돋보기로 리서치 디테일에 집중하는 자세가 필요하다. 리서치에는 치밀한 계획이 필수적이다. 데이터를 모으고 분석하려면 정보가 되는 사용자의 말과 행동을 놓치지 않고 잡아내야 한다.

수집한 데이터에서 인사이트를 추출할 때는 넓게 보는 동시에 좁게 보는 시각이 필요하다. 비즈니스 목적에만 치중하면 사용자의 고충을 간과할 수 있고, 반대로 엄청난 양의 데이터에 빠져 거시적 시각을 잃으면 팀이 필요로 하는 인사이트를 놓칠 수 있다. 사용자와 프로덕트의 관계에서 본질을 꿰뚫어 보는 능력은 이렇게 때에 따라 필요한 렌즈를 유연하게 바꿔 끼우는 훈련을 통해 생겨난다.

사용자에 공감하기

UX 리서처의 역할 중 하나는 사람들이 느끼는 감정을 알아차리는 것인데 겉으로 드러나는 것 이외에 내재적인 감정을 파악하려면 공감 능력이 있어야 한다. 사람들이 경험한 내용을 이해하고 자신이 아닌 다른 사람의 입장에서 생각하는 자세를 갖추어야 하기 때문이다.

　IBM에서 일하면서 디지털 마케터들이 사용하는 엔터프라이즈 소프트웨어를 다시 디자인하는 프로젝트를 할 때의 일이다. 처음 프로젝트를 맡아 한 의류 기업의 마케터와 인터뷰를 진행했다. 디스커션 가이드도 세밀하게 작성하고 나름 꼼꼼히 준비했는데 8년째 매일같이 이 소프트웨어에 접속하여 업무를 처리하는 마케터가 쏟아내는 매우 디테일한 불만과 요구사항의 반도 이해하지 못한 채 인터뷰를 마무리해야 했다. 알아들을 수 없으니 어떤 문제가 가장 시급한지 공감할 수도 없었다. 사무실에 돌아와 다음 날부터 날마다 서비스에 접속해 실제 마케터들처럼 마케팅 캠페인을 짜고 시뮬레이션을 돌려 보면서 그들이 겪는 일련의 과정을 체험했다. 몇 주가 지나고 같은 마케터와 두 번째 인터뷰를 할 때는 많은 부분을 파악하게 되었을 뿐만 아니라 그 사람이 겪고 있는 고충 역시 크게 와 닿았다.

　공감 능력을 갖기 위한 출발점은 상대방의 이야기를 진심으로 경청하는 것이다. 인터뷰나 테스트를 진행할 때는 잡생각이 떠오르지 않도록 참가자가 말하는 내용에 몰입하면서 이야기뿐만 아니라 참가자의 표정이나 제스처에도 집중한다. 참가자가 하는 말이 무슨 의미인지 되묻거나 재차 확인하면서 말로 표현하지 않은 속에 있는 감정까지 들을 수 있게 노력한다.

　리서치마다 매번 이런 수준의 집중력을 발휘하기는 힘들다. 하지만 조금씩 조금씩 집중 시간과 강도를 높이는 훈련을 하자. 리서치를 하는 사람이라면 의식적으로 집중력을 발휘해 맞은편에 앉아 있는 사람에게 몰입하는 스킬을 익혀야 한다. 상대방의 말을 주의 깊게 듣는 것이야말로 진정한 공감에 다가서는 첫걸음이다.

좋아하는 것 알기

마지막으로 리서처로서의 일을 즐기라고 말하고 싶다. 어떤 일이든 직업이 되면 재미있기보다는 힘든 순간이 많다. 그래서 리서처로 계속 일하기 위해서는 자신이 무얼 좋아하고 무얼 잘하는지 파악하는 것이 중요하다. 평소 지적 호기심이 많다면 누구보다 적극적으로 새로운 분야와 프로젝트를 맡아 지식의 범위를 확장할 수 있다. 사람을 만나 대화를 나누는 게 좋다면 여러 분야의 참가자들에게 밀도 높은 이야기를 끌어낼 때 유리할 것이다. 창의적인 사고가 강점이라면 리서치 결과를 바탕으로 독창적인 아이디어를 제시하며 브레인스토밍에 적극적으로 참여할 수 있다. 그리고 저자와 같이 남들이 많이 하지 않은 일을 개척하는 것을 즐긴다면 기업의 초기 UX 리서처로서 리서치 인사이트의 중요성과 노하우를 전파하는 데 주력할 수 있다. 자신이 무엇을 좋아하고 즐기는지 파악하고 강점을 살리기 위해 꾸준히 노력하면 리서처로서 지치지 않고 신나게 일할 수 있다.

참고자료

다음은 UX 리서치와 관련된 정보를 얻을 수 있는 웹사이트 목록이다.

- nngroup.com

  사용성과 UX 분야의 권위자라고 하면 누구나 제이콥 닐슨을 떠올릴 것이다. 그는 1998년 '사용자 경험'의 창시자인 도널드 노먼과 함께 UX 컨설팅 기업 닐슨노먼그룹을 설립했다. 수많은 케이스 스터디를 토대로 UX 리서치 방법론을 정리한 논문으로 유명하다. 평가적 리서치, 특히 사용성 테스트 분야에서 리서처에게 바이블과 같은 논문을 다수 집필했다.

- measuringu.com

  제프 사우로가 설립한 UX 컨설팅 회사에서 운영하는 블로그이다. 제프 사우로는 《사용자 경험의 수량화Quantifying the User Experience》의 저자이기도 하다. 사용성 테스트와 양적 리서치(설문조사, 아이트래킹)를 다룬 전문적인 논문을 찾아볼 수 있다.

- uxmatters.com

  업계에서 활동하고 있는 UX 전문가들이 전하는 인사이트와 노하우를 담은 글을 발행하는 웹 매거진이다.

- dscout.com/people-nerds

  다이어리 스터디 온라인 플랫폼인 디스카우트dscout에서 운영하는 블로그이다. 다양한 케이스 스터디와 UX 리서처들의 인터뷰를 소개한다.

- ibm.com/design/research

  IBM에서는 다양한 디자인 씽킹 툴과 프레임워크를 제공한다. 디자인 리서치 섹션에서는 실제 케이스 스터디를 소개하는 것은 물론 리서치를 하면서 지켜야 할 원칙과 윤리, 리서처의 역할을 다룬다.

미디엄Medium에서는 메타 리서치(*medium.com/meta-research*), 스포티파이 인사이트(*medium.com/spotify-insights*), 구글 디자인(*medium.com/goo-gle-design*) 등 테크 기업들의 블로그를 열람할 수 있다.

미국과 유럽에서는 매년 수많은 UX 리서치 컨퍼런스가 열린다. 요즘은 온라인으로도 참여할 수 있어 접근이 용이하다.

- CHI Conference on Human Factors in Computing Systems
- UXPA User Experience Professionals Association
- EPIC Ethnographic Praxis Industry Conference
- UXRC UXR Conference
- UXHK User Experience Hong Kong
- UX Insights
- People Nerds

추천하는 책

- 윙, 도나 M, 이현경 옮김, 《월스트리트저널 인포그래픽 가이드》, 인사이트, 2014

- 카너먼, 대니얼, 이진원 옮김, 《생각에 관한 생각》, 김영사, 2012

- 크룩, 스티브, 이미령 옮김, 《사용자를 생각하게 하지 마!》, 인사이트, 2014

- 크룩, 스티브, 이지현, 이춘희 옮김, 《스티브 크룩의 사용성 평가, 이렇게 하라!》, 위키북스, 2010

- 트레비스, 데이비드, 필립 호지슨, 심규대 옮김, 《UX 리서치》, 에이콘출판사, 2021

- 홀, 에리카, 김기성, 이윤솔 옮김, 《꼭 필요한 만큼의 리서치》, 웹액츄얼리코리아, 2017

- Beyer, Hugh, Karen Holtzblatt, *Contextual Design A Customer-Centered Approach to Systems Design*, Morgan Kaufmann, 1997

- Buley, Leah, *The User Experience Team of One: A Research and Design Survival Guide*, Rosenfeld, 2013

- Goodman, Elizabeth, Mike Kuniavsky, Andrea Moed, *Observing the User Experience: A Practitioner's Guide to User Research*, Morgan Kaufmann, 2012

- Klein, Laura, *Build Better Products: A Modern Approach to Building Successful User-Centered Products*, Rosenfeld, 2016

- Ladner, Sam, *Mixed Methods: A short guide to applied mixed methods research*, Sam Ladner, 2019

- Patton, Jeff, *User Story Mapping: Discover the Whole Story, Build the Right Product*, O'Reilly Media, 2014; 《사용자 스토리 맵 만들기》, 인사이트

- Portigal, Steve, *Interviewing Users: How to Uncover Compelling Insights*, Rosenfeld Media, 2013

- Sharon, Tomer, *Validating Product Ideas: Through Lean User Research*, Rosenfeld, 2016

- Tufte, Edward, *The Visual Display of Quantitative Information*, Graphics Press, 2001

- Young, Indi, *Mental Models: Aligning Design Strategy with Human Behavior*, Rosenfeld Media, 2008; 《멘탈모델》, 인사이트

- Young, Indie, *Practical Empathy: For Collaboration and Creativity in Your Work*, Rosenfeld, 2015

감사의 글

책을 쓰겠다고 마음먹고 기획을 시작한 때가 2020년 봄이었다. 호기롭게 일 년이면 다 쓰고 출간까지 할 수 있겠다 짐작했는데 생각보다 긴 여정이었다. 여러 해가 바뀌는 사이 코로나가 지나갔고 이직을 두 번 했으며 뉴욕이 아닌 캘리포니아에 살고 있다. 원고를 집필하는 속도가 내 맘 같지 않아서 자주 조바심이 났는데 특히 책은 언제 나오냐고 주변에서 인사말로 물으면 보이지 않는 돌덩이가 어깨를 세게 누르는 듯했다. 중간중간 지치고 포기하고 싶을 때마다 격려와 지지로 감싸 준 가족과 친구들이 없었다면 책이 나오지 못했을지도 모른다.

거친 번역체와 부정확한 표현을 매끄럽게 다듬느라 고생하신 김지희 편집자님, 결정이 필요한 순간마다 함께 의논하고 조언해 준 친언니, 유용한 책이 되도록 귀중한 피드백을 제공한 정유인 님, 장주영 님, 이지은 님, 송순진 님, 베타 리딩에 참여한 장이현 님, 장유진 님, 김유경 님, 도승희 님, 마지막으로 실상 책에 도움이 된 것은 없지만 끊임없이 응원을 건넨 남편에게 마음을 다해 감사의 인사를 전한다.

책을 쓰는 과정은 나에게도 값진 배움의 연속이었다. 리서치 일을 꽤 오래 해오며 많은 부분을 알고 있다고 생각했던 자만이 글을 쓰면서 산산히 부서졌다. 무엇보다 UX 리서치를 한 권에 정리하는 것이 까다로웠다. 하지만 UX 리서치가 왜 중요하고 무엇을, 어떻게 할 수 있는지 쓰면서 UX 리서처라는 직업을 새로 사랑하게 되었다. 독자들에게도 이 책이 쉽지 않지만 그만큼 매력적인 UX 리서치에 가닿는 기회가 되었으면 하는 바람이다.

찾아보기